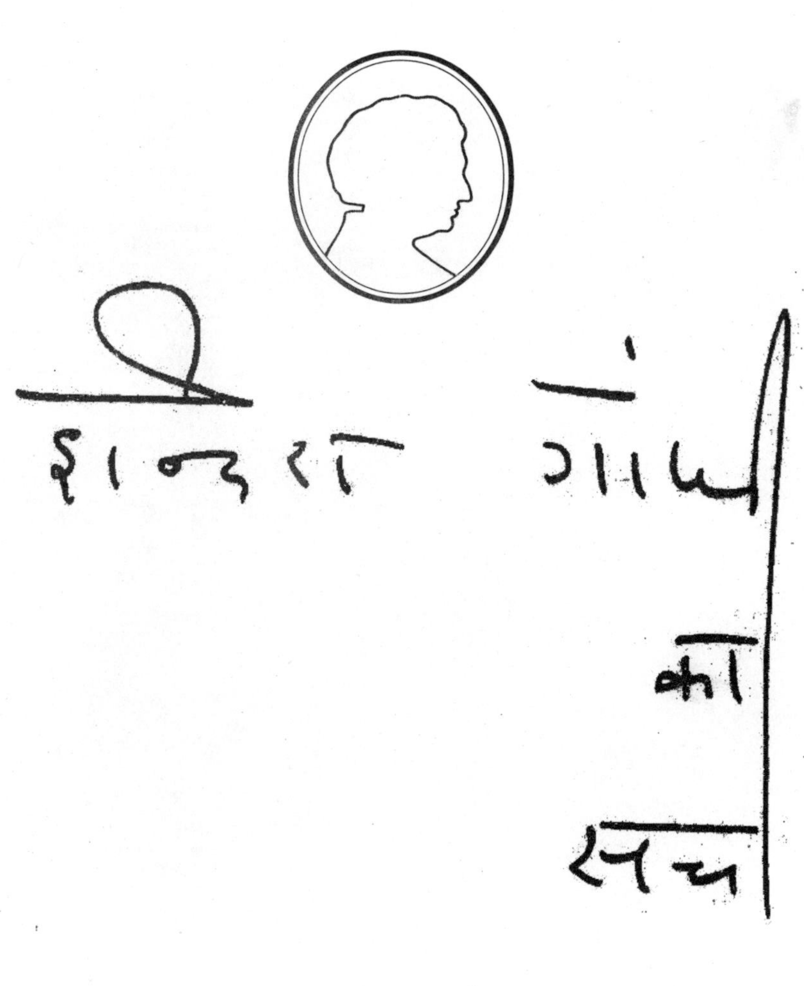
इन्दिरा गांधी
का
सच

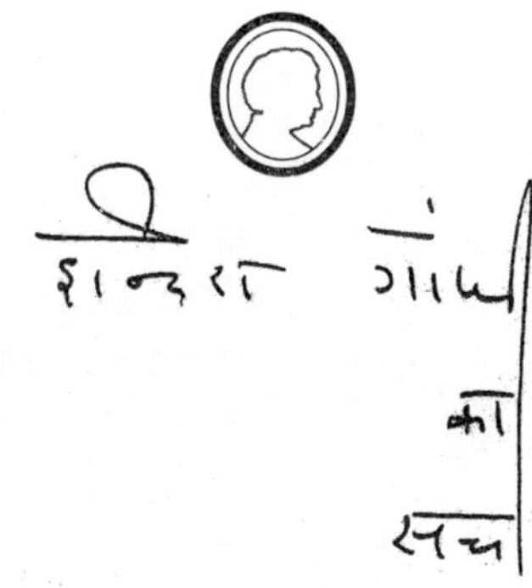

संपादक

अरविन्द मिश्र

मनसा पब्लिकेशन्स

2/256, विराम खंड, गोमती नगर, लखनऊ (उ.प्र.) - 226010

अपनी पत्नी श्रीमती सरोजिनी मिश्र की स्मृति में

—अरविन्द मिश्र

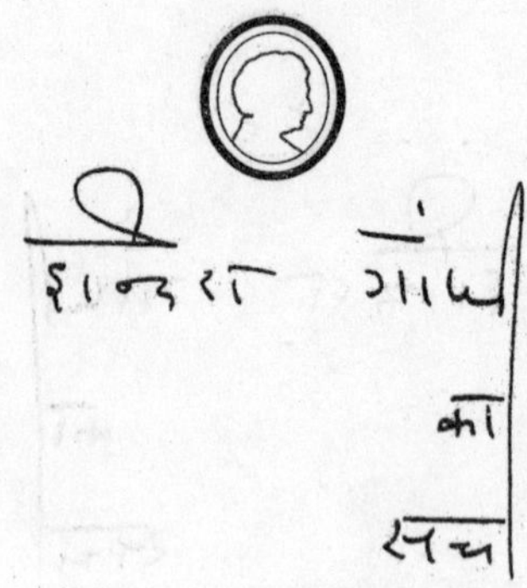

संपादक
अरविन्द मिश्र

आवरण और साज-सज्जा
नलिनी मिश्र

प्रकाशक
मनसा पब्लिकेशन्स, 2/256, विराम खंड, गोमती नगर, लखनऊ (उ.प्र.) –226010

संस्करण
प्रथम–2013

मूल्य
₹ 250/–

Indira Gandhi Ka Sach
Editor : Arvind Mishra
ISBN : 978-93-81377-37-6

प्रधान मंत्री भवन
PRIME MINISTER'S HOUSE
NEW DELHI
मार्च १९७१

आपके बधाई सन्देश के लिये धन्यवाद। बधाई तो हमारी जनता को है। उनका स्नेह और सहयोग ही मुझे इस भारी जिम्मेदारी को उठाने की शक्ति देगा।

इन्दिरा गांधी

जब मैं इन्दिरा के बहुविध व्यक्तित्व के बारे में सोचने बैठता हूँ, तो मुझे लगता है कि जैसे उनके अंतर की गहराइयों तक पैठ पाना किसी के लिए भी मुमकिन नहीं हो पाया था। शायद उनके अपने पिता के लिए भी नहीं, जिनकी जिंदगी के आखिरी दम तक वे एक साये की मानिंद साथ लगी रहीं। यह सर्वथा सच है कि पंडित जवाहरलाल नेहरू अपनी इस लाडली बेटी की प्रतिभा के प्रति

सदा आश्वस्त रहे। उनके प्रस्फुटन के लिए हर तरह की प्रेरणा उन्होंने दी और अपने आशीर्वाद और मंगलमयी कामनाओं से सदा उन्हें अभिषिक्त रखा। लेकिन इन सबके बावजूद इन्दिरा की अपनी सँजोयी हुई जो पूँजी थी, वह भी कम नहीं थी। राजनीतिक, सामाजिक और सांस्कृतिक विधाओं में जिस गहराई के साथ उन्होंने अपने व्यक्तित्व को अनुस्यूत कर डाला था, उसका सम्यक् उपयोग स्वयं पंडित जी के लिए भी करना मुमकिन नहीं हो पाया था।

1962 के आस-पास पंडित जवाहरलाल नेहरू की आत्म-कथा के संस्कृत-अनुवाद के संबंध में अक्सर मुझे तीनमूर्ति-भवन जाना होता था। जब भी मैं तीनमूर्ति-भवन पहुँचता था, स्वाभाविक रूप से इन्दिरा से मेरी मुलाकात होती थी। सच कहूँ, तो अपनी उन शुरू की मुलाकातों में वे मुझे कुछ ज्यादा प्रभावित नहीं कर पायी थीं। मुझे लगता, जैसे कुछ जरूरत से ज्यादा अंतर्मुखीनता है- इन्दिरा में। कुछ ऐसा, जो पंडित जी की तैजस परिधि में और भी अधिक बृहदाकार होकर हमारे सम्मुख प्रकट हो रहा हो या जिसके परिपार्श्व में यह सत्य निहित हो कि वे प्रधान मंत्री की इकलौती बेटी हैं और जिस प्रकार का भी व्यवहार वे करती हैं, वह उन - जैसी प्रतिष्ठा-संपन्न महिला के लिए पूरी तरह जायज है। लेकिन जल्दी ही भ्रम के इस मायाजाल से मुझे मुक्ति मिल गयी। क्योंकि ज्यों-ज्यों परिचय की सीमा में विस्तार आता गया, मुझे लगा कि जो कुछ भी मैं सोचता-समझता आया था- अब तक, वह सिर्फ मिथ्या ही नहीं, स्वयं में एक असंभव कल्पना थी; कुछ ऐसी, जिसका अस्तित्व ही न हो। क्योंकि इन्दिरा में और चाहे जो भी खामियाँ रही हों, बाह्याडंबर के दोष से वे पूरी तरह मुक्त थीं। यही वजह है शायद कि इन्दिरा शुरू-शुरू में लोगों को रूखी दिखती थीं। लेकिन जैसे-जैसे लोग उनके निकट पहुँचते, उनको लगता, जैसे उनसे ज्यादा सरल, सहज और सौहार्दपूर्ण कोई भी दूसरा व्यक्ति मिलना कठिन है। इन्दिरा जो कुछ कहती थीं, वही अंदर से समझती भी थीं और जो समझती थीं, वही उनके कार्य-कलाप द्वारा प्रस्फुटित भी होता था। दिखावा-दुराव को इन्दिरा के व्यक्तित्व में किंचित् भी जगह नहीं थी।

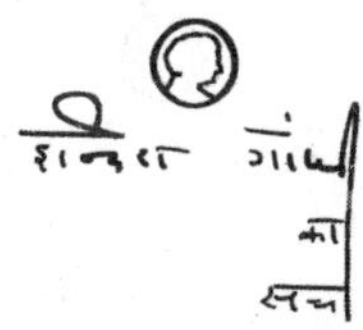

रूस में जिस समय जारशाही से मुक्ति के लिए राज्यक्रांति का बिगुल बजा, उसी समय नेहरू-परिवार में 19 नवम्बर, 1917 को प्रियदर्शिनी इन्दिरा का जन्म हुआ। इन्दिरा जब तीन वर्ष की थीं, तभी वे अपने घर में ऊँची मेज पर खड़ी होकर नौकरों के सामने जोर-जोर से भाषण करती थीं। इतिहास में ऐसी मिसाल नहीं मिलती कि तीन साल की नन्हीं उम्र से ही किसी के सार्वजनिक जीवन का आरंभ हो गया हो। बारह वर्ष की इन्दिरा सक्रिय रूप से देश के सार्वजनिक जीवन में भाग लेने लगी थीं। 1930 में जब देश में नमक-सत्याग्रह प्रारंभ हुआ, तो उन्होंने समवयस्क बच्चों की वानर-सेना बनाकर राजनीतिक कार्यकर्ताओं के संदेश एक-दूसरे के पास पहुँचाने का महत्त्वपूर्ण कार्य किया था। इस संगठन के माध्यम से उन्होंने आजादी के लिए लड़ने वाले देश-भक्तों की जो सेवा की, वह स्वतंत्रता-संग्राम के इतिहास में एक अपूर्व धटना है। इन्दिरा राजनीति, संस्कृति, सामाजिक उन्नयन तथा मानवता के विकास की व्यावहारिक प्रेरणा बन गयी थीं। इन्दिरा का हर क्षण उस रंग-विरंगी जिन्दगी के इर्द-गिर्द घूमता रहा, जिसके मध्य इतिहास बनता-सँवरता है। इन्दिरा की आँखों के सामने भारत की स्वाधीनता के संग्राम का प्रत्येक पृष्ठ चलचित्र के जीते-जागते परदे की तरह गुजरा- निकला था। मोहनदास करमचन्द गांधी, मोतीलाल नेहरू, जवाहरलाल नेहरू, सुभाषचन्द्र बोस, अब्दुल गफ्फार खाँ, सरोजिनी नायडू, अबुल कलाम आजाद आदि महनीय व्यक्तित्व इन्दिरा के लिए सिर्फ दूर बैठकर देखने-सुनने के नहीं, निकटतम घरेलू वातावरण के स्रष्टा बनकर प्रकट हुए थे। इन्दिरा के आनंद-भवन की हर ईंट और हर पत्थर से उस युग-प्रवर्तक चिंतन की गूँज प्रतिध्वनित होती रही, जिसकी प्रेरणा और अंतर्भूमि पाकर हमने आजादी हासिल की। आज आनंद-भवन हमारे लिए तीर्थ-स्वरूप हो गया है।

इन्दिरा का वैयक्तिक जीवन यों विविध रंगों की रूप-सज्जा से सदा भरपूर रहा है। सर्वोच्च श्रेणी के अभिजात-वर्गीय परिवार में जन्म लेने के बावजूद जिस कठोरतम संघर्ष के मध्य अपने जीवन की सीढ़ियों पर उन्होंने चरण बढ़ाये, वह अपने में एक रोमांचकारी कथा-भूमि थी। इन्दिरा की जगह अगर कोई दूसरा

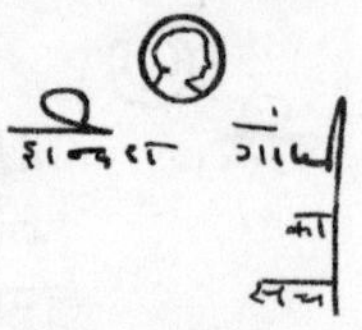

होता, तो शायद शुरू में ही हार मान जाता। समझने-बूझने की अक्ल आयी, तो परिवार के सभी वरिष्ठ सदस्य अपना धन-वैभव छोड़कर गांधी की आँधी में बहते मिले। पिता और पितामह जब पहली बार जेल गये, तो इन्दिरा की अवस्था कुल चार बरस की भी नहीं हो पायी थी। पूरी तरह अनियमित और असंबद्ध जीवन-क्रम के मध्य ही इन्दिरा के प्रारंभिक वर्ष व्यतीत हुए। लेकिन जीवन के उन कठोरतम क्षणों की छाया में इन्दिरा के भावी जीवन की जो रूप-रेखा बनी और निखरी, वह स्वयं में शक्ति की एक अपराजेय आधार-शिला साबित हुई। इन्दिरा की बहुविध सफलताओं के पार्श्व में उन कटुताओं का ही सर्वाधिक महत्त्वपूर्ण योगदान था, जिन्हें इन्दिरा ने स्वयंमेव स्वीकार किया था। अन्यथा माता-पिता के संघर्षरत जीवन के बावजूद भोग-विलास की उस जिंदगी से इन्दिरा को कोई बिलग नहीं कर सकता था, जो उन्हें खानदानी विरासत के रूप में प्राप्त हुई थी।

मधुमय जीवन का सर्वश्रेष्ठ भाग बगैर किसी शिकवा-शिकायत के पिता की सेवा-सुश्रूषा में लगा देने की बात कहने-सुनने में चाहे कितनी ही मामूली लगे, लेकिन कार्य-रूप में उसे परिणत कर दिखाना कितनों के लिए मुमकिन हो सकता है भला? जवाहरलाल नेहरू की देख-रेख के लिए इन्दिरा ने अपना सर्वस्व बलिदान कर डाला था। तब भी, सहानुभूति के एक शब्द की याचना उन्होंने किसी से नहीं की। इन्दिरा न होतीं, तो जवाहरलाल नेहरू का उस दीर्घायु तक स्वस्थ, सबल और युवकोचित जीवन से भरपूर रहना संभव हो पाता क्या? इस संबंध में जब भी मैं कुछ सोचने बैठता हूँ, तो मुझे लगता है कि जैसे अपने पिता में इन्दिरा ने अपने जीवन को पूरी तरह आप्लावित कर डाला था। अति दुर्वह परिस्थितियों के मध्य कठोरतम जीवन-यापन करते हुए बच्चों- जैसे उत्साह के साथ जीने की कला बेटी ने बाप को उधार दी थी। यह बात सुनने में भले ही कुछ अचंभे की लगे, लेकिन उसकी सत्यता से इन्कार करना किसी के लिए भी संभव नहीं हो सकता।

इन्दिरा की उत्तेजना जाड़े की उस धूप-जैसी मनभावनी और खूबसूरत थी, जिसकी द्वितीयता सुलभ नहीं है। फिर अगर वह खलती थी किसी को, तो

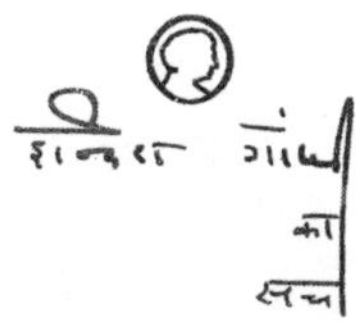

उसमें उसके स्वास्थ्य का कसूर रहा होगा। जहाँ तक इन्दिरा का सवाल था, अपनी उस तल्खी का जायका भी उन्हें मालूम था और उसका महत्त्व भी। इसलिए उसका प्रयोग भी वे ऐन मौके पर करती थीं और उसका लाभ उठाने में भी वे चूकी नहीं कभी। इन्दिरा का जीवन त्याग, तपस्या, देवत्व, मनुष्यत्व और समष्टिपरकता का जीवन था। देश के उन्नयन, समृद्धि और साम्प्रदायिक एकता के लिए उन्होंने अपना सर्वस्व बलिदान कर डाला। जहाँ एक ओर उनमें गुरुदेव रवीन्द्रनाथ ठाकुर के शांतिनिकेतन की शालीनता, सादगी और महनीयता थी, वहीं दूसरी ओर ऑक्सफोर्ड की उत्तरोत्तर नवीनायमान सुलझी हुई वैज्ञानिक अंतर्दृष्टि भी थी। यह उनके अनुदाहरणीय व्यक्तित्व की विशेषता थी कि विश्व की गति-विधियों को उन्होंने अपनी अंतर्व्यापिनी दृष्टि से देखा-समझा था- विविध राजनीतिक धड़कनों और स्पंदनों को भी अपने अंतःस्रोतों से सुना था। इन्दिरा की वाणी उनकी आत्मा, अनुभूति और 'वसुधैव कुटुम्बकम्' की अंतर्निष्ठा की अभिव्यक्ति की माध्यम थी। इन्दिरा की वाणी की मिठास, चेहरे की सौम्यता, हृदय की ममतामयता, विचारों की अंतर्दृष्टि, गंभीरता, सादगी और सौजन्य उनके व्यक्तित्व को इतना मोहक और हृदयस्पर्शी बना देते थे कि कहा नहीं जा सकता- बताया नहीं जा सकता। राजनीतिक और सामाजिक उन्नयन, प्रशासन-कौशल तथा कार्य-पद्धति के संबंध में उनका अपना दृष्टिकोण था- अपनी व्याख्याएँ थीं। राजनीति में तो उनका निजी, बिल्कुल निजी; पर लोकतंत्रात्मक स्वतंत्र व्यक्तित्व था।

जवाहरलाल नेहरू के बाद इन्दिरा ही भारत की अकेली जननेत्री थीं, जिन पर देश के सामान्यतम व्यक्ति का अटूट विश्वास था। भारत के जन-जन के साथ अपने पिता के ही समान इन्दिरा ने अपने को इस तरह एकाकार कर डाला था कि दोनों के बीच सीमा-रेखा ही नहीं दिख पाती थी किसी को। इन्दिरा गांधी सही अर्थों में जवाहरलाल नेहरू की सजीव तपस्या थीं।

(कमलापति मिश्र)

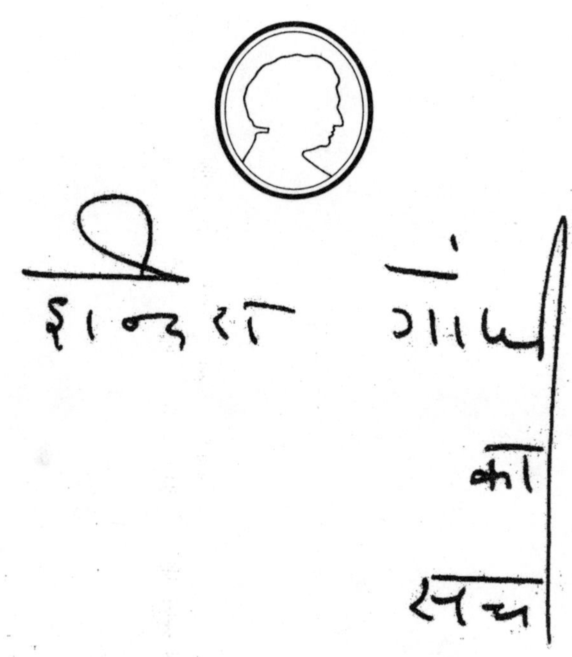
इन्दिरा गांधी
का
सच

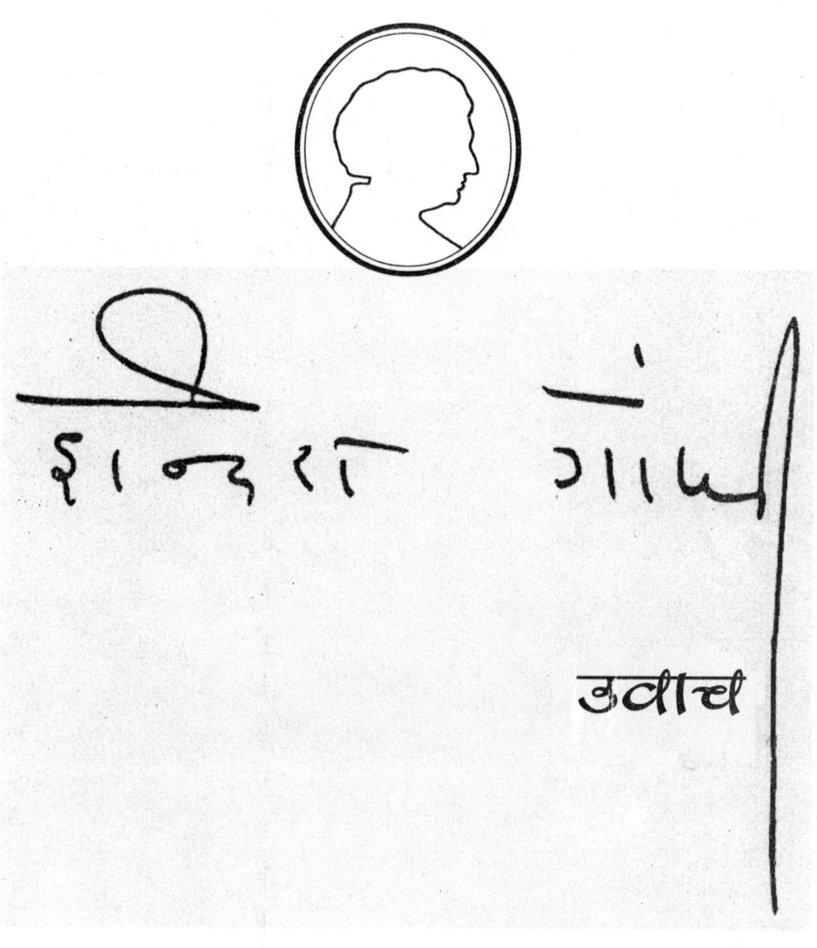

इन्दिरा गांधी के भाषणों, साक्षात्कारों, लेखों आदि से संकलित-संपादित आत्म-कथा।

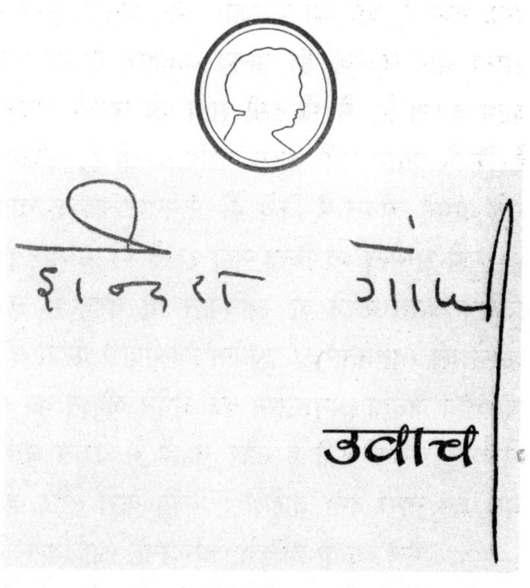

प्रधान मंत्री बन जाना या किसी उच्च पद पर पहुँच जाना ही जीवन की सफलता नहीं। इसी तरह मात्र नाम के साथ प्रधान मंत्री-शब्द लगना ही मेरे जीवन का लक्ष्य नहीं। मेरे प्रधान मंत्री बन जाने से भारत में किसी को कोई आश्चर्य नहीं हुआ। क्योंकि यहाँ तो महिलाएँ स्वतंत्रता-संग्राम में और सामाजिक जीवन में बराबर भाग लेती रही हैं। हमारे यहाँ महिला इंजीनियर हैं, महिला राजदूत हैं, महिला राज्यपाल हैं, महिला जज हैं, महिला प्रशासक हैं, कई ग्राम-पंचायतों में महिला पंच हैं और यहाँ तक कि कई ग्राम-पंचायतों में सारी-की-सारी महिलाएँ हैं।

नारी सामाजिक ढाँचे का आधार होती है। यदि यह आधार ठोस और शक्तिशाली है, तो सामाजिक ढाँचा भी शक्तिशाली और ठोस हो सकता है; अन्यथा समाज में सभी प्रकार की बुराइयाँ आ जाती हैं। जहाँ नारी को ऊँचा स्थान दिया गया है, वह देश ऊँचा उठा है और जहाँ नारी को किसी भी कारण से पिछड़ा हुआ

रखा गया है, वह देश कमजोर और पिछड़ा हुआ रहा है। दुनियाँ की आबादी का आधा भाग नारियाँ हैं। मानव-व्यवहार के हर क्षेत्र में नारियों को बहुत अधिक काम करना है। मैं भी इसी सत्य को सामने रखकर आगे बढ़ रही हूँ। यह सही है कि मैं प्रधान मंत्री बनना पसंद करती हूँ, लेकिन उन कार्यों से ज्यादा नहीं- जो मैंने अपने जीवन में किये हैं। मैं स्पष्ट कहना चाहती हूँ कि मैं महत्त्वाकांक्षी नहीं हूँ। मुझे सम्मान की चिंता नहीं रहती है। मैं मानती हूँ कि प्रत्येक व्यक्ति को अपने विचार व्यक्त करने का अधिकार है। परंतु मैं आशा करती हूँ कि विचार व्यक्त करने की स्वतंत्रता का उपयोग जिम्मेदारी के साथ किया जायेगा। मैं चाहती हूँ कि भारतीय जनता अनुशासन को अपने जीवन का अंग बना ले। मेरा किसी व्यक्ति से कोई झगड़ा नहीं है और न ही मैं केवल नारों में विश्वास करती हूँ। मैं तो बस यह नारा देना चाहूँगी : 'काम करो और जीतो।'

मैंने लाखों दलितों, हरिजनों, आदिवासियों, वेतनभोगी और अन्य लोगों की बेहतरी के लिए - जिन्हें मेरी राय से सामाजिक न्याय नहीं मिला है- कार्य करते रहने का संकल्प लिया है। मैं यह मानकर चलती हूँ कि सब लोगों को बेहतर जिंदगी जीने का हक है- केवल भौतिक रूप से ही नहीं, बल्कि मानसिक और आत्मिक रूप से भी। मैं तो खुशनसीब हूँ कि मुझे ऐसा जीवन जीने को मिला। लेकिन अपने देश की जनता को गरीबी में पिसी देखकर मुझे कष्ट होता है। मैं सोचती हूँ कि तब तक न हममें सच्ची एकता आ सकती है और न समाज में शांति, जब तक कि वे लोग जो दबाये गये हैं- ऊपर नहीं उठाये जाते। हमारे देश में जो लोग कमजोर हैं, जो पिछड़े हैं, जो अपने अधिकारों से वंचित हैं और जिनकी खास देख-रेख की और सामाजिक सुरक्षा की विशेष जरूरत है- उनका मुझे ख्याल रहा है और रहेगा। मैं सच्चे दिल से अंतर्राष्ट्रीय मित्रता और शांति को बढ़ाने के लिए काम करूँगी, जिससे सारे संसार के लोग भय और आतंक से मुक्त होकर बराबरी के दर्जे पर आजादी से रह सकें। मैं प्रण करती हूँ कि हमारे राष्ट्र- निर्माताओं ने धर्मनिरपेक्षता, गुटनिरपेक्षता, लोकतंत्र, समाजवाद और विश्व-शांति के लिए जिन आदर्शों पर भारत की बुनियाद रखी है, उसका मैं पूरी

तरह से पालन करूँगी। मैं यह चाहती हूँ कि देश के छात्र और बुद्धिजीवी वर्ग के लोग अलोकतांत्रिक शक्तियों के विरुद्ध संघर्ष करने के लिए कमर कसकर तैयार हों। क्योंकि देश की कठिनाइयों का अनुचित लाभ उठाकर ये शक्तियाँ लोकतांत्रिक व्यवस्था को समाप्त कर डालना चाहती हैं। मैं ऐसी स्थितियाँ पैदा कर देना चाहती हूँ, जिसमें रहकर लोग जीवन के उच्चतर मूल्यों को समझ सकें और आनंद प्राप्त कर सकें। मैं समाज की जो दिशा चाहती हूँ- यदि वह उसी तरफ चलने लगे, तो मैं अवकाश ग्रहण कर लूँगी। जिस दिन मैं यह समझ जाऊँगी कि प्रधान मंत्री के रूप में कार्य करने योग्य नहीं हूँ, मैं उसी दिन हट जाऊँगी।

मेरे सिर पर तो सच पूछिये काँटों का ताज है। मैं तो तानाशाह बन ही नहीं सकती। मैं तो लोकतंत्र के लिए लड़ रही हूँ। देश में किसी भी व्यक्ति ने लोकतंत्र को मजबूत बनाने के लिए मुझसे अधिक काम नहीं किया। संसद और लोकतंत्री संस्थाओं में मेरा विश्वास पहले की तरह बना हुआ है। मुझे ऐसे किसी व्यक्ति का स्मरण नहीं आता, जिसने भारत में लोकतंत्र को मजबूत बनाने के लिए मुझसे अधिक प्रयास किया हो। मैंने सदा कहा है और आज भी मेरा यही विश्वास है कि लोकतंत्र ही एकमात्र ऐसी प्रणाली है, जिससे जन सामान्य को बल मिलता है और इस कारण से यह उपलब्ध प्रणालियों में सर्वोत्तम है। एक बार महात्मा गांधी ने कहा था और इसी बात को मेरे पिता जी पंडित जवाहरलाल नेहरू ने अक्सर दोहराया था कि हमें अपने देश में प्रत्येक व्यक्ति के आँसू पोंछने के लिए कठोर परिश्रम करना होगा। यह स्पष्टतः बहुत बड़ा काम है और मुझे इस बात में संदेह है कि कोई भी देश यह काम कर सकता है। पर फिर भी, हम यही काम करने की कोशिश में लगे हैं। हमने अपने देश के लोगों से जो वादे किये हैं- खाना, कपड़ा, रोजी, मकान, शिक्षा और स्वास्थ्य-रक्षा का प्रबंध करने का- उन्हें हमें पूरा करना है। हमें आज के गरीबों के लिए लड़ना है, काम करना है और मेहनत करती है। हमें आज के बच्चों के लिए नये अवसर तलाश करने हैं और नौजवानों के लिए नयी नौकरियाँ ढूँढनी हैं। गरीबी हटाने के लिए हम सबको एक जुट होकर अथक प्रयत्न करने हैं। गरीबी, असमानता और आर्थिक पिछड़ेपन को हटाने के

लिए जबरदस्त संघर्ष करना होता है। गरीबी जादू की छड़ी हिलाकर दूर नहीं की जा सकती; केवल एक ही जादू है, जो गरीबी को दूर कर सकता है और वह है- स्पष्ट दूरदृष्टि के साथ-साथ कड़ा परिश्रम, दृढ़ इच्छा और कठोरतम अनुशासन। गरीबी हटाना जरूरी है। लेकिन इसके साथ ही एक ऐसा समाज भी बनाना जरूरी है, जहाँ हर आदमी की आवाज सुनी जा सके। हमारा उद्देश्य है- भेद रहित और स्वाधीन अंतर्राष्ट्रीय समाज का निर्माण। यह अंतर्राष्ट्रीय समाज ऐसा होगा, जिसमें सभी लोग- ऊँच-नीच और छोटे-बड़े के भेद-भाव से हीन-स्वाधीनतापूर्वक जीवन बितायेंगे। ऐसे समाज में व्यक्ति और राष्ट्र को बाह्य हस्तक्षेप से मुक्त रहकर अपने ही तरीके से जीवन बिताने का अधिकार प्राप्त होगा। इस काल में हम यह दिशा दें कि आत्म-अनुशासन का वातावरण कैसे बनाया जा सकता है- एक ऐसा वातावरण, जिसमें हर समूह अपने लिए जो मिल सके- उसे पाने की कोशिश न करके- एक सामूहिक प्रयास में हिस्सा ले। इस आवश्यकता को हमें आगे बढ़ने और अपने कार्यक्रम को पूरा करने का एक नया अवसर बनाना है।

मैं अपने आपको नेता नहीं मानती हूँ। मैं तो कार्यकर्ता मात्र हूँ। मैंने सदा ही अपने को देश-सेविका माना है, बिल्कुल उसी तरह-जैसा कि पिता जी अपने को देश का पहला सेवक मानते थे। मैं अपने को कांग्रेस और भारत की महान् जनता की भी सेविका मानती हूँ। मैं कम्युनिस्ट नहीं हूँ। मैं अपने आपको राजनीतिज्ञ भी हर्गिज नहीं समझती हूँ। मेरा दिमागी ढाँचा और मेरी विचार-धारा का तरीका एक औसत राजनीतिज्ञ से भिन्न है। किसी प्रकार राजनीतिज्ञों की मदद से मैं अपने रास्ते से छूटकर इस क्षेत्र में आ गयी हूँ। मैं राजनीतिज्ञ हूँ- सिर्फ इसी अर्थ में कि मैं खास किस्म का भारत चाहती हूँ; ऐसा नया भारत-जहाँ गरीबी न हो, अन्याय न हो, कोई विदेशी प्रभाव न हो। मुझसे अक्सर पूछा जाता है कि मेरे जीवन पर सबसे अधिक प्रभाव किस व्यक्ति का पड़ा? इसका स्पष्ट उत्तर है : महात्मा गांधी का। क्योंकि जो भी महात्मा गांधी के संपर्क में आया, प्रभावित हुए बिना नहीं रहा। लेकिन मेरे जीवन पर उससे भी कहीं अधिक प्रभाव भारत की जनता का पड़ा। भारत की शक्ति इन्दिरा गांधी है। इन्दिरा गांधी को जनता से शक्ति

मिली है। इन्दिरा गांधी जनता की आवाज है। इन्दिरा गांधी जनता की आवाज सुनने का प्रयास करती है। यही मेरी शक्ति है। आज जरूरत इस बात की है कि कोई व्यक्ति एकता और जनता का मनोबल बढ़ाने का प्रयास करे। मेरा विचार है कि ये दोनों काम करने में मैं सक्षम रही हूँ। मेरी एक ही आकांक्षा है- अपने देशवासियों की सेवा मन से और पूरी शक्ति से कर सकूँ। मुझे भारतीय जनता में पूरा विश्वास है। जनता ने मुझमें जो विश्वास प्रकट किया है और प्यार दिया है, उसके प्रति मैं हृदय से आभारी हूँ। मैं उन व्यक्तियों में हूँ- जिन्हें चुनौतियों का सामना करने में आनंद आता है। मैं बिना चुनौतियों के जीवन की कल्पना भी नहीं करती। सनसनाती गोली, जेल की सजा, घातक हमलों की धमकियाँ, गालियाँ और झूठे आरोप मुझे आज तक अपने मार्ग से डिगा नहीं सके। मैं कुछ आदर्शों से प्रतिबद्ध हूँ, जिनको पूरा करने के लिए निर्धारित रास्ते से मुझे कोई भी नहीं हटा सकता। जब तक मैं जिंदा हूँ, तब तक ऐसी कोई बात नहीं होने दूँगी- जिससे देश कमजोर बने। मेरे मरने के बाद ही लोग जान सकेंगे कि मेरा सबसे सौभाग्यशाली समय कौन था। मैं चाहूँगी कि लोग मेरे बारे में ऐसे व्यक्ति के रूप में सोचें, जिसने एकनिष्ठ होकर अपने देशवासियों का जीवन सुखी बनाने के लिए कार्य किया।

बचपन की प्रथम साँस से जो भी घटनाएँ घटीं, वे सब मुझे आगे बढ़ने की प्रेरणा देती रहीं। 19 नवंबर, 1917 को जब मैं पैदा हुई, तो दादा जी पंडित मोतीलाल नेहरू के नौकर मुंशी मुबारक अली ने दादा जी को बधाई देते हुए कहा : 'माशा अल्लाह, मोतीलाल का पोता नेहरू-खानदान का नाम रोशन करेगा।'

बूढ़े मुंशी जी ने मुझे बेटी से बेटा समझने की जो गलतफहमी की थी, उसके बाद आज तक मैं अपने आपको औरत नहीं मानती। मैं तो कामकाजी व्यक्ति हूँ। मैं लड़का बनना चाहती थी। लेकिन सोलह वर्ष की आयु में नारी होने की प्रसन्नता मुझ पर खुलने लगी और लगभग एक दिन पलटते ही अधनंगी लंबी टाँगों वाला और फ्राक पहनने वाला लड़का बदलकर साड़ी पहनने वाली तरुणी बन गयी।

मैंने इतनी बार स्कूल बदले हैं कि इन सबके नाम भी याद रखना मेरे लिए मुश्किल है। इलाहाबाद के सेंट सेसीलिया स्कूल में- जहाँ मैं पढ़ती थी- एक

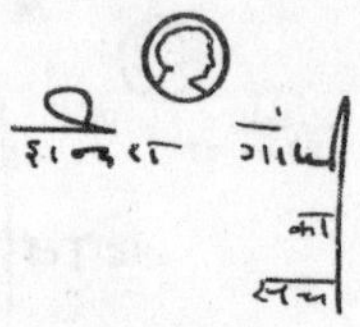

दिन मेरी अध्यापिका ने पूछा : 'इन्दू, तुम बड़ी होकर क्या बनना चाहती हो?'

मैंने जवाब दिया : 'मैं जोन आफ आर्क- जैसी बनना चाहती हूँ।'

'जोन आफ आर्क' के बलिदान की कहानी से मुझे बड़ी प्रेरणा मिली। सफल जीवन के पीछे अच्छी कथाओं का भी बड़ा हाथ होता है, जिन्हें हम बचपन में पढ़ते हैं। इसलिए उस समय स्कूल में अन्य बच्चे परियों की कहानी पढ़ते, तो मैं शेक्सपियर और बर्नार्ड शॉ को पढ़ती थी।

मेरे सोलहवें वर्ष का स्वागत किया- मेरे पिता जी की गिरफ्तारी ने, जो कोई अनहोनी बात नहीं थी। उन्होंने तार भेजा : 'दूसरे घर जा रहा हूँ।' मेरी माता जी श्रीमती कमला नेहरू बीमार थीं। मैं चिंतित और आशंकित थी, लेकिन अपनी शिक्षा और नृत्य के अभ्यास में व्यस्त रही। तभी मेरी मैट्रिक की परीक्षा पूना के प्यूपिल्स ओन स्कूल में हुई थी। तदुपरांत मैं एक नियमित थियेटर के मंच पर भी क्षण भर के लिए प्रकट हुई थी। जब मैं वहाँ से विदा हुई, तो लगभग सारा स्कूल और कुछ अभिभावक भी मेरे साथ उस उपनगरीय रेल पर विक्टोरिया टर्मिनस, बंबई के स्टेशन तक आये। पुराने गीत गाये गये, जिनमें हँसी और आँसू घुले-मिले थे। मैं कलकत्ता आ गयी, ताकि अपनी माता जी के पास रह सकूँ और अपने पिता जी के साथ पाक्षिक भेंट के असंतोषजनक बहुत ही कीमती बीस मिनटों का मैं भागीदार बन सकूँ। मैं माता जी के साथ रामकृष्ण मठ में बहुत समय व्यतीत करती थी। वहाँ नदी के तट पर शांतिपूर्वक बैठे हुए मेरे सामने विचारों और अनुभवों का नया संसार खुल जाता था।

जब मैं शांतिनिकेतन में पढ़ती थी, तो गुरुदेव रवींद्रनाथ ठाकुर ने मेरे लिए सौंदर्य और कला के अद्भुत जगत् के द्वार खोल दिये। मेरे जीवन में कला के प्रति जो प्यार है, वह गुरुदेव के शांतिनिकेतन में अध्ययन करने के कारण ही है। वहाँ मैं पढ़ाई के साथ-साथ ललित-कलाओं में रुचि लेती-नृत्य करती थी। मैंने शांतिनिकेतन में मणिपुरी नृत्यु सीखा था और गुरुदेव चाहते भी थे कि मैं उनकी मणिपुरी नृत्य-मंडली के साथ पूरे भारत का दौरा लगाऊँ। शांतिनिकेतन में कुछ दिन बिताने की मुझे बड़ी खुशी है, खास तौर पर गुरुदेव की वजह से। वहाँ के

वातावरण में ऐसा लगता था कि हर व्यक्ति और हर वस्तु पर उनकी आत्मा की छाप है। ऐसा लगता था कि हर समय वे सबके साथ हैं और बड़े प्यार के साथ सबकी देख-भाल और निगरानी कर रहे हैं। वे हम सभी पर बड़े निकट से निगरानी रखते थे और संस्था में चलने वाली सभी गतिविधियों से परिचित मालूम देते थे। ऐसी अनेक संध्याएँ बीतीं, जब हम लोगों का एक छोटा-सा दल उनके चरणों में बैठता- हम या तो उनसे विभिन्न विषयों पर बातचीत करते अथवा शांतिपूर्वक उनको चित्र बनाते देखा करते। प्रायः वे कविता-पाठ करते या उच्च स्वरों में पढ़ते। वे क्षण बड़े हर्ष-पुलकित होते और उनकी स्मृतियाँ सदा बनी रहेंगी।

गुरुदेव को देखकर शांतिमय वातावरण छा जाता था। मुझे उन्होंने बड़ा प्रभावित किया। अपरिचितों से मिलने में मैं बहुत ही झिझकती थी और गुरुदेव की भव्य उपस्थिति ने मुझे जैसे एकदम अभिभूत कर दिया। गुरुदेव के समय में खलल डालने का मैंने साहस न किया होता, यदि उन्होंने स्वयं मुझसे उपेक्षा की शिकायत न की होती। गुरुदेव की छाप केवल मेरे ऊपर नहीं या जो थोड़े-से व्यक्ति उनकी विश्व भारती में पढ़े हुए हैं- उनके ऊपर नहीं, बल्कि हमारे देश के सबसे बड़े नेताओं और देश पर पड़ी। उन्होंने कहा कि मैं कलाकार हूँ। गुरुदेव समझते थे कि हर व्यक्ति के अंदर कलाकार होता है। कोई व्यक्ति उसे निकलने का मौका देते हैं और अधिकतर दुर्भाग्य से अपने भीतर कलाकार को दबा देते हैं। गुरुदेव की चेष्टा यही थी कि जो कलाकार हरएक के अंदर है, उसको कैसे बाहर निकाला जाय। चाहे कोई भी कार्य करे, तो वह कार्य कला की दृष्टि से हो और उसमें कला की छाप हो- यह अपनी संस्था में उनकी कोशिश थी। शांतिनिकेतन का सारा काम- झाड़ू लगाने, खाना पकाने, बरतन साफ करने आदि का - स्वयं ही करना पड़ता था। वहाँ एक सरल जीवन सब विद्यार्थियों का था। गुरुदेव को लगता था कि उससे प्रकृति से संबंध ज्यादा बनता है। जैसे कि हमारे बहुत से महापुरुष हुए हैं, गुरुदेव अपनी पुरानी संस्कृति में पले थे और एक तरह से डूबे हुए थे- उसमें। लेकिन तब भी वे एक बिल्कुल नयी विचार-धारा उसमें से निकाल सके। उस पुरानी संस्कृति का ऐसा परिवर्तन किया कि आजकल के जीवन में वह एक नयी

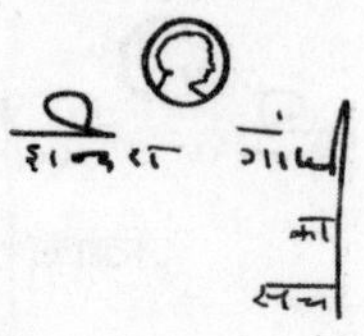

चीज बन गयी। उसमें ही उनका महत्त्व है। गुरुदेव ने शांति, सौहार्द और सद्भाव बढ़ाने के लिए कार्य किया- जिससे लोगों को प्रेरणा मिली है।

मेरे छुटपन में- जब स्वतंत्रता-संग्राम अपने शिखर पर था- प्रभात फेरियों में यह गाना जोरों से गाया जाता था : 'उठो सबेरा हो गया, गांधी जगा रहा है।' यह गांधी जी ने वास्तव में किया। सत्य और अहिंसा-जो सभी धर्मों में हैं- उनको उन्होंने राजनीतिक आंदोलन का साधन बनाया। वे शिक्षित और अशिक्षित जनता को शहर और गाँव के आंदोलन में लाये। लोग-जो उदासीन हो गये थे और अपनी गरीबी को अपना भाग्य समझने लगे थे- गांधी जी ने उनमें विश्वास जगाया कि उनका भाग्य और देश की स्वतंत्रता उन्हीं पर निर्भर है। गांधी जी की भाषा धर्म की भाषा थी- सत्य, नैतिक और आत्मिक शक्ति की भाषा थी। वे अंधविश्वास और उन भ्रमों और रीतियों के विरुद्ध सारा जीवन लड़ते रहे, जिन्होंने हमारे समाज को गिराया। गांधी जी ने कहा था कि उनके जाने के बाद मेरे पिता जी उनकी भाषा बोलेंगे। पिता जी को भी प्राचीन भारत द्वारा खोजे और सिखाये हुए आत्मिक सत्यों में आस्था थी। हजारों वर्ष पहले गौतम बुद्ध ने कहा था कि मैं दूसरों के विचारों के आधार पर कोई निर्णय नहीं कर सकता। उन्होंने लोगों को स्वयं सोचने के लिए प्रोत्साहित किया और जाँचने की शक्ति का स्वागत किया। स्वामी विवेकानंद ने भी यही उपदेश दिया। यह विज्ञान का असली भाव है। मेरे पिता जी यह मानते थे कि इसी भावना और विज्ञान के उपयोग से ही भारत की गरीबी और दासता के दाग मिटाये जा सकते हैं। इसके लिए पहला कदम था- राजनीतिक स्वतंत्रता प्राप्त करना। स्वतंत्रता के बाद देश भर में जो प्रगति हुई है, उसकी सैकड़ों- हजारों निशानियाँ देखी जा सकती हैं- नये नगर, नयी प्रायोजनाएँ। इन्हें मेरे पिता जी हमारे युग के नये मंदिर कहा करते थे। पिता जी विज्ञान को मानते थे और नयी दुनियाँ को मानते थे, तब भी वे महसूस करते थे कि गांधी जी के संदेश में कितना बल है और हमारे समय के लिए कितना वह संदेश आज भी उपयोगी है; वह संदेश क्या था, तीन छोटे-से शब्द-अहिंसा, सत्य और स्वदेशी।

आज सबसे ज्यादा याद आती है- महात्मा गांधी की। हर व्यक्ति ने अपनी

मानसिक परिपक्वता के अनुसार गांधी जी को समझा है। गांधी जी जब जीवित थे, तब मेरी उम्र के बहुत से लोगों के लिए उन्हें समझना कठिन था। उनकी कुछ बातों को हम उनकी सनक समझते थे और कभी-कभी अपना धीरज खो बैठते थे। हमें उनके बहुत से सिद्धांत बड़े अस्पष्ट से लगते थे। हम उन्हें महात्मा अवश्य मानते थे, परंतु उनके द्वारा राजनीति में धर्म के प्रवेश के कारण हम उनके साथ झगड़ भी सकते थे। यह बात केवल मेरी ही पीढ़ी के लिए सत्य हो, यह बात नहीं है। अपनी आत्म-कथा में मेरे पिता जी ने उन कठिनाइयों का जिक्र किया है, जिसका अनुभव उन्हें तथा उनकी पीढ़ी के अन्य व्यक्तियों को गांधी जी के विचारों के साथ अपने विचारों का सामंजस्य बिठाने में हुआ। धीरे-धीरे राष्ट्रीय आंदोलन के उतार-चढ़ाव के दौरान जो अनुभव हुआ, उससे मेरे पिता जी को गांधी जी को पूरी तरह समझने का और उनके बुनियादी विचारों को अपने विचारों के साथ गूँथने का अवसर मिला। पिता जी ने उन्हें 'जादूगर'-नाम दिया था। उन्होंने उनके विचारों को नयी भाषा देने का और नौजवानों तथा बुद्धिजीवियों के सामने उन्हें विशद रूप में रखने और उन पर प्रभाव डालने का प्रयत्न किया था।

गांधी जी भी इतनी वफादारी नहीं चाहते थे कि कोई अपना मुँह न खोल सके। वे नहीं चाहते थे कि बिना परीक्षण के ही कोई उनके साध्य और साधनों को स्वीकार कर ले। वे खुलकर वाद-विवाद को प्रोत्साहन देते थे। जब मैं छोटी बच्ची थी, तब न मालूम कितनी बार उनसे बहस करने लगती थी। ईमानदारी से दी गयी किसी भी सलाह की वे उपेक्षा नहीं करते थे। जो उनसे नाराज थे, उनके पास उनसे भी बात करने का समय था। हमारे देश के शिक्षकों में इस गुण की कमी है। वे अपनी ही किस्म के पैगंबर थे। किसी रहस्यमय सत्य को पाने का दावा उन्होंने कभी नहीं किया। वे न पुरस्कार का लोभ करते थे, न सजा का भय ही। अपने मिशन का बोझ भी उनके दिमाग पर नहीं था। वे ऐसे संत थे, जो तीखे व्यंग्य-बाण छोड़ते थे और खुलकर मनोविनोद करते थे।

गांधी जी की जन्म-शताब्दी का वर्ष 1969 जलियाँवाला बाग-कांड की 50वीं वर्षगाँठ का भी वर्ष था। जो लोग भ्रमवश कठोरता और क्रूरता को ही शक्ति

का पर्याय समझते हैं, उन्हें इस बात पर विचार करना चाहिये कि जलियाँवाला बाग-कांड जैसे नृशंस कांड का ब्रिटिश साम्राज्य के भविष्य पर क्या प्रभाव पड़ा। शायद ही पहले कभी कोई ऐसी घटना हुई हो, जिसने समूचे राष्ट्र को झकझोर दिया हो- इतना हतप्रभ कर दिया हो कि उसे अपने मूल्यों पर और अपने लक्ष्य पर फिर से विचार करने को विवश होना पड़ा हो। इस घटना ने मेरे दादा जी और गुरुदेव रवींद्रनाथ ठाकुर जैसे व्यक्तियों पर भी जबरदस्त प्रभाव डाला। गुरुदेव ने अपनी 'सर' की उपाधि लौटा दी और उपनिवेशवाद की समस्याओं पर भावनापूर्ण लेखादि लिखे। मेरे दादा जी अपने पूरे परिवार के साथ गांधी जी के निकट संपर्क में आये। हम सबका पूरा जीवन ही बदल गया- सारे देश की हवा ही बदल गयी। इसी वर्ष गांधी जी हमारे राष्ट्रीय आंदोलन के सर्वोपरि नेता के रूप में उभरकर आये।

पिछले वर्षों पर दृष्टि डालें, तो हम यह भली-भाँति समझ सकेंगे कि उनके व्यक्तित्व का और उनके विचारों का कितना व्यापक प्रभाव पड़ा। जैसे उनके प्रभाव को पूरी तरह समझना अब भी हमारी शक्ति के बाहर है। हम इस समय संक्रमण काल से गुजर रहे हैं। अभी बीसियों वर्ष तक हम गांधी जी के कार्य का भारत पर और संपूर्ण मानवता पर कितना व्यापक प्रभाव पड़ा, इसे पूरी तरह नहीं आँक पायेंगे। फिर भी, हम चकित हुए बिना नहीं रह सकते कि जलियाँवाला बाग-कांड के उस एक ही वर्ष में गांधी जी ने हमारे इतिहास को नया मोड़ दिया। गांधी जी ने साधारण और विशिष्ट सभी तरह के हजारों लोगों के व्यक्तिगत जीवन में अभूतपूर्व परिवर्तन ला दिया। देश की राजनीति का मूल सूत्रधार होना उतनी बड़ी सफलता नहीं है, जितनी यह कि गांधी जी लोगों के अंतःकरण को इतनी गहराई से छू सके। गांधी जी ने उस राजनीति को ठुकरा दिया, जिससे कुछ बड़े लोगों को ही प्रतिष्ठा मिलती है। उन्होंने अनुभव किया कि सफलता की कुंजी तो जन-आंदोलनों में है। इस मामले में उनका पूर्ववर्ती नेताओं से मतभेद भी रहा है। गांधी जी ऐसे नेता थे, जिन्हें जन-मानस की गहरी अनुभूति थी। वे जन-मानस की भाषा को समझकर उसकी व्यवस्था भी करते थे और उसे नया मोड़ भी देते थे।

गांधी जी ने हमें भय से मुक्ति दिलायी। उनका केवल राजनीतिक स्वतंत्रता ही लक्ष्य नहीं था, वह तो आत्मा की मुक्ति के मार्ग में एक प्राप्ति थी। भारत के सामाजिक जीवन में उनके कारण जो परिवर्तन आया, वह और भी अधिक प्रभावशाली था। गांधी जी ने सामाजिक परंपरा की दीवारों और रूढ़ियों से भी हमें मुक्त किया। स्त्री-पुरुष के बीच, नीच तथा ऊँचे कुल में जन्म लेने वाले के बीच, देहाती और शहरी के बीच पूर्ण समानता में उनका विश्वास था। इसीलिए उनके आंदोलनों ने जन-मानस को प्रभावित किया। भारत के सुदीर्घ इतिहास में सुधारकों ने जातिगत श्रेष्ठता और महिलाओं की हीन अवस्था के खिलाफ संघर्ष किया। परंतु इस भेदभाव की दीवारों को तोड़ने में जितने सफल गांधी जी हुए, उतना कोई नहीं हुआ। भारत की महिलाओं पर गांधी जी का विशेष ऋण है, जिन्होंने उनको घरों की चारदीवारी से निकालकर वृहत् संख्या में स्वतंत्रता-संग्राम में भाग लेने के लिए प्रेरित कर महत्त्वपूर्ण सामाजिक क्रांति का सूत्रपात किया। वे सारे वर्ग भी उनके ऋणी हैं, जिन्होंने वंश-परंपरागत बंधनों को भोगा है। गांधी जी ने एक स्थान पर लिखा है : 'मैं नहीं चाहता कि कोई व्यक्ति मेरा अनुयायी होने का दावा करे। मैं स्वयं अपना ही अनुयायी बना रहूँ, यही बहुत है। मैं जानता हूँ कि मैं अपना कितना अक्षम अनुयायी हूँ; क्योंकि मेरी जो आस्था है, मैं उसके अनुसार आचरण तक नहीं करता।'

पिछले वर्षों में हमने नियोजित औद्योगिक विकास की जो गति अपनायी है, उसकी कभी-कभी यह कहकर आलोचना की जाती है कि यह जान-बूझकर गांधीवाद का निषेध है। जो लोग ऐसा आरोप लगाते हैं और कुटीर उद्योगों की वकालत करते हैं, वे भी विमान, मोटर, गाड़ी और टेलीफोन जैसे भारी उद्योगों की सहायता बिना अपना काम नहीं चला सकते। गांधी जी ने रेलों का परित्याग नहीं किया और घड़ियों का भी वे नियमित प्रयोग करते थे। जब हम रेलों और घड़ियों का प्रयोग करते हैं, तो इसमें क्या तुक है कि हम इन चीजों का निर्माण अपने ही देश में न करें। गांधी जी ने कुटीर उद्योगों की जिस प्रकार वकालत की है, उसे सही समझने की जरूरत है। वे तो गरीबी का उन्मूलन करना चाहते थे। जरा भी

फिजूलखर्ची उन्हें सहन नहीं होती थी। वे चाहते थे कि गाँवों के बेरोजगार लोगों की ताकत राष्ट्र के लिए अधिक उत्पादन करने और अपने लिए कुछ धन पैदा करने में लगे। औद्योगीकरण के पहले दौर का छोटे उद्योगों पर जो क्रूर प्रभाव पड़ रहा था, उससे वे अपने समय के अन्य भावुक व्यक्तियों की तरह ही प्रभावित थे। वे महात्मा थे और मनुष्य के शाश्वत बंधनों को जानते थे। वे हमें सावधान कर देना चाहते थे कि हम अपनी ही इच्छाओं के दास न बनें। मशीन की उपयोगिता के बारे में उन्होंने जो लिखा है, उसमें अनेक स्थल ऐसे हैं- जिनसे पता चलता है कि गांधी जी का दृष्टिकोण कितना विशाल था और व्यवहारिक तौर पर कितना मानवतावादी था।

मेरे लिए गांधी जी शुष्क विचारों के संग्रह मात्र नहीं हैं, बल्कि वे जीवंत व्यक्ति हैं- जो सदा मानवता के उस स्तर की याद दिलातें हैं, जिस पर कोई भी मानव पहुँच सकता है। अतीत के सर्वश्रेष्ठ को ग्रहण करके गांधी जी भविष्य के लक्ष्य को ध्यान में रखकर वर्तमान में कार्य करते थे। उनके उच्च विचार देश-काल की सीमाओं से परे थे। जो कुछ उन्होंने कहा और लिखा, उनमें से अधिकांश सामयिक समस्याओं को सुलझाने के बारे में था। उनका कुछ साहित्य व्यक्तिगत निर्देश संबंधी भी है। उनकी बुद्धि का परितोष इधर-उधर की जानकारी से नहीं होता था। अपने जीवन की प्रयोगशाला में प्रयोग के दौरान गांधी जी अपने विचारों का हथियार के रूप में प्रयोग करते थे।

दक्षिण अफ्रीका में गांधी जी के काम का उल्लेख करते हुए गोपालकृष्ण गोखले ने कहा था कि गांधी जी ने मिट्टी में से योद्धा तैयार किये। कभी-कभी मुझे आश्चर्य होता है कि हम कहीं फिर से तो मिट्टी ही नहीं हो गये। एक महान् उपदेशक अपने समय में जो उमंग पैदा करता है, वह उमंग बहुत समय तक टिक नहीं पाती। पर ऐसे लोगों के उपदेश देश-काल की सीमाओं से परे होते हैं। हम लोगों पर-जो गांधी जी के समय में और उनके देश में पैदा हुए हैं- इस बात की विशेष जिम्मेदारी आ पड़ती है कि हम उनकी सही तस्वीर अपने सामने रखें। शब्दों से ज्यादा स्वयं उनका जीवन और उनका संदेश है। सच्ची विश्वबंधुता कोई

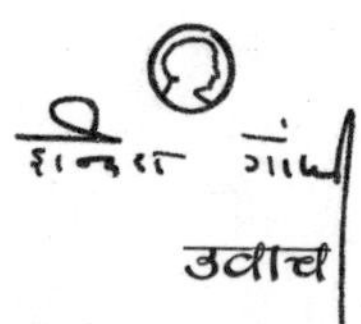

व्यक्ति अपने ही समय और देश में प्राप्त कर सकता है। गांधी जी भारत के आम लोगों के साथ घुल-मिल गये थे। इसके लिए उन्होंने अपनी वेश-भूषा तक बदल डाली। फिर भी, वे विश्व के अन्य भागों से प्राप्त श्रेष्ठ विचारों का स्वागत करने को तैयार थे। इंग्लैंड और दक्षिण अफ्रीका में कानून के छात्र और वैरिस्टर के नाते उनके जो दिन बीते, उनकी छाप उनके परवर्ती जीवन पर पड़ी। यह इस बात से ही लगता है कि गांधी जी सफाई पर और जिरह द्वारा किसी बात की तह तक पहुँचने पर जोर देते थे। जिस चीज को वे ग्रहण करते थे, उसे पूरी तरह पचा लेते थे। वे भारतीय समस्याओं का भारतीय हल ही ढूँढ़ते थे।

उनकी एक और बड़ी गौरवपूर्ण विरासत धर्म निरपेक्षता का सिद्धांत है, जिसके लिए उन्होंने अपना जीवन ही उत्सर्ग कर दिया। धर्म निरपेक्षता का अर्थ न अधर्म है और न धर्म के प्रति उपेक्षा ही। इसका अर्थ है- तमाम धर्मों का समान सम्मान, सहनशीलता मात्र नहीं- वास्तविक सम्मान। धर्म निरपेक्षता की सफलता के लिए सतत आत्म परीक्षण करते रहने और अथक परिश्रम की जरूरत है। सम्राट् अशोक ने इस सत्य को शिलाओं पर खुदवाया है कि कोई भी व्यक्ति अपने धर्म का सम्मान तब तक नहीं करता, जब तक वह दूसरे के धर्म का भी सम्मान न करे। जब अशोक इस सत्य का व्यवहार में आचरण करते थे, तब भारत महान् था और उन्नति के शिखर पर पहुँच गया था। हमारे समय में गांधी जी और मेरे पिता जी ने हमारे लिए उन सिद्धांतों को जीवंत-रूप में रखा।

गांधी जी की दूसरी बड़ी शिक्षा अहिंसा पर कुछ कहने में मुझे संकोच होता है। इसलिए नहीं कि मेरा हिंसा के प्रति कोई भी आग्रह है। मनुष्य ने इतने विनाशकारी और भयंकर हथियारों का संग्रह किया है कि मैं कभी-कभी सोचती हूँ कि हमें आशा करने का भी कोई अधिकार है या नहीं। अब भी, कभी-कभी युद्ध की चिनगारियाँ फूट पड़ती हैं। लेकिन इससे भी अधिक चिंता की बात यह है कि दुनियाँ भर के विचारों में घृणा आयी है और कार्यों में हिंसा प्रकट हुई है। गांधी जी कहते थे : 'घोर अंधकार में ही प्रकाश होता है।' हममें निष्ठा होनी चाहिये। गांधी जी ने यह दिखा दिया कि किस प्रकार सशस्त्र शक्ति का मुकाबला निशस्त्र

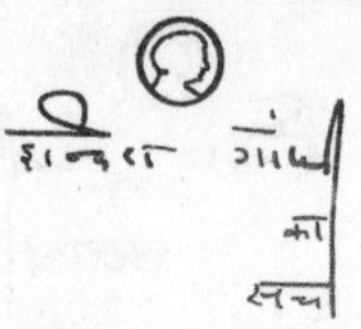

होकर किया जा सकता है। जब यह चमत्कार एक बार हो सकता है, तो दुबारा क्यों नहीं?

जीवन का अर्थ ही संघर्ष है। लक्ष्य जितना ऊँचा होगा- सफलता पाने की जितनी तीव्र लालसा होगी, उतना ही बड़ा काम और उतना ही महान् त्याग माँगा जायेगा। तमाम धर्मों के महान् व्यक्तियों ने शाश्वत सत्य की व्याख्या की है। यह सौभाग्य भारत का ही है कि उसने ऐसे महान् सपूतों को जन्म दिया है, जिन्होंने भारत के प्राचीन विचारों को दृढ़ बनाया है और लोगों के जीवन का अंग बनाया है। अपने जीवन-काल में भी हमने महात्मा गांधी और पंडित जवाहरलाल नेहरू से मार्ग-दर्शन प्राप्त किया था। इन दोनों ने लोगों की भलाई के काम में अपने आपको पूरी तरह खपा दिया था। ये दोनों ही एक दूसरे के पूरक हैं। दोनों का ही विश्वास था कि हमें हर मामले पर लोगों की भलाई को कसौटी पर रखकर विचार करना चाहिये। पिता जी ने कहा था : 'गांधी जी के लिए सबसे बड़ी प्रार्थना हम यह कर सकते हैं कि हम अपने आपको सत्य के लिए तथा उन सिद्धांतों के लिए समर्पित करने का संकल्प लें, जिनके लिए हमारे देश का यह महान् सपूत जिया और मरा।'

यह कहना कठिन है कि मैं सबसे पहले गांधी जी के संपर्क में कब आयी? मैंने उन्हें बहुत बड़े नेता नहीं, अपितु अपने परिवार का बुजुर्ग ही समझा। उनके पास मैं कठिनाइयाँ और समस्याएँ लेकर गयी, जिनको उन्होंने गंभीरता के साथ सुलझाया। मैं कई बार उनके कई विचारों से असहमत भी हुई और एक किशोर की सिद्धांतवादिता के साथ उनसे बहस भी की। जब-जब गांधी जी से मैं इस प्रकार की बहस करती थी, तब-तब मुझे उनके धैर्य, छोटे-से-छोटे विचार के बारे में उनकी जानकारी और गलत बात पर उनकी वास्तविक पीड़ा के बारे में जानकर विस्मय होता था।

हमारी जिंदगी जनता के सामने खुली किताब की तरह है और आप उससे परिचित होंगे। जो पहली बात मुझे याद है, वह उस जमाने की है- जब गांधी जी कुछ वर्षों से भारत में आये थे और सत्याग्रह, स्वदेशी और खादी जैसे

इन्कलाबी खयाल पैदा हुए थे। इनका असर मेरे पिता जी और दादा जी पर जोरों से पड़ा। दावतें बंद हुईं। मखमल, साटिन इत्यादि उतारे गये और चौराहे पर खूब चमकती रंग-बिरंगी गड्डी बनाकर धूमधाम से जला दिये गये। खादी पहनना शुरू हुआ और वह कैसी खादी थी- खुरदरी, टाट-जैसी मोटी। माता जी का सारा शरीर छिल जाता था। लेकिन इस लिबास में भी उनकी खूबसूरती और नजाकत फूल-जैसी खिलती थी।

गहने-कपड़े का उनको बिल्कुल शौक नहीं था। छुटपन में वे अपने भाइयों के साथ खेलती-घूमती थीं। इस आदत से उनको एक दफा काफी परेशानी उठानी पड़ी। जब वे नौ या दस वर्ष की थीं, तो कुछ समय के लिए सारा परिवार जयपुर गया। वहाँ सख्त पर्दा था और माता जी से कहा गया कि वे केवल डोली में बैठकर बाहर जा सकेंगी। रोने-पीटने से कुछ नहीं बना। लेकिन जिसको अभी तक पूरी आजादी थी, वह इस कैद में कैसे रहे? जब देखा कि उनका चेहरा उतरता जा रहा है और दिन-ब-दिन उनका वजन घट रहा है, तो मेरी नानी जी घबराईं और एक तरकीब सोची। उस दिन से रोज सुबह मेरी माता जी अपने भाई के कपड़े पहन बालों को पगड़ी में छिपाकर भाइयों के साथ घूमने जाने लगीं। किसी को पता नहीं चला। लेकिन उनके सचेतन दिमाग पर इस घटना का भारी असर पड़ा और वे सदा पर्दे के विरुद्ध प्रचार करती रहीं। एक दफा और भी उन्होंने मर्दों का लिबास पहना-सन् 1930 में, जब वे कांग्रेस की वॉलेन्टियर बनी थीं। वे मुझे भी बचपन में अक्सर लड़कों के कपड़े पहनानी थीं। इससे जनता को बड़ी हैरानी होती थी। अक्सर मुझसे लोग पूछते थे कि तुम्हारा भाई कहाँ है? मैं जवाब देती कि मेरा कोई भाई नहीं है। वे कहते कि वाह! हमने अपनी आँख से देखा है।

सत्रह वर्ष की उम्र में जब माता जी अपने माता-पिता के घर को छोड़कर 'आनंद-भवन' की झलकती दुनियाँ में आयीं, तो उनको क्या मालूम था कि कितने लंबे और दुःख- भरे मार्ग पर चलना होगा! उस वक्त मेरे दादा जी की वकालत खूब चल रही थी और वे प्रांत के सबसे बड़े व्यक्तियों में गिने जाते थे। बड़े दिमाग और बड़े दिल के व्यक्ति थे- शौकीन तबीयत के। खूब कमाते थे और खूब खर्च

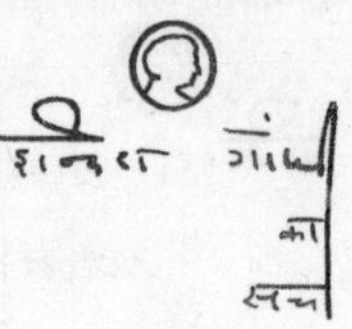

करते थे। हमारा घर हमेशा मेहमानों से भरा रहता- तरह-तरह के लोग, बड़े अफसर, लेखक, कवि, अंग्रेज, भारतीय आदि आते रहते थे। रोज दावतें होतीं और दादा जी की हँसी से घर गूँज उठता। मेरे जीवन की सफलता में दादा जी का व्यक्तित्व भी कम नहीं है। मैं दादा जी की बहुत प्रशंसक हूँ, जो बहुत दृढ़ आदमी थे। जीवन के प्रति उनमें अथाह उत्साह था- जो बाद में मेरे पिता जी में भी आया- उस पर तो मैं मोहित थी। लेकिन मेरे ऊपर बहुत गहरी छाप इस बात की पड़ी कि मेरे दादा जी बहुत विशाल थे; डील-डौल में नहीं, आप यों समझ लीजिये-ऐसा लगता था कि उन्होंने सारी दुनियाँ को अपने अंदर समेट लिया है। उनका जी खोलकर हँसना मुझे बहुत अच्छा लगता था।

घर के दो हिस्से थे। एक तरफ अंग्रेजी तरीके के बैठने और खाने के कमरे और दूसरी तरफ देशी तरीके के। रोज दोनों तरह के खाने बनते। मेरी फूफी श्रीमती विजया लक्ष्मी पंडित की मैट्रन अंग्रेज थीं और हमारी मोटर चलाने वाला भी मिस्टर डिक्सन था। कश्मीरी घरों में महिलाएँ पर्दा नहीं करतीं। मेरी दादी जी श्रीमती स्वरूपरानी नेहरू तो विलायत घूम आई थीं। तब भी, घर की सँभाल और मेहमानदारी का बोझ अधिकतर मेरी माता जी पर पड़ा। वे नये तरीके सीख ही रही थीं कि जिंदगी पलट गई और सारा परिवार बहुत जोरों से कांग्रेस के आंदोलन में भाग लेने लगा। जेल की यात्राएँ और अनेक कठिनाइयाँ शुरू हुईं। माता जी पर्दा-प्रथा संबंधी अपने बचपन का प्रण नहीं भूली थीं। उन्होंने उत्साह और हिम्मत से गांधी जी पर असर डाला, जिसके कारण गांधी जी ने खास तौर पर महिलाओं को पुकार दी कि वे भी बाहर निकलें और काम का बोझ उठाने में अपने भाइयों को सहायता दें। जीवन भर गांधी जी जहाँ जाते, महिलाओं को पर्दे से निकालने का प्रयत्न करते और समझाते कि अपने अधिकारों के लिए किस तरह लड़ें। उनके कहने से हजारों महिलाएँ कांग्रेस का काम करने निकलीं।

माता जी को बीमारी घेर रही थी, तब भी वे कांग्रेस की वॉलेन्टियर बनीं और लोगों में काम करती रहीं। बाद में जब नेता लोग गिरफ्तार होने लगे, तो वे और जोरों से काम में पड़ीं और इलाहाबाद शहर तथा जिले का संगठन अपने

ऊपर इस बल और दृढ़ता के साथ उठाया कि सब दंग रह गये। चारों ओर से उनकी योग्यता की प्रशंसा हुई। मेरे पिता जी और दादा जी फूले नहीं समाये। लेकिन सबके मन में चिंता भी थी। क्योंकि उनकी सेहत आहिस्ता-आहिस्ता टूट रही थी। मगर वे किसी की भी न सुनतीं। सन् 1930 में आखिर में वे कांग्रेस वर्किंग कमेटी की सदस्या बनायी गयीं और थोड़े दिन बाद ही गिरफ्तार कर ली गयीं। गिरफ्तारी की खबर रात ही को मिल गई थी। उस रात हम लोग जागते रहे। ऐसे मौके पर भी उनको दूसरों का खयाल होता। जो भी काम अधूरे रह गये थे, उन्हें पूरा करने की कोशिश की- जिससे उनके जाने के बाद किसी को कठिनाई न हो।

कहते हैं कि जब दुःख और पीड़ा इन्सान पर पड़ती है, तब ही उसका असली चेहरा दिखाई देता है। जो कमजोर होते हैं, उनको दुःख तोड़कर दबा देता है। लेकिन जो बहादुर होते हैं, वे उस दुःख से सीखकर और बढ़ सकते हैं और उनके भीतर छिपी हुई ताकत और स्वाभाविक सौंदर्य चमक उठता है। मेरी माता जी ऐसी ही थीं। वे डाँटती तो कभी भी नहीं थीं, न ऊँची आवाज से बोलती थीं। लेकिन उनका प्रभाव ऐसा था कि जो कहती थीं, वही होता था। हमारे यहाँ पंडित मदनमोहन मालवीय के भतीजे संस्कृत पढ़ाने आते थे। वे माता जी का बहुत आदर करते और उनसे डरते भी थे। मुझे बड़ा आश्चर्य होता था कि इतनी मधुर और दुबली-पतली महिला से डर कैसा? पंडित जी कहते : 'अरे, तुम्हें नहीं मालूम; ये बड़ी शक्ति की देवी हैं- जो चाहे कर सकती हैं।' इस पर माता जी हमेशा हँसती थीं। परंतु कुछ शक्ति उनमें जरूर थी। जो भी उनसे मिलता, उस पर गहरा प्रभाव पड़ता। मैं तो मानती हूँ कि मेरे पिता जी पर भी उनके विचारों का गहरा असर पड़ा। अक्सर उनके पास साधु-महात्मा भी आकर बैठते थे।

जैसे पूजा-पाठ आम तौर से होता है, उससे वे बहुत बिगड़ती थीं कि जो लोग ऊपर से ईश्वर का नाम लेते हैं, लेकिन विचारों की उधेड़बुन में पड़े रहते हैं- उन्हें दिखावटी धर्म की जरूरत होती है। मंदिर जाना भी इस वजह से पसंद नहीं करती थीं- वे। लेकिन माता जी की भक्ति बहुत गहरी थी। रोज हम लोगों से गीता और रामायण का पाठ करवाती थीं। जैसे-जैसे उनकी उम्र बढ़ती गई,

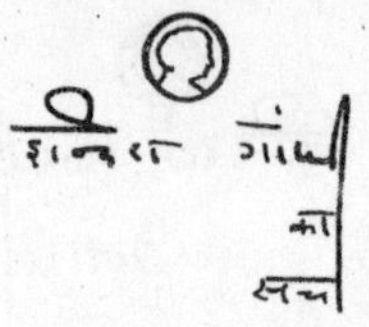

उनकी यह भक्ति और अंदरूनी शक्ति भी बढ़ती गई। बाद में वे अक्सर गंगा नदी के किनारे समाधि में घंटों बैठी रहती थीं।

सेवा-भाव तो उनमें था ही, वे गरीबों की पढ़ाई और बेहतरी में खास तौर पर दिलचस्पी लेती थीं। जब सन् 1928 में मेरे दादा जी ने अपने बड़े घर को कांग्रेस को दान किया और उसका नाम 'स्वराज्य-भवन' रख दिया, तो माता जी ने उसके एक हिस्से में अस्पताल खोला।

छत्तीस वर्ष की उम्र में अपने घर और प्यारे देश से हजारों मील दूर उनका देहांत हुआ। आखिर तक वे मुस्कराती रहीं और उलटे हम लोगों को ढाँढस देती रहीं। उनकी आखिरी इच्छा थी कि उनका अस्पताल बंद न होने पाये। इस इच्छा को पूरा करने के लिए महात्मा गांधी, पंडित मदनमोहन मालवीय और उनके दूसरे सराहने वालों ने उनके स्मारक के नाम से इलाहाबाद में महिलाओं के लिए अस्पताल खोल दिया। गांधी जी के हाथों उसका उद्‌घाटन हुआ। सैकड़ों मील से मरीज आते हैं। मुझे खुशी है कि जैसी सेवा वे अपने जीवन-काल में करती थीं, वैसी ही उनके नाम से अब भी हो रही है।

किसी भी पुत्री के लिए अपने पिता के बारे में कुछ कहना बहुत मुश्किल है। विशेष रूप से यह उस समय और भी मुश्किल है, जबकि पिता-पुत्री का नाता केवल पिता-पुत्री का न होकर साथियों-जैसा हो और वह भी मेरे बचपन से। हममें से हरएक का व्यक्तित्व बहुमुखी होता है। परंतु बड़े होने के साथ-साथ हम अपने-अपने व्यक्तित्व के अधिकांश हिस्से भुला देते हैं और केवल एक या दो हिस्सों पर ही जोर देते हैं। मेरे पिता जी और अन्य व्यक्तियों में यही अंतर था कि मेरे पिता जी ने अपने सभी व्यक्तित्वों को उभरने दिया और एक साथ ही जीवन के सभी पहलुओं में दिलचस्पी ली।

वे मेरे वास्तविक गुरु थे। जो कुछ मैं जानती हूँ, उसमें से अधिकांश उन्होंने मुझे सिखाया है। भारत के लोगों में से जिसने भी उनका भाषण सुना है- उन्होंने यह बात नोट की होगी कि उनके भाषण में सिर्फ बातें नहीं थीं और न ही शब्दाडंबर या लच्छेदार शब्द थे, बल्कि भाषण के जरिये लोगों को सिखाने का

प्रयास था। चाहे कैसे भी श्रोता क्यों न हों, उनके भाषण में ऐसी बातें होती थीं- जो जीवन भर उनके काम आ सकती थीं और उनके शेष जीवन को बदल सकती थीं। चाहे वे आदिवासी लोगों अथवा देहाती लोगों के सामने ही क्यों न बोल रहे हों- उन्होंने हमेशा विज्ञान की उपलब्धियों, इतिहास की प्रवृत्तियों और दुनियाँ में काम कर रही विभिन्न शक्तियों की ही बातें कहीं।

कुछ लोग महसूस करते थे कि उनके भाषण बहुत लंबे होते थे। क्योंकि वे विषय को जानते थे, इसलिए उन्हें उनका भाषण उकताने वाला लगता था। परंतु हममें से जिन लोगों ने बाद में गाँवों का दौरा किया, उन्होंने वहाँ उन भाषणों का प्रभाव पाया। मैं समझती हूँ कि यह भी एक कारण है कि भारत के अत्यधिक पिछड़े क्षेत्रों में भी आज नये विचारों और तरीकों को अपनाने की प्रवृत्ति है। दुनियाँ में क्या हो रहा है, इस बात में वहाँ दिलचस्पी ली जाती है। मुझे संदेह है कि दुनियाँ में कोई ऐसा देश है, जहाँ दूर-दराज इलाकों में रहने वाले लोग इस बात में दिलचस्पी लेते हों कि दुनियाँ में क्या हो रहा है। परंतु भारत के लोगों में वह दिलचस्पी है और कुछ हद तक काफी बातों की समझ भी है।

शिक्षक होते हुए भी वे छात्र थे। उनका विश्वास था कि किसी-किसी की शिक्षा कभी भी खत्म नहीं होती। जिस दिन कोई यह समझ लेता है कि उसने वह सब जान लिया- जो जानने लायक है, तो वह अपना दिमाग बंद कर लेता है और उस दिन से वह वास्तव में जीवित नहीं है। इसलिए वे छात्र थे। वे निरंतर सीखते थे तथा नये-नये ज्ञान और विचारों को ग्रहण करते थे; केवल उनसे ही नहीं, जो अधिक विद्वान् समझे जाते थे-बल्कि वे आदिवासी क्षेत्रों और यहाँ तक कि देहातियों से भी सीखते थे। उनके मित्रों में दुनियाँ के उच्च्च कोटि के वैज्ञानिक, लेखक और कलाकार भी थे। उनकी दृष्टि में भारत की एकता वास्तविक तथ्य था। वे दिल से इस बात को महसूस करते थे कि भारत के प्रत्येक व्यक्ति को कुछ-न-कुछ सीखना है और वह काफी कुछ देश को दे सकता है।

मैं समझती हूँ कि सारा भारत ही उनका स्मारक है। भारत जो दिशा अपना रहा है, वह दिशा उनका स्मारक है। भारत की यात्रा करने पर बच्चों की

आँखों में जो चमक देखी जा सकती है, वह उनका स्मारक है। मुझे उनके साथ की गयी यात्राएँ याद हैं; स्वाधीनता के बाद की ही नहीं, बल्कि सन् 1920 से की गयी यात्रा भी-जबकि मैं छोटी बच्ची थी। मैं लोगों के चेहरे देखती रही हूँ। आज हम गरीब हैं। परंतु आज की गरीबी और पहले की गरीबी में बहुत अंतर है, यहाँ तक कि 1950 और 1960 के बीच के वर्षों और आज की गरीबी में काफी अंतर है। देश में बहुत ही कम ऐसे इलाके हैं, जहाँ गरीबी के कारण पुराने वर्षों-जैसा उदास चेहरा दिखाई देता हो। आज लोग जागृत हैं और यही जागृति हमारे देश की वास्तविक शक्ति है।

गाँवों में देश के लिए बहुत गहरी भावना है। उनमें देश की स्वतंत्रता बनाये रखने की इच्छा है; केवल विदेशी की जगह अपनी सरकार रखने की स्वतंत्रता नहीं, बल्कि वास्तविक स्वतंत्रता- जिसमें हम बिना किसी दबाव के अपनी नीतियाँ बनायें- किसी भी विदेशी सलाह या स्वार्थ के - चाहे वह कितना प्रबल क्यों न हो- हम स्वतंत्रतापूर्वक अपने ढंग से काम कर सकें। मैं समझती हूँ कि प्रत्येक भारतीय की यही भावना है और जब कोई विदेशी आक्रमण होता है या देश में सूखा, भूचाल आदि जैसी कोई प्राकृतिक विपदा आ जाती है, तो यही भावना उभरकर सामने आ जाती है। यही भावना भारत की सच्ची आत्मा है। मैं समझती हूँ कि मेरे पिता जी ने देश के विभिन्न भागों के अपने अनेक और लंबे दौरों के दौरान यही भावना भरने के लिए काफी काम किया। परंतु फिर भी, वे भारत तक ही सीमित नहीं थे। क्योंकि उन्होंने सदा भारत, भारत की समस्याओं और भारत के भविष्य के बारे में शेष विश्व में होने वाली घटनाओं के संदर्भ में विचार किया। वे जानते थे कि हमारी उन्नति, हमारी शांति और हमारी समृद्धि इस बात पर निर्भर है कि और कहाँ क्या हो रहा है। यही कारण है कि उन्होंने शांति की नीति अपनायी। मेरा विचार है कि यह वह चीज है, जिसकी आज सभी भारतीय सराहना करते हैं।

गांधी जी ने राष्ट्रीय आंदोलन को जनता का आंदोलन बनाया और पिता के रूप में वे देशवासियों को एकता और हिम्मत देकर स्वतंत्रता-संग्राम में लाये।

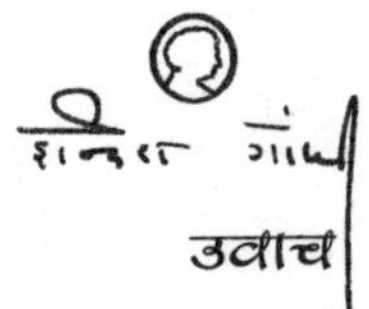

लेकिन आधुनिक भारत का जीवन ढालना पिता जी का ही कार्य था। जहाँ-जहाँ वे जाते थे- शहर या देहात में - जनता को विज्ञान, तकनीक और देश- विदेश की नीति के बारे में विस्तार से समझाते थे। इससे लोगों में जागृति आयी और उन्हें आगे आने में प्रोत्साहन मिला। आज हमारा देश विज्ञान के क्षेत्र में आगे बढ़ा है और यहाँ ज्यादा योग्य वैज्ञानिक हैं। आजकल विज्ञान जीवन के हरएक पहलू का अंग है। वास्तव में आजादी के बाद से हमारे देश में एक संघर्ष चलता रहा है। कभी-कभी यह संघर्ष इस बात पर भी हुआ है कि अपनी प्रगति और विकास के लिए भारत को कौन-सा रास्ता अपनाना चाहिये। यह विकास का रास्ता कैसा हो, इसके बारे में बहुत बड़ा योगदान पिता जी ने किया था। उन्होंने भारत को तकनीकी प्रगति और औद्योगीकरण के रास्ते पर लगाया। पर इसी के साथ उन्होंने भारत की संस्कृति और उसके आध्यात्मिक पहलुओं को सदा सामने रखा और यह सही ही है। क्योंकि हमारी संस्कृति और अध्यात्मवाद का जनता में बहुत बड़ा स्थान है। सामाजिक क्षेत्र में पिता जी का ध्येय था- देश के अंदर समाजवादी समाज का निर्माण करना, ऐसा समाज- जो न्याय पर आधारित हो। उनका विश्वास था कि देश की सुरक्षा का सबसे बड़ा ढंग राष्ट्र की जनता का अटूट एका और देश में एक न्यायोचित समाज की रचना है। पिता जी की बहुत बड़ी कामयाबी यह थी कि उन्होंने जनता में आत्म-विश्वास पैदा किया। उनमें अपनी ताकत और योग्यता के प्रति दृढ़ आस्था पैदा की कि इस विश्वास और दृढ़ आस्था के बिना नया भारत नहीं बन सकता। हम उनके प्रति कृतज्ञ हैं, जिनके सतत प्रयत्नों से भारत में नयी संतति बढ़ रही है- जिसके अंदर नया दृष्टिकोण है, नयी विचार-धारा है और वह हमारे देश के निर्माण का काम चला रही है। भारत को प्रगतिशील और समृद्ध राष्ट्र बनाने के उनके स्वप्न को साकार करने के लिए हमें अपना जीवन लगा देना होगा।

कई बार लोगों ने उनके लिए 'स्वप्न-द्रष्टा'- शब्द का प्रयोग किया है, जैसे यह शब्द कोई गाली हो। परंतु हम सभी जानते हैं कि दुनियाँ में कोई छोटी-से-छोटी चीज भी कभी नहीं हुई, जिसके बारे में पहले किसी ने सपना न

देखा हो- चाहे वह आपकी खोज क्यों न हो- जिससे सारी सभ्यता शुरू हुई या कोई और खोज या आविष्कार क्यों न हो। केवल स्वप्नों के जरिये और केवल दूरदृष्टि से ही कोई काम किया जा सकता है। यदि कोई यह नहीं जानता कि वह क्या करना चाहता है, तो कोई काम नहीं हो सकता। इसलिए वे स्वप्न-द्रष्टा थे। मुझे व्यक्तिगत रूप से इस बात पर गर्व है कि वे स्वप्न-द्रष्टा थे। परंतु उनकी सीमा स्वप्नों तक ही नहीं थी। जिस क्षण उन्होंने स्वप्न देखा, उसी क्षण उन्होंने सोचना शुरू कर दिया कि इसे वास्तविक कैसे बनाया जा सकता है। अगर ऐसा न होता, तो जो प्रगति हम आज देख रहे हैं- वह न होती। हमारे पास अर्थ-व्यवस्था का वह ठोस आधार न होता, जो इस समय है। लोगों में, उद्योगों में और सशस्त्र सेनाओं में वह शक्ति न होती- जिससे हम पिछले वर्षों महान् चुनौतियों का सामना कर सके।

मेरे विचार से कोई भी उन्हें किसी वर्णन-सीमा में नहीं बाँध सकता, चाहे वह वर्णन कितना विशद क्यों न हो। वे बहुत बड़े व्यक्तित्व के मालिक थे। पिता जी द्वारा समय-समय पर लिखे गये पत्र भी मेरी सफलता के लिए प्रेरणादायक रहे। पिता जी ने मुझे सदैव आकाश में उड़ान भरने के लिए प्रेरित किया था, जबकि मेरी माता जी की सदा ताजा याद मुझे ठोस धरती पर खड़े होने के लिए विवश करती है। मेरी माता जी पिता जी से कहीं अधिक दृढ़ वृत्ति की थीं। माता जी जब बीमार थीं और उनका स्विट्जरलैंड सेनीटोरियम में इलाज हो रहा था, तो मैं भी पिता जी के साथ थी। दुनियाँ के बड़े-बड़े लोगों से मिली; राजनेताओं से, क्रांतिकारियों से, महान् लेखकों से, वैज्ञानिकों से और कलाकारों से - रोम्यां रोलां, अन्सर्ट तोल्ले, एडवर्ड टामसन, आइंस्टाइन, बर्नार्ड शॉ, चार्ली चेपलिन आदि से। ये मुलाकातें भी शिक्षा का एक अंग बन गयीं। अच्छे महान् लोगों से मिलना और उनका अनुकरण करना भी सफलता का रहस्य है। मुझे माता जी से दुबला-पतला शरीर, संकोच और लजीलापन मिला। शारीरिक कष्ट झेलने की क्षमता, शांत-भाव और साहस पिता जी से मिला- जो हमेशा नौजवानों को अपने हस्ताक्षर देते समय अपना यह प्रिय नारा लिख देते थे : 'खतरों के बीच रहकर

जीना सीखो।'

पिता जी अनेक विषयों पर सिर्फ लालबहादुर शास्त्री जी का ही परामर्श लिया करते थे। पिता जी के बाद शास्त्री जी का प्रधान मंत्री बनना अप्रत्यासित नहीं था। क्योंकि केवल वही ऐसे व्यक्ति थे, जिन्हें संपूर्ण कांग्रेस-पार्टी का समर्थन प्राप्त था। मैं जानती थी कि पिता जी के बाद शास्त्री जी के अलावा कोई अन्य प्रधान मंत्री नहीं बन सकेगा। उनके प्रधान मंत्री - पद पर आसीन होने की कल्पना मैंने इसलिए की थी कि उनके सिवा और किसी को सभी तबके के लोगों का सहयोग नहीं मिल सकेगा। ताशकंद में शास्त्री जी का देहांत होने की खबर सुनकर मैं स्तब्ध रह गयी। वे बड़े दृढ़ संकल्प के व्यक्ति थे और उन्होंने अपना सारा जीवन देश-सेवा में निछावर कर दिया था। शास्त्री जी शांति के लिए जिये और शांति के लिए मरे। शास्त्री जी का शासन- काल छोटा रहते हुए भी थोड़े समय में उन्होंने जो कुछ किया, वह स्मरणीय है। उन्होंने सौम्यता और दृढ़ता के साथ देश का नेतृत्व किया और भारत की परंपराओं को आगे बढ़ाया। उनके समय में देश की एकता मजबूत हुई और अपने लक्ष्यों की ओर बढ़ने की हमारी क्षमता बढ़ी। जिन बुनियादी सिद्धांतों को मेरे पिता जी ने निर्धारित किया और जिनके लिए उन्होंने और शास्त्री जी ने अपना जीवन समर्पित कर दिया, वे आगे भी हमारा मार्ग-दर्शन करते रहेंगे।

मुझको ऊपर उठाने में और कांग्रेस में सक्रिय रूप से लाने में लालबहादुर शास्त्री जी का बड़ा हाथ था। शास्त्री जी के दबाव से मैंने कांग्रेस अध्यक्ष ढेबर भाई की कार्य-समिति में शामिल होना स्वीकार किया। सन् 1942 की क्रांति के समय शास्त्री जी ने भूमिगत होकर स्वतंत्रता-संग्राम का नेतृत्व करने का निर्णय किया था। मैं शास्त्री जी के निकट संपर्क में पहले पहल सन् 1942 में आयी, जबकि देश के सभी मूर्घन्य नेता गिरफ्तार हो चुके थे। वास्तव में शास्त्री जी ने अपना सारा जीवन देश को शक्तिशाली बनाने में और गरीबों की दशा सुधारने में लगा दिया। जब तक भारत रहेगा, तब तक शास्त्री जी बड़े सम्मान के साथ याद किये जाते रहेंगे।

जब मेरा जन्म हुआ था, पहला महायुद्ध लगभग समाप्त हो रहा था। भारत में भी जलियाँवाला बाग-कांड से असंतोष और क्रोध था। 'आनंद-भवन' में भी- जो मेरे जीवन की प्रथम पाठशाला थी- यह गूँज सुनाई देने लगी। बच्चा तो सबसे पहले अपने घर से ही सीखता है, इसलिए मेरे मन में भी विद्रोह जाग उठा। दादा जी और पिता जी दोनों जेल में थे। माता जी बिलायती कपड़े की दुकानों पर धरना देने गयी थीं। घर में कोई नहीं था। मैं भी तिरंगा झंडा लेकर माता जी के साथ जाना चाहती थी। पर माता जी छोटी जानकर मुझे अपने साथ नहीं ले गयीं। मेरे पास तरह-तरह की गुड़ियाएँ थीं। खेल-ही-खेल में मैंने एक गुड़िया का घर बनाया। उस पर तिरंगा झंडा लहरा दिया। सामने चार-पाँच गुड़ियों को खड़ाकर उन्हें सत्याग्रही बना दिया और दूसरी तरफ दस-पंद्रह गुड़ियों को सिपाही बना दिया। गुड़ियों की दोनों टोलियों को आगे बढ़ाने लगी। एक तरफ सत्याग्रही और दूसरी तरफ पुलिस! बीच-बीच में नारे भी लगाती : 'भारत माता की जय।'

फिर सत्याग्रही गुड़ियाएँ झंडे लिए सिपाहियों पर टूट पड़ीं और देखते-देखते सिपाहियों का भुरता बना डाला। इस तरह से अन्याय को सहन न करने का पाठ भी मेरे जीवन की सफलता का एक आधार है।

हमेशा संघर्षों के तूफान के बीच में रहने के कारण मैंने कुछ सफलता पायी। मुझे याद है, पहली दफा जब मेरे पिता जी और दादा जी पर मुकदमा चला। पहली दफा वे जेल गये, तो पहली दफा मैं भी दादा जी की गोद में बैठकर यह देखने के लिए अदालत गयी थी कि किस तरह से ब्रिटिश हुकूमत हमारे लोगों पर अत्याचार करती है। मैं चार वर्ष की भी नहीं थी कि पिता जी और दादा जी को पकड़कर जेल भेज दिया गया था। मैंने पहला राजनीतिक मुकदमा दादा जी की गोद में बैठकर देखा। कानूनी खानापूरी के बाद दादा जी को छः महीने की कैद और पाँच सौ रुपये जुर्माने की सजा दे दी गयी। मुझे दादा जी की स्नेह भरी गोद से उठाकर घर भेज दिया गया। मैं रोना चाहती थी। पर दादा जी ने मना कर दिया था। इसलिए चुप रही। पिता जी और दादा जी द्वारा जुर्माना देने से इन्कार करने पर भारी बूट पहने पुलिस वालों की एक टोली जुर्माने के बदले घर का सामान

लेने आयी। उन्होंने सारा घर ही तितर-बितर कर डाला। मैं नन्हीं-नन्हीं मुट्ठियाँ बाँधकर उन पर झपट पड़ी। इस तरह से बचपन से ही मेरा राजनीति से संबंध आरंभ हो गया।

9 अगस्त, 1942 को बड़े तड़के ही हमारे राष्ट्रीय नेताओं की गिरफ्तारी से 'भारत-छोड़ो'- आंदोलन की शुरुआत हुई थी। इन्हीं दिनों एक झंडारोहण-समारोह में मुझे पहली बार अश्रुगैस के हमले का अनुभव हुआ था। प्रचार और ऐसे ही दूसरे कामों के लिए मेरे पति श्री फीरोज गांधी ने हुकूमत की नजरों से दूर रहने का निश्चय किया था। उन्होंने मूँछें बढ़ा लीं और खाकी पोशाक पहन ली थी। उनके बदन का रंग बहुत साफ और चेहरा गुलाबी होने से पुलिस के लोग उन्हें ऐंग्लो इंडियन सैनिक समझकर छोड़ देते थे। बंबई से इलाहाबाद के सफर में वे पहले ही एक छोटे स्टेशन पर उतर गये। उन्होंने सोचा कि इस बदली वेशभूषा में भी उन्हें लोग पहचान लेंगे। क्योंकि इलाहाबाद के बहुत लोग उन्हें जानते थे। लेकिन उस समय सवारी का कोई इंतजाम न था। इसलिए वे ऐसी ट्रक में सवार होकर इलाहाबाद आये, जिसमें ब्रिटिश और ऐंग्लो इंडियन सैनिक भरे पड़े थे। जब उतरने का वक्त आया, तो इन सैनिकों ने उन्हें उतरने से पहले मना किया था कि कहीं किसी लुच्चे भारतीय ने देख लिया, तो अकेला और निहत्था समझकर बोटी-बोटी काट देगा।

'स्वराज्य-भवन' में सैनिकों का कड़ा पहरा था और पास के 'आनंद-भवन' में हमें बंदूकों की कतारें दिखाई देती थीं, जो सामने बगीचे की दीवार से 'आनंद-भवन' की ओर लगी हुई थीं। हमारे नौकर- चाकर- जो अधिकांश देहात के थे- यह सब देखकर बहुत डर गये थे। जब कभी वे दीवार की ओर किसी काम से जाते, तो सैनिकों की कर्कश आवाज आती : 'हाल्ट- कौन उधर जा रहा है?' बेचारे देहातियों को कोई जवाब न देते बनता।

लालबहादुर शास्त्री जी की गिरफ्तारी का वारंट जारी हो चुका था। यह सोचकर कि 'आनंद-भवन' में इस समय रहने की हिम्मत किसी की नहीं होगी और न कोई ऐसा सोच ही सकेगा, शास्त्री जी वेश बदलकर 'आनंद-भवन' में हम

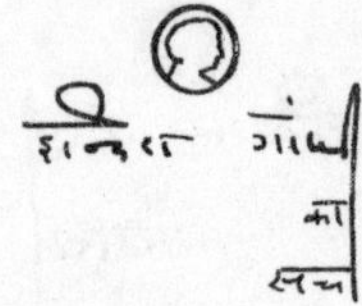

लोगों के साथ ही रहते थे और तब तक रहे, जब तक आंदोलन चलाने का पूरा प्रबंध नहीं कर लिया। जब तक अँधेरा न हो जाता, तब तक शास्त्री जी अपने कमरे से बाहर नहीं निकलते थे। उनके लिए भोजन चोरी-छिपे पहुँचा दिया जाता था। हम लोगों ने बहाना बनाया था कि एक रिश्तेदार बहुत दिनों से बीमार हैं, ताकि इस बात का पता बाहर न चल सके। यह हालत बहुत दिनों तक चलने वाली नहीं थी। इसके अलावा हर समय तलाशी का खतरा बना हुआ था। इसलिए शास्त्री जी को वहाँ से निकलना पड़ा और जल्द ही वे गिरफ्तार भी कर लिए गये। हम लोग एक-दूसरे से दूर छिटक गये थे और कार्यकर्ताओं के लिए एक जगह जमा होना असंभव हो गया था। जो लोग लुक-छिपकर काम कर रहे थे, उन्हें पैसे और राजनीतिक साहित्य पहुँचाने में मेरे पति एक कड़ी का काम कर रहे थे। हम लोग गहन रात में ऐसे लोगों के यहाँ कुछ समय के लिए मिलते-जो दोस्त तो थे, लेकिन राजनीति से दूर ही रहते थे।

इसके बाद ही यह सूचना मिली कि मुझे भी गिरफ्तार किया जायेगा । अब तक मैं यही कोशिश करती थी कि जहाँ तक संभव हो, इसी प्रकार काम करती रहूँ। लेकिन मैं इतनी आसानी से जेल जाना भी नहीं चाहती थी। इसलिए मैंने जल्दी से कुछ कपड़े और कुछ किताबें साथ लीं और दूसरी जगह रहने चली गयी। सायंकाल 5 बजे एक सार्वजनिक सभा है, यह खबर एक कान से दूसरे कान तक पहुँचते-पहुँचते फैल गई। समूचे शहर में पुलिस का कड़ा इंतजाम हो गया, लेकिन वे यह पता नहीं लगा सके कि सभा कहाँ होगी। 10 सितंबर, 1942 को ठीक समय मैं प्रकट हो गयी और चारों ओर से लोगों की कतारें आ-आकर जमा हो गईं-सिनेमाघरों, दुकानों और पास के मकानों में लोग बहुत पहले से जमा हो रहे थे और ऐसे वक्त पर सब इकट्ठे हो गये। मेरा भाषण दस मिनट भी न चल पाया था कि ब्रिटिश सैनिकों से भरी ट्रकें पहुँच गईं और हम लोगों को चारों ओर से घेर लिया। मेरे पति अपने को इस सभा से अलग ही रखना चाहते थे। इसलिए सामने के मकान की एक खिड़की से हम लोगों की सभा पर नजर रखे हुए थे। लेकिन जब मुझसे केवल एक गज की दूरी पर उन्होंने तनी हुई बंदूक की नली

देखी, तो चिंता और भावावेश में अपने को सँभाल न सके और दौड़कर वहाँ पहुँचे। उन्होंने सार्जेंट से चिल्लाकर कहा कि या तो शूट करो या बंदूक हटा लो। इधर सार्जेंट ने मुझे कैदखाने की गाड़ी में ले चलने के लिए मेरी बाँह पकड़ने की गलती कर दी। बस फिर क्या था, सभा की भीड़ भी मेरी तरफ बढ़ी और कांग्रेस की स्वयंसेविकाओं ने मेरी दूसरी बाँह पकड़ ली। दोनों ओर की खींचा-तानी में मुझे ऐसा लगने लगा कि मेरे दो टुकड़े हो जायेंगे। लेकिन हम लोग सब बच गये। पुलिस ने गोली नहीं चलाई, अलबत्ता राइफल के कुंदों की मार से कई लोग घायल हुए। हम लोग बड़ी संख्या में गिरफ्तार कर लिए गये, जिनमें मेरे पति और बहुत से पुरुष तथा महिलाएँ शामिल थीं। लेकिन जेल तक की यात्रा भी अजब रही। मेरी बातों से पुलिस वाले पुनः इतने प्रभावित हुए कि उन्होंने अपनी पगड़ियाँ मेरे पैरों पर रखकर क्षमा माँगी और रोते-रोते बोले : 'हम क्या करें, हमारी नौकरी ही ऐसी है कि यह सब करना पड़ता है।'

बहुत बचपन से मुझे जेल जाने के मौके मिलते थे- या तो किसी दोस्त अथवा रिश्तेदार के मुकदमे के सिलसिले में जाना होता था या बीस मिनट की भेंटों के लिए जाती थी, जिससे कोई लाभ नहीं होता था। जेल में इन मुलाकातों की याद आज भी बनी हुई है। मेरे माता-पिता के जेल जाने की बातें लोगों ने सुनी हैं। लेकिन लोग अक्सर भूल जाते हैं कि बड़ी संख्या में हमारे रिश्तेदार- जो पिता जी और माता जी दोनों ही तरफ के होते थे- दो दर्जन ऐसे लोगों के नाम तो मैं अभी बता सकती हूँ, लेकिन इनकी संख्या इससे भी कहीं अधिक थी; वर्षों तक जेलखाने में पड़े रहे थे। मुझे दूसरे किसी परिवार का पता नहीं है, जिसने स्वतंत्रता-संग्राम में इस तरह भाग लिया हो और इतनी मुसीबतें उठाई हों।

बाहर से देखने और सुनने तथा वास्तविक अनुभव में जमीन-आसमान का अंतर होता है। जिसे थोड़े दिनों के लिए भी जेल जाने का अवसर नहीं मिला है, उसे शरीर और मन पर पड़ने वाले गहरे प्रभाव का पता कैसे चल सकता है- जैसा कि विख्यात लेखक आस्कर वाइल्ड ने लिखा है : 'जेल का एक-एक दिन एक-एक वर्ष के बराबर होता है। जेल का एक वर्ष बहुत लंबा समय है।' जेल में

तिरस्कार और जान-बूझकर अपमानों से भरे दिन एक समान ही बीतते हैं। पैथिक लारेंस ने कहा है : 'कैदी के जीवन का सबसे बड़ा सत्य यह है कि उसे पशुओं-सा जीवन व्यतीत करना पड़ता है।' जेल में मनुष्यों को मवेशियों की भाँति एक साथ हाँका जाता है। सम्मान के साथ और निजी इच्छा पर चलने की उन्हें कोई सुविधा नहीं होती। न केवल बाहरी दुनियाँ की संगति और खबरों से उन्हें अलग रखा जाता है, वरन् सौंदर्य, राग-रंग और सभी प्रकार की मानवोचित अच्छाइयों से उन्हें वंचित कर दिया जाता है। चलने-फिरने की जगह, दीवारें, यहाँ तक कि हमारे आस-पास की हर चीज बड़ी भद्दी दिखाई देती थी। कपड़े भी जेल के ही धुले होते थे और भोजन में तो जैसे कोई स्वाद ही नहीं था। बाहर से बंद, लेकिन खुले दरवाजों और सींकचों में लू तथा धूप के गुबार उड़ा करते थे। बरसात में पानी की बौछारें और जाड़े में कड़ाके की ठंड सहन करना कैदियों के लिए आम बात थी। दूसरों को महीने में एक या दो बार पत्र लिखने की और स्वजनों से भेंट की अनुमति दी जाती थी, लेकिन मैं इन सुविधाओं से भी वंचित थी। मेरे पति भी उसी जेल में थे। बहुत कोशिशों के बाद थोड़ी देर की मुलाकात की अनुमति मिली थी। लेकिन बहुत जल्द ही उन्हें दूसरे शहर की जेल में भेज दिया गया था। एक छोटे-से बच्चे की देख-भाल का काम मैंने सँभाल लिया था। क्योंकि उसकी माँ को मैं पढ़ाया करती थी, जिससे जेल से छूटने पर वह कोई काम करने के लायक बन सके।

जेल के बाहर की दुनियाँ के लिए मुझमें कोई दिलचस्पी नहीं रह गई थी। क्योंकि जाने-पहचाने सभी लोग जेलों में बंद थे। इसके अलावा हम लोगों ने अपने मन को समझा लिया था कि सात वर्ष उसी जेल में काटने होंगे। खुशी मन से तिरस्कार और अपमान बरदाश्त करने का मैंने संकल्प कर लिया था। आज भी मन में बहुत सारी तस्वीरें उभर आती हैं। जब जनता ने मेरी तंदरुस्ती पर गहरी चिंता व्यक्त की, तो उत्तर प्रदेश के गवर्नर ने स्वास्थ्य-परीक्षा के लिए एक सिविल सर्जन को भेज दिया था। डॉक्टर ने स्वास्थ्य-सुधार के लिए एक टानिक लिख दिया और ओवल्टीन जैसे पेयों के साथ अच्छा भोजन देने की सिफारिश भी की। लेकिन

डॉक्टर साहब जेल के बाहर निकले भी नहीं थे कि जेल के सुपरिंटेंडेंट ने पर्चे के टुकड़े-टुकड़े कर दिये। कागजों को हवा में उड़ाते हुए उसने कहा कि यदि आप समझती हैं कि इसमें से कोई चीज आपको दी जायेगी, तो यह बड़ी भूल होगी। मुझे तो ताज्जुब इस बात का था कि मैंने किसी चीज की माँग भी नहीं की थी। यहाँ तक कि सिविल सर्जन भी एक दिन अचानक ही आ गया था।

एक दिन रात को सोते समय खून जमा देने वाली चीख सुनकर हम लोग जाग पड़े। यद्यपि महिला वार्डरों में जोहरा सबसे गंदी और सबसे अप्रिय थी, तथापि हमें यह देखकर जोहरा से सहानुभूति हुई कि जहाँ अपने चक्कर में जोहरा घड़ी की सुई दबाती थी, उसके ठीक नीचे हमारे कमरे से एक गज दूर साँप कुंडली मारे बैठा हुआ था। जोहरा को अपने जीवन का खतरा तो था ही, साथ ही घड़ी का पुर्जा न घुमा सकने से उसकी नौकरी को भी खतरा था। हम लोग अंदर जेल में बंद थे और जोहरा बाहर थी। पास में कोई डंडा या छड़ी भी नहीं थी। जोहरा बहुत चिल्लाई- छटपटाई। धमकियाँ भी दीं। लेकिन बाहर का संतरी टस-से-मस नहीं हुआ। 'कौन-सा साँप है, कितना बड़ा है और कहाँ है?' - ये बातें वह जानना चाहता था।

उत्तर में जोहरा ने कहा : 'अरे कमबख्त, क्या मेरे पास दर्जी का फीता है- जो नापकर बता दूँ।' कई घंटे बाद संतरी को समझा-बुझाकर मैट्रन को बुलाने भेजा जा सका था। मैट्रन का घर तीन फर्लांग दूर था और फिर उसे सुपरिंटेंडेंट के घर उन्हें जगाने जाना पड़ा। बाद में दोनों मुख्य कार्यालय में गये। वहाँ से महिला-जेल की चाभियाँ लाई गईं। जब तक यह छोटा-सा जुलूस हमारी जेल तक आये, दार्शनिक की भाँति हम लोग नींद में खुर्राटे लेने लगे थे और साँप भी शोरगुल सुनकर तब तक चंपत हो गया था।

एक दिन हम लोग जलकर मरने से बाल-बाल बच गये। युद्ध का जमाना था और छावनी में ब्रिटिश सैनिकों के अलावा अमरीकी और कनाडियन भी थे। एक कनाडियन विमान-चालक की सुपरिंटेंडेंट की सुंदर पुत्री से जान-पहचान हो गई थी। जैसी कि चालक की आदत थी, वह अपने विमान को खूब नीचे ले जाता

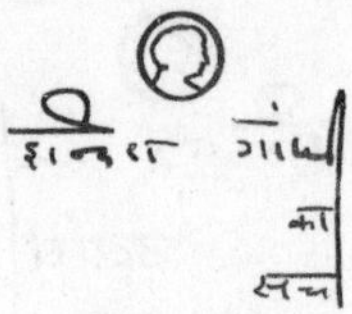

और सुपरिंटेंडेंट के मकान की छत के ऊपर से निकलता था। एक दिन विमान का एक पंखा टेलीग्राफ के तार से टकरा गया और विमान में तुरंत आग लग गई। हम लोगों ने बड़ी तेज रफ्तार से इस जलते विमान को अपनी ओर आते देखा, लेकिन सौभाग्य से जेल की दीवार से रगड़ता हुआ विमान निकल गया और थोड़ी दूर ही पर एक अधबने बँगले से जा टकराया।

जैसा कि दुनियाँ में हर चीज का हाल होता है, वह जमाना भी गुजर गया। अँधेरे रास्ते से अचानक बाहर निकलने के समान एक दिन मेरी रिहाई का हुक्म आ गया। अपने सामने हलचलों से भरे जीवन को देखकर मैं दंग रह गयी। जीवन की रंगीनियाँ, खुशमिजाजी, मन की सूझ-बूझ और विचारों की जैसे बाढ़ आ गई। लेकिन कटु अनुभवों के बाद जीवन बदस्तूर करने में फिर बहुत अधिक समय नहीं लगा। मंदिरों, मस्जिदों और कर्मकांडों वाले धर्म में मेरी कोई आस्था नहीं है। जिन लोगों को इनमें आस्था है, वे रखें- मुझे कोई आपत्ति भी नहीं। हिंदू-दर्शन में मेरी आस्था केवल इस कारण है कि यह दर्शन विवेकपूर्ण है। लेकिन किसी भी प्रकार की धार्मिक कट्टरता या धर्मांधता के मैं खिलाफ हूँ। यही धर्मांधता मानव-जाति के बीच दरारें पैदा करती है। रूढ़ियों को तो मैं सहन भी नहीं कर सकती। क्योंकि रूढ़िवादिता विवेकपूर्ण चिंतन के मार्ग में रुकावटें पैदा करती है। मैं रुढ़िवादी विचारों से दूर रही। शायद यह भी सफलता की कहानी हो। जातिवाद से घृणा का यही कारण था कि श्री फीरोज गांधी से मैंने विवाह कर लिया, जो पारसी थे।

सारा भारत मेरे विवाह के विरुद्ध था। किसी को भी यह विवाह पसंद नहीं था- किसी को भी नहीं। मेरे पिता जी ने इसका विरोध तो नहीं किया, पर मेरे विचार से सभी इकलौती पुत्रियों के पिता कुछ देर ठहरकर विवाह कराने के पक्ष में होते हैं। जागरूक और उदार दृष्टिकोण वाले लोगों का तो यही विचार था कि यह अच्छी बात है और इस प्रकार के विवाह और ज्यादा होने चाहिये। लेकिन पुराणपंथी कठमुल्ले लोग विवाह के बाद भी आपत्तियाँ उठाते रहे। लोगों ने हमको मारने की धमकी दी और कई लोगों ने तो पिता जी और महात्मा गांधी को

अपमानजनक पत्र लिखे। दादी जी ने मेरी सगाई के लिए देख-भाल शुरू की। लेकिन भला हो माता जी का, जिन्होंने पूरी तरह मेरा समर्थन किया और आफत टल गयी थी। विवाह के अन्य प्रस्तावों में एक मेरे पतिदेव की ओर से आया था और एक ऐसा था, जिस पर हम बहुत दिनों तक हँसते रहे थे; लेकिन उसकी एक और कहानी है।

मैं किस्से सुनती हूँ कि मेरी शादी टूट गयी थी और मैंने अपने पति को छोड़ दिया था अथवा हम लोग अलग हो गये थे। मगर यह कुछ भी सच नहीं है। मैं सदैव अपने पति से विवाहित की स्थिति में रही। मैंने कभी संबंध-विच्छेद नहीं किया। जो यह बात बताते हैं, वे बिल्कुल झूठ बोलते हैं। मेरे पति लखनऊ में रहते थे, जहाँ हमारा मकान था और मेरे पिता जी दिल्ली में रहते थे। अवश्य ही मेरे पिता जी के पास प्रधान मंत्री- निवास था, पर मैं हमेशा लखनऊ और दिल्ली आती-जाती रहती थी।

हमारा वैवाहिक जीवन आदर्श रूप से सुखी नहीं कहा जा सकता। हम कभी बहुत प्रसन्न रहे और कभी हमने बहुत जोरों से झगड़ा भी किया। कारण कुछ तो यह है कि हम दोनों ही काफी जिद्दी थे और कुछ हद तक परिस्थितियाँ भी कारण रहीं। अगर वे मना कर देते, तो मैं सार्वजनिक कार्य कभी न करती। लेकिन मेरा स्वभाव है कि जो भी कार्य करती हूँ, पूरी तल्लीनता से करती हूँ। अतएव तब पूरी तरह उन्हीं पर केंद्रित हो जाने का खतरा था और यह अंदेशा उन्हें भी हुआ। जब मैं सार्वजनिक जीवन में उतरी और सफल हुई, तो उन्हें अच्छा भी लगा और नहीं भी लगा। दूसरे लोगों- मित्रों और रिश्तेदारों- का रवैया तो इस मामले में और भी खराब रहा। वे पूछते : 'क्यों जी, फलां का पति होना कैसा लगता है?'

वे बुरा मान जाते और मुझे मनाने में हफ्तों लग जाते। हममें झगड़े होते थे अवश्य, पर मेरे पति की प्रकृति को समझना बहुत कठिन था। मेरे विचार में इन झगड़ों से हमारे व्यक्तित्व का विकास ही होता था, नहीं तो शायद हम एक साधारण जीवन ही व्यतीत कर पाते।

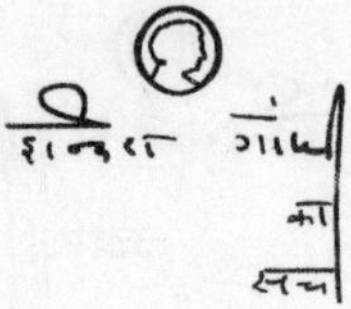

यह सही है कि यह प्रेम- विवाह था। मेरा मतलब है कि उन्होंने मुझे चुना, बजाय इसके कि मैं उन्हें चुनती। मुझे पता नहीं कि विवाह के बाद मैंने उनको ज्यादा चाहा या उन्होंने मुझे ज्यादा चाहा। हमारा प्रेम उत्तरोत्तर बढ़ता गया। जब वे दिल्ली से मुझे अपने घर बुलाते थे, तब मैं फौरन उनके पास आ जाती। पर अगर पिता जी यह संदेशा भेजते थे कि मुझे तुम्हारी जरूरत है- फौरन आ जाओ, तो मैं लखनऊ छोड़कर पिता जी के पास आ जाती थी। मेरे पति को यह सब अच्छा नहीं लगता था। उन्होंने इस समस्या को इस प्रकार सुलझाने का भी प्रयत्न किया कि वे लखनऊ छोड़कर मेरे पिता जी के घर पर बस जायें। किंतु यह बात नहीं भूल जानी चाहिये कि मेरे पति भी राजनीतिक व्यक्ति थे और संसद-सदस्य थे।

मेरे पति को यह बात शीघ्र ही समझ में आ गई कि प्रधान मंत्री - निवास में रहना उनको एक दुष्कर स्थिति में डाल देगा। इससे वे अपने लोगों से मिल नहीं पायेंगे और न ही वे किसी व्यक्ति को प्रधान मंत्री - निवास में आने के लिए प्रेरित कर पायेंगे। इसी कारण उन्होंने एक छोटा मकान लिया और कुछ समय वे अपने उस मकान में रहते और कुछ समय वे हमारे साथ रहने आ जाते; मगर यह जीवन उनको भी आसान नहीं लग रहा था।

राजनीतिक संघर्ष के कारण मेरा अपना शैशव असाधारण रहा, जिसमें एकाकीपन और असुरक्षा थी। यही कारण था कि मैंने पक्का विचार कर लिया कि मैं पूरा समय अपने बच्चों पर लगाऊँगी। खैर, जीवन हमारी इच्छाओं और आशाओं के अनुकूल नहीं चलता। जब भारत स्वतंत्र हो गया, तो मैं एक नये जीवन में पड़ गयी और नयी जिम्मेदारियों में बँध गयी। सबसे पहले नयी दिल्ली में पिता जी के निवास की व्यवस्था और प्रधान मंत्री - भवन की सामाजिक कार्य-निष्ठाओं के साथ तालमेल बिठाना था। परंतु शनैः-शनैः परिस्थितियों और देश द्वारा अपनाये गये रास्ते के प्रति मेरी गहरी रुचि के फलस्वरूप जन-कार्यों से मेरा गहरा संबंध जुड़ गया।

शिशु को अपनी माँ के प्यार और देखभाल की उतनी ही अनिवार्य मौलिक

आवश्यकता होती है, जितनी पौधे को सूर्य की रोशनी और पानी की। माँ के लिए उसके बच्चे सर्वप्रथम होते हैं। क्योंकि वे उस पर एक विशेष प्रकार से आश्रित होते हैं। इसलिए सबसे मुख्य समस्या मेरे जीवन की यह थी कि मैं अपनी घर-गृहस्थी और बच्चों की जिम्मेदारी सँभालते हुए जनता के प्रति कर्तव्य-निष्ठा कैसे पूरी करूँ। मेरा जीवन घटनाओं से इतना भरा-पूरा है कि किसी विशेष अवसर का उल्लेख करना कठिन है। लेकिन संभवतः मेरे जीवन का सबसे सुंदर और विस्मयकारी क्षण वह था, जब मैंने अपने पहले बच्चे को गोद में लिया। मैं एक बात बिल्कुल स्पष्ट कर दूँ कि मुझे गृहिणी के रूप से बहुत प्रेम था। जब राजीव और संजय बच्चे ही थे, तो मैं इस विचार को नहीं पसंद करती थी कि कोई दूसरा उनकी आवश्यकताओं को पूरी करे और मैं भरसक इसको स्वयं पूरी करती। जब वे स्कूल जाने लगे, तो स्कूल के घंटों में मैं अपना सारा समय घर के कामों में लगाती-जिससे मैं उनके घर आने तक फुरसत पा जाऊँ। जब संजय बहुत छोटा था, तो उसका नर्सरी स्कूल का एक दोस्त एक दिन अपनी माँ के साथ मेरे घर आया। उसकी माँ संपन्न घराने की सभ्य महिला थी, जो मेरे जन-कार्यों की आलोचना करते हुए बोली कि मैं अपने बच्चों के साथ अधिक समय नहीं देती। बात संजय को अच्छी न लगी और वह मेरे उत्तर देने के पूर्व मेरा पक्ष लेते हुए बोल उठा : 'मेरी माता जी बहुत-सा आवश्यक कार्य करती हैं, तब भी जितना समय आप अपने छोटे बच्चे के साथ बिताती हैं- उससे अधिक वे मेरे साथ खेलती हैं।' इससे ऐसा प्रतीत होता था कि उसके छोटे मित्र ने उससे अपनी माँ के ताश खेलते रहने की शिकायत की होगी।

कुछ भी हो, बच्चों के साथ बिताये जाने वाले समय की मात्रा इतनी अधिक मूल्यवान नहीं होती- जितना कि समय के बिताने का ढंग होता है। जिसके पास जितना समय होता है, वह उसी को बहुत समझता है। मुझे अपने दोनों पुत्रों के लालन-पालन में आनंद आता था और मैं सोचती हूँ कि मैंने उनके पालन-पोषण में कोई कसर नहीं छोड़ी। इसी कारण दोनों ही गंभीर हैं और अपना कार्य बड़े परिश्रम से करते हैं। मैं कितनी भी व्यस्त क्यों न रहूँ या कितनी ही थकी

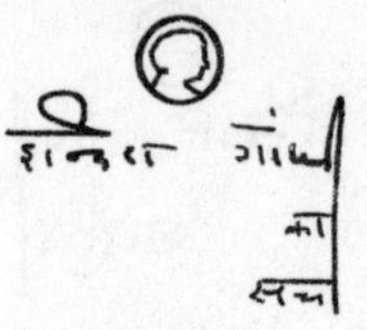

क्यों न रहूँ अथवा मेरा स्वास्थ्य ही ठीक न हो, मैंने सदा अपने को बच्चों के साथ खेलने का समय निकाला ही है। मैं नहीं सोचती कि मैंने इस प्रकार कोई बलिदान या त्याग किया। मुझे आज तक यह बात समझ में नहीं आती है कि महिलाएँ काम और अपने परिवार दोनों का बोझ इकट्ठा सँभालते हुए क्यों कठिनाई अनुभव करती हैं। अगर हम अपने समय का उपयोग बुद्धि से करें, तो यह कोई कठिन काम नहीं है।

उदाहरणों से अच्छी शिक्षा दी जा सकती है। बच्चों में किसी भी गलती और बहाने को समझने की अद्भुत तेज शक्ति होती है। यदि वे आप पर भरोसा करते हैं और आपका आदर करते हैं, तो वे बहुत छोटी अवस्था से ही आपके सहयोगी बन जायेंगे। मेरा बड़ा लड़का राजीव प्रसन्नचित्त और हँसमुख बच्चा रहा है। परंतु तीन वर्ष की अवस्था में भाई के पैदा होने, उसी समय इलाहाबाद के प्रिय वातावरण से हटने और कई अन्य परिवर्तनों के कारण उसमें कुछ समय के लिए तब्दीली आ गई थी। मैं बड़ी चिंतित हुई और मुझे जान पड़ा कि उसका स्वभाव बड़ा चिड़चिड़ा हो गया है। डाँटने से तो वह और भी बिगड़ जाता। इसलिए मैं उसे समझाती। मैंने उससे कहा कि मैं जितना अधिक उसे प्यार करती हूँ, उतना ही अधिक उसका चिल्लाना मुझे विघ्न पहुँचाता है। उसने कहा : 'मैं क्या करूँ, यह अपने आप हो जाता है।' मैंने समझाया : 'हमारे बगीचे में एक बढ़िया फव्वारा है। जब तुम चिल्लाना या शोर मचाना चाहो, तो वहाँ जाकर चिल्ला या शोर मचा सकते हो।' इसके बाद झुँझलाहट का चिह्न देखते ही मैं धीमे से 'फाउंटेन' कह देती और वह वहाँ भाग जाता। बगीचे में बहुत-सी चीजें उसका ध्यान बँटाने के लिए थीं और वह शीघ्र ही अपना कष्ट भूल जाता।

जब लड़के बड़े हुए, तो बोर्डिंग स्कूल में भर्ती हो गये। यही समय मेरे देश भर में यात्रा करने का था। मैं बहुत यात्रा करती, जबकि बच्चे मुझसे दूर होते। जब कभी मैं बच्चों से अलग होती, हफ्ते में एक बार अथवा इससे भी अधिक उन्हें पत्र भेजती-जिससे वे यह समझते रहें कि मैं उनका ख्याल रखती हूँ।

जब राजीव बारह वर्ष से भी कम था, तो उसका आपरेशन हुआ। सर्जन

चाहता था कि उसे यह बतलाया जाय कि इससे उसे कोई हानि न पहुँचेगी। परंतु मेरी राय में यह बच्चे की बुद्धि का अपमान था। इसलिए मैंने राजीव को बतला दिया कि आपरेशन के बाद कुछ दिनों तक काफी दर्द और बेचैनी रहेगी। यदि यह संभव होता कि मैं उसकी तकलीफ स्वयं ले लेती, तो मैं वैसा ही करती। परंतु यह असंभव होने पर उसे उस कष्ट हो सहन करने के लिए स्वयं तैयार ही रहना पड़ेगा। रोने या शिकायत करने से कोई अंतर न पड़ता, सिवा उसके कि सर-दर्द और बढ़ जाय। राजीव एक बार भी न चीखा और न शिकायत ही की, वरन् उसने मुस्कराते हुए दर्द बर्दाश्त किया। डाक्टर ने कहा कि मुझे ऐसा अच्छा मरीज कभी नहीं मिला, यहाँ तक कि अधिक अवस्था वाले रोगियों में भी।

जन-सेवा का कार्य कभी-कभी मुझे बच्चों से दूर कर दिया करता था, तब भी वे यही सोचते थे कि यह ठीक ही है। क्योंकि इसके द्वारा मैं भारत के सभी बच्चों का अधिक अच्छा भविष्य बनाने के लिए अपना 'पार्ट' अदा कर रही हूँ।

मेरी पसंदगी कोई रहस्य नहीं है। लेकिन साधारण चीजों की बजाय, लोग कौतुकपूर्ण चीजों को ज्यादा पसंद करते हैं। मेरी पसंदगी किन-किन चीजों में है- इसके बारे में विस्तार से तो नहीं, संकेत मात्र ही कुछ कहूँगी। बहुत-सी छोटी-छोटी चीजें हैं- जिनसे मुझे आनंद मिलता है और जिन्हें यदि गिनाया जाय, तो एक लंबी सूची बनेगी, हालांकि उन्हें गिनाना कोई मुश्किल नहीं है। मैं यह कह सकती हूँ कि मैं जो खाना खाती हूँ, वह मुझे अच्छा लगता है। लेकिन उसे पसंदगी की श्रेणी में नहीं लिया जा सकता। मैं जिन क्षेत्रों अथवा देशों में जाती हूँ, वहाँ का भोजन करना पसंद करती हूँ; हालांकि ज्यादा मसाले मुझे पसंद नहीं है। मैं साधारण भोजन को अधिक पसंद करती हूँ। मैं पशु-पक्षियों के विषय में कुछ उल्लेख नहीं कर रही हूँ। उनके विषय में मेरी जो दिलचस्पी और पसंदगी है, उसे सभी जानते हैं।

द्वितीय विश्व युद्ध के समय लंदन में अनेक व्यक्तियों के साथ-जिनमें बहुत-से अपरिचित थे-समय बिताना पड़ा और एक-दूसरे को समझने के लिए चर्चा प्रारंभ करने की दृष्टि से बहुत ऊल-जलूल बातें हुईं। एक ऐसा ही प्रश्न

मुझसे किया गया : 'आप कौन-सा जानवर होना पसंद करेंगी?' मैंने उत्तर दिया : 'भारत का काला मृग।' उनमें से किसी ने कहा : 'क्योंकि आपकी बड़ी-बड़ी आँखें हैं, आपके पतले हाथ-पाँव हैं और आप दौड़ने में तेज हैं।'

पुस्तकें तो कदाचित् सभी की पसंदगी की सूची में होती हैं। मैं पुस्तकों में पली हूँ। बोलना शुरू करने से पहले मैं पुस्तकों से ही खेलती थी। अभी भी उनसे मुझे बहुत प्रेम है। मैं बहुत जल्दी पढ़ती हूँ। मुझे शब्दकोश तो बहुत प्रिय हैं; खासतौर पर भाषा विज्ञान, शब्दों और वाक्यांश की उत्पत्ति।

मुझे वर्षा प्रिय है। अपने चेहरे पर उसकी ताजगी महसूस करते हुए उसमें चलना प्रिय है। पहली वर्षा में मिट्टी की सोंधी सुगंध, धुली सड़कें, मकान और धुले पत्तों की चमक मुझे प्रिय है। मुझे नयी पत्तियाँ- जो कोमल और फूल की तरह होती हैं- बहुत प्रिय हैं। तरह-तरह की शक्लों और रंगों वाले फूलों, खासकर जंगली फूलों से - जो कड़ी जमीन और बीहड़ इलाकों में भी जिंदा रहकर वीराने में मुस्कराते रहते हैं- मुझे प्यार है। पर इससे भी कहीं अधिक मुझे पसंद हैं- वृक्ष, पुराने वृक्ष-जिनके तने गाँठदार होते हैं और शाखाएँ दूर-दूर तक फैली हुई होती हैं। उनमें सुखद आनंद, छाया, शालीनता और इतिहास की अनुभूति होती है।

जब मैं देहातों में जाती हूँ, तो पक्षियों का अध्ययन करती हूँ। इसके अलावा वृक्षों और प्राकृतिक वस्तुओं का भी अवलोकन करती हूँ। पर्वतों से तो मुझे अत्यधिक प्रेम है। उन्हें देखकर भाव-विभोर हो जाती हूँ। वनों से आच्छादित तलहटी, देवदार के वृक्षों की सुगंध और बर्फ से ढकी चोटियों से- जिनके बीच-बीच में भयंकर हिम-सरिताएँ होती हैं- मुझे प्यार है। मुझे उजाड़, रेतीले और चट्टानी पर्वत भी अच्छे लगते हैं। इन सबसे शक्ति और अविच्छिन्नता का आभास होता है।

मुझे ऐसे पहाड़ों पर चलना अच्छा लगता है, जो पथहीन वनों से आच्छादित हों। ऊँचाई वाले क्षेत्रों में पैदल चलना, घुड़सवारी करना और गर्मियों में तैरना मुझे पसंद है। जब मेरे पुत्र स्कूल में पढ़ते थे, तो वे गर्मी की छुट्टियों में दो माह के लिए पहाड़ पर जाते थे। यद्यपि हमें शासकीय अथवा अन्य आवासों

में ठहरने की सुविधा रहती थी, पर हम कसबे से बहुत दूर बर्फ के चश्मों से नहाये हुए देवदार के वृक्षों के बीच तंबुओं में ही ठहरना पसंद करते थे। वास्तव में इस प्रकार का अनुभव हमें शारीरिक और मानसिक रूप से पुनः जीवन-शक्ति प्रदान करता था।

पानी- खासतौर से गर्म देश में- बहुत ही सुकून और ताजगी देने वाला होता है। मुझे शांत और मोतियों-सी चमकने वाली पहाड़ी-झीलों, तेजी से प्रवाहित पहाड़ी-झरनों और समुद्र की गर्जन से प्रेम है। मुझे शांत या कलकल करती हुई सरिताएँ और महासागरों की असीमता बहुत पसंद है। बहते हुए पानी की मधुर कलकल-पतवारों की छपछप वास्तव में तुष्टिदायक आवाजों में से एक है। इसी प्रकार घोड़ों के खुरों के टाप की ध्वनि है। रेलगाड़ी की सीटी और समुद्री जहाजों के भोंपू की आवाज तुष्टिदायक नहीं, बल्कि आमंत्रण देती हुई लगती हैं। मुझे रेलगाड़ी और समुद्री जहाजों से भी प्रेम है।

दौरे पर मुझे पुराने किले देखने में आनंद आता है। उनकी परिधि-रेखा कितनी प्रभावोत्पादक होती है! मुझे उनकी आशाओं और खतरों से भरी हुई गाथाओं के बारे में जानने की इच्छा रहती है। मुझे घास पर बैठना अच्छा लगता है, बशर्ते कि उस पर रेंगने वाले कीड़े न हों। उस पर बैठने से देश की माटी से समीपता का अनुभव होता है। मुझे ओस से सनी दूब पर नंगे पैरों चलने में प्रसन्नता होती है। पूर्व के वर्षों में पेड़ों की ऊँची-ऊँची शाखाओं पर बैठने से ऐसी भावना जागृत होती थी, जैसे-प्रकृति से तादात्म्य होने से।

साड़ी जैसे ढीले-ढाले कपड़े पहनने वालों के लिए तेज हवा उलझन या गड़बड़ करने वाली होती है। पर हलकी बयार-जिससे घास या खेतों में खड़ी फसल लचककर झूमने लगती है- बड़ा प्यारा दृश्य पैदा कर देती है। बीते युग के पुराने ढंग के मकान- जबकि जीवन बहुत सरल था- उस समय का फर्नीचर, ताँबे की बनी वस्तुएँ, चावल, पानी तथा अन्य चीजे रखने के लिए भारतीय परंपरा के अनुरूप बनाये गये बरतन, पुरानी पुस्तकें, प्रकाशन और नक्शे मुझे प्रिय हैं।

उष्ण कटिवंधीय जलवायु में रहने से ऋतुओं के वैभिन्य का अनुभव नहीं

हो पाता। प्रत्येक ऋतु का अपना सौंदर्य है और एक की समाप्ति होते-न-होते दूसरी का आगमन हो जाता है। शरद-ऋतु की रात्रि और भोर के बहुरंगी और जादुयी सौंदर्य की अनुभूति भारत के मैदानों में नहीं होती। कतिपय दृश्य तो अत्यधिक सुंदर होते हैं, जैसे- हाल में गिरी गहरी बर्फ!

'आनंद-भवन' से 'तीनमूर्ति-भवन' और 'संसद-भवन' तक पहुँचने की एक लंबी कहानी है। यह कहानी जानने के बाद शायद आप मेरे राजनीतिक जीवन की सफलता भी जानना चाहेंगे। इस सफलता का रहस्य यह है कि मैं भारतीय संस्कृति और राष्ट्रभाषा में विश्वास करती हूँ। मैं अधिक बात करने, सिद्धांत का ढोल पीटने और प्रचार में विश्वास नहीं करती। कभी भी झूठी बात या वादा नहीं करती। जब भी मेरे दिमाग में कोई बात उतर जाती है, तो मैं उस पर दृढ़ निश्चय कर लेती हूँ- फिर कोई भी मुझे टस-से-मस नहीं कर सकता। किसी काम में हाथ डालते समय मैं हमेशा संकोच करती हूँ। पर काम हाथ में ले लेने के बाद मैं अपनी पूरी क्षमता से उसे निभाती हूँ। मुझे तो केवल काम करने में विश्वास है। मैं तो आशावादी हूँ। मैं आशावादी इसलिए भी हूँ, क्योंकि मुझे भारत की जनता में असीम आस्था है। पर अभी मैं सफल कहाँ? पिता जी द्वारा अंतिम समय पर लिखी गयीं राबर्ट फ्रास्ट की ये पंक्तियाँ हर पल मुझसे कहती हैं :

'गहन, सघन, मनमोहन वन-तरु,
मुझको आज बुलाते हैं।
किंतु किये जो वादे मैंने,
याद मुझे आ जाते हैं।
अभी कहाँ आराम बदा,
यह मूक निमंत्रण छलना है।
अरे अभी तो मीलों मुझको,
मीलों मुझको चलना है।'

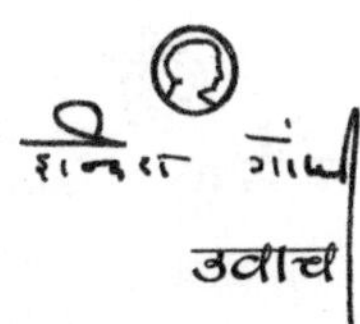

मुझे याद नहीं पड़ता कि अपने जीवन में पिछली बार मैंने कब अपने आपको ऊबा हुआ महसूस किया- शायद यह किशोरावस्था की बात होगी। थकान तो उन लोगों को आती है, जो अपने लिए जीते हैं। जो दूसरों के लिए काम करते हैं, वे बहुत कम थकते हैं। जब मैं लोगों से मिलती हूँ, तो मुझे उनसे बल मिलता है। जब मैं कहीं जाती हूँ, तो मैं एक साथ कई काम करती हूँ। जब मैं खुली कार में चलती हूँ, तो मैं प्रायः हर व्यक्ति पर दृष्टि रखती हूँ कि किसने कैसी वेश-भूषा धारण कर रखी है। मैं उनकी आँखों का भाव पढ़ती हूँ। अक्सर मुझे उनके पत्र प्राप्त होते हैं, जिनमें वे लिखते हैं कि आपने मेरी ओर देखा था और मुझे महसूस हुआ था कि आप मुझे अभिवादन कर रही हैं या बधाई दे रही हैं। इतना सब काम करना बड़ा जटिल दिखाई देता है, परंतु यह वास्तव में बड़ा आसान है। सबसे अधिक ताजगी देने वाली चीज विश्राम नहीं है। लोग यहीं बड़ी भारी गलती करते हैं। वे काम और विश्राम को पृथक्-पृथक् खानों में रखते हैं। मेरे लिए तो दोनों एक हैं। काम में व्यस्त रहने की मेरी आदत है और रहूँगी भी।

सफलता का कोई रहस्य नहीं- सीमा नहीं। सफलता तो तब है, जब हम अपने जीवन के हर आचरण से यह सिद्ध कर दें कि कर्म ही पूजा है। जो जितना अधिक कार्य करता है- उसमें वह रुचि ले और कार्य में पूर्णता प्राप्त करने का प्रयास करे, तो अधिक कार्य करते समय उसे विश्रांति मिलेगी। कार्य से कोई विश्रांत नहीं होता- कार्य न होने पर व्यक्ति विश्रांति का अनुभव करता है। साहस, निष्ठा और सतत उद्यम जीवन के उच्च लक्ष्यों की प्राप्ति में सफलता के लिए परमावश्यक है। लोगों को आत्म-संतोष की अनुभूति से निष्क्रिय नहीं बैठा रहना चाहिये, बल्कि उपलब्धि के अनेकानेक शिखर प्राप्त करने की ओर निरंतर सचेष्ट होना चाहिये। यदि हममें विश्वास है, जोश है और लगन है, तो हम मुश्किल-से-मुश्किल मंजिलें भी तय कर सकते हैं। हमारा यह प्रयत्न हो कि हमारी चिंता भी हमें रचनात्मक कार्यों, अधिक परिश्रम और सहयोग की ओर ले जाये-तभी हम सुखमय जीवन और उज्ज्वल भविष्य की ओर बढ़ सकेंगे।

एक बार मुझ पर बंदूक से हमला किया गया। दूसरी बार दिल्ली में किसी ने मुझ पर चाकू फेंका। मुझे चिंता नहीं है कि मैं जीवित रहूँ या नहीं रहूँ। मेरी लंबी उम्र रही है। मुझे अगर गौरव किसी चीज पर है, तो इस पर है कि मेरा सारा जीवन सेवा में गया। केवल इस पर गौरव है, और किसी चीज पर नहीं। जब तक मुझमें साँस है, तब तक सेवा ही में जायेगी और अगर मेरी जान जायेगी, तो मैं कह सकती हूँ कि एक-एक खून का कतरा जितना मेरा है, इस भारत को जीवित करेगा-भारत को मजबूती देगा।

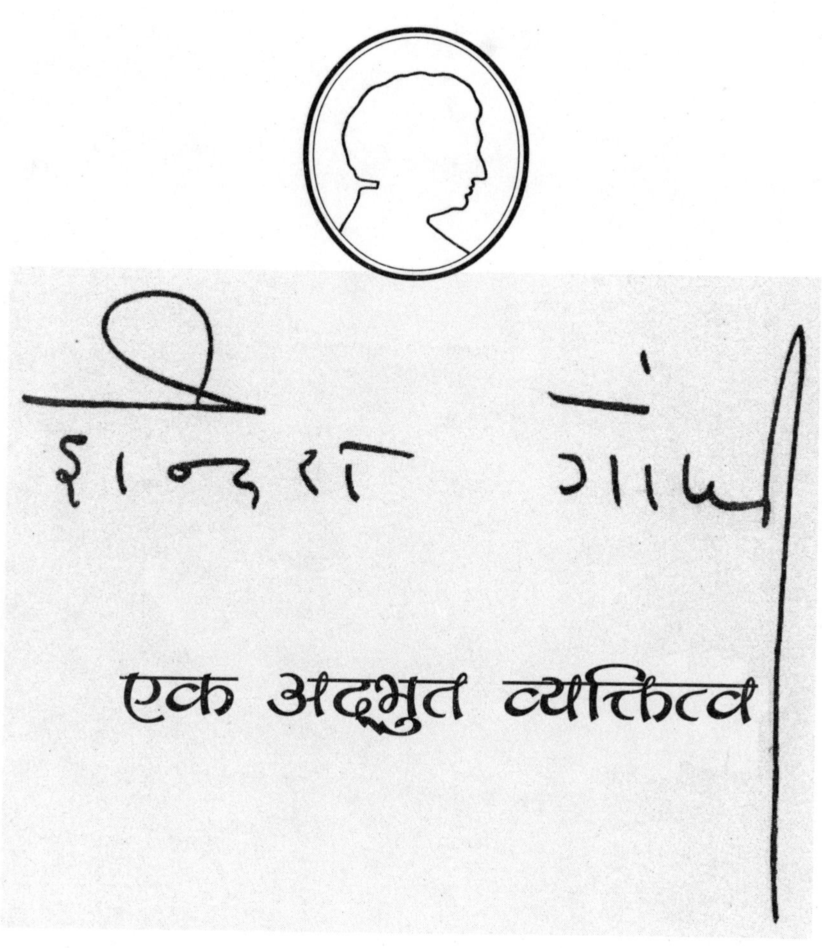

इन्दिरा गांधी पर अकारादि-क्रम से 501 विविध क्षेत्रों के विशिष्ट व्यक्तियों की सम्मतियों का संकलन-संपादन।

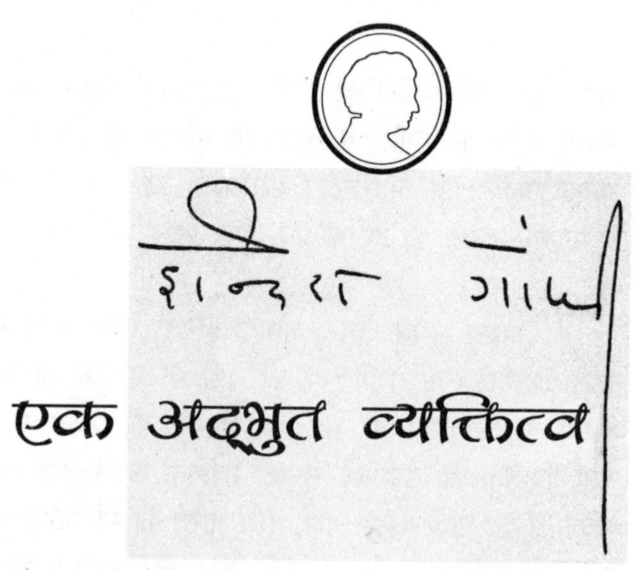

एक अद्भुत व्यक्तित्व

अंजनी कुमार : इन्दिरा जी के सिर पर 'काँटों का ताज।' जितनी परेशानियाँ प्रधान मंत्री श्रीमती इन्दिरा गांधी को उठानी पड़ी हैं, उतनी शायद ही विश्व-इतिहास के किसी अन्य शासक को उठानी पड़ी हों। चैन और सुकून इन्दिरा गांधी के भाग्य में ही नहीं लिखा है, परंतु हर मामले में जीत और कामयाबी जरूर उनके भाग्य में लिखी गई है। देशवासियों ने केवल एक ही व्यक्ति सरदार बल्लभभाई पटेल को 'लौह-पुरुष' की उपाधि दे रखी थी, पर अब एक 'लौह-नारी' इन्दिरा गांधी की भी तस्वीर देश के सामने उभरकर आ गई है- जो दिन-पर-दिन निखरती ही जा रही है।

अंबिका सोनी : श्रीमती इन्दिरा गांधी विविधता में एकता की प्रतीक हैं।

अकबर अली खाँ : अपने पूज्य पिता पंडित जवाहरलाल नेहरू के

जीवन-मूल्यों को सँजोती हुई इन्दिरा जी शोषण, अभाव और दैन्य से मुक्त एक सशक्त भारत के निर्माण में महत्त्वपूर्ण भूमिका का निर्वाह कर रही हैं। उन्होंने अनेक राष्ट्रीय एवं अंतर्राष्ट्रीय समस्याओं का समाधान करके अपने देश की बहुसंख्यक जनता का हार्दिक प्रेम और आदर पाया है।

अक्षय कुमार जैन : श्रीमती इन्दिरा गांधी प्रधान मंत्री बनने से बहुत पहले देश-विदेश के राजनेताओं की श्रेणी में आ चुकी थीं। किंतु श्री लालबहादुर शास्त्री के देहावसान के बाद जब वे देश की प्रधान मंत्री बनीं, तो उनकी कार्य-कुशलता का लोहा बड़े-से-बड़े राजनेता मानने लगे। साहस और दृढ़ता की प्रतीक इन्दिरा गांधी को ही नहीं, वरन् भारत को भी कई बार अज्ञात और अँधेरी घाटियों से गुजरना पड़ा है। भारत के बाहर और भारत के भीतर भी आशंका व्यक्त की गयी कि अब लोकतंत्र और देश की एकता दोनों का अंत होने वाला है। लेकिन प्रत्येक संकट के बीच इन्दिरा गांधी पोकरण के प्रथम परमाणु अंतस्स्फोट की तरह धरातल के रूप में बदल कर उभरीं और आर्यभट्ट की तरह अंतरिक्ष की परिक्रमा करने को उठीं। दुनियाँ के एक गिरि-ॠंग पर पहुँचने का प्रयत्न करते हुये जब सर्वसाधन संपन्न कुशल पर्वतारोही विफल हुये या गिरकर समाप्त हो गये, तब इन्दिरा गांधी ने भारत को अपने कंधे पर उठाकर एक ऊँची चोटी को फतह करने के बाद दूसरी पर पैर रखकर तीसरी चोटी को जीतने के लिए कदम बढ़ाया। इन्दिरा गांधी का हर क्षण देश के लिए समर्पित है। अपने कामों से इन्दिरा गांधी ने यह सिद्ध कर दिया है कि वे आगे देखती हैं, पीछे नहीं। वस्तुतः इन्दिरा गांधी भारत में समाजवाद की मसीहा के रूप में अंकित हो रही हैं।

अखंडानंद सरस्वती : आर्य भौतिक गरिमा की प्रतिष्ठायिका श्रीमती इन्दिरा गांधी भू-भाग के किसी भी संत्रस्त-संकटग्रस्त मानवता के त्राण एवं कल्याण के लिए अपनी संपूर्ण प्रज्ञा और शक्ति से क्रियाशील हो उठती हैं। वे अतीत को उतना ही रखना चाहती हैं, जितना वर्तमान में उपयोगी हो और भविष्य के लिए

हितकारी। उनकी दृष्टि रूढ़िवादियों के समान पीछे की ओर नहीं देखती, भविष्य की ओर पूर्णतः सावधान है।

अटलबिहारी वाजपेयी : स्वाधीन बांगला देश का जन्म और इस युद्ध में भारत की महान् विजय युगपरिवर्तनकारी घटनाएँ हैं। सारे संघर्ष को सफलता के स्वर्णिम शिखर तक ले जाने का श्रेय यदि किसी एक व्यक्ति को दिया जा सकता है, तो वे हैं- हमारी प्रधान मंत्री श्रीमती इन्दिरा गांधी। उन्होंने इतिहास को बदल डाला है। जो कुछ कहा था, उसे करके दिखा दिया है। इन्दिरा गांधी देवी दुर्गा हैं।

अनंत गोपाल शेवड़े : सत्ता-संघर्ष के प्रारंभिक और बाद के काल में देश के सामने इन्दिरा जी की जो प्रतिभा उभरकर आई है, वह है -महाशक्ति की दृढ़ता, निर्भयता, निर्णय की प्रखरता और उस पर तत्काल अमल की अभूतपूर्व गतिशीलता। संयोग की बात है कि आज इस अध्यात्म प्रधा न देश का नेतृत्व इन्दिरा जी के हाथ में है, जो स्वयं मातृ-शक्ति और आत्मिक-बल की प्रतीक हैं। मातृ-शक्ति के त्रिगुणात्मक स्वरूप- महाकाली, महालक्ष्मी और महासरस्वती- के प्रतीक के रूप में आज नियति ने त्रिवेणी की पुत्री और भारत की कोटि-कोटि जनता की श्रद्धा- केंद्र इन्दिरा जी के हाथ में राष्ट्र के सभी सूत्र सौंप दिये हैं।

अनवर सादात : इन्दिरा गांधी जन्म से ही लोकतांत्रिक विचारधारा की पोषक हैं, जो साहस और दृढ़ निश्चय के साथ भारतीय जनता को सामाजिक न्याय दिलाने और देश में राजनीतिक स्थिरता कायम रखने के लिए कार्य कर रही हैं।

अबू सईद चौधरी : अनिश्चितता और कठिन संघर्ष के दिनों में श्रीमती इन्दिरा गांधी एक चट्टान की तरह बांगला देश के साथ उठ खड़ी हुई थीं। साथ ही वे आशा और आत्म-विश्वास की प्रेरणादायक आवाज भी देती रही थीं। यद्यपि बांगला देश का निर्माण इन्दिरा गांधी के नेतृत्व में भारत की मदद से हुआ, पर

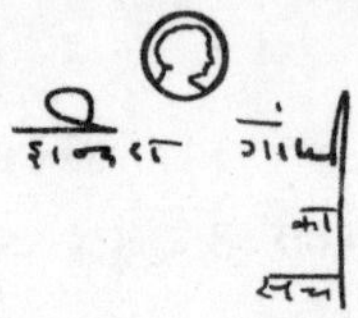

उन्होंने कभी बांगला देश पर अधिकार जमाने या उस पर शासन करने की कोशिश नहीं की। इन्दिरा गांधी बांगला देश को भी समृद्ध होते देखना चाहती थीं, ताकि यहाँ के नागरिक भी भूख व शोषण से मुक्ति पा सकें।

अब्दुल वली खाँ : श्रीमती इन्दिरा गांधी न सिर्फ भारतीय उप महाद्वीप, बल्कि विश्व की महान् नेता थीं।

अमजद अली खाँ : अपने संगीत-समारोह में इन्दिरा गांधी से पूछा : 'आप कितनी देर रहेंगी?' उन्होंने मुस्कराते हुए जवाब दिया : 'आप कितनी देर तक बजायेंगे?' उसके बाद मैंने डेढ़ घंटे तक साज बजाया। इस दौरान इन्दिरा गांधी बहुत रुचि और तन्मयता से सुनती रहीं। कला के प्रति उनका योगदान महान् था। उनके ही प्रयासों से लंदन में भारत-उत्सव हो सका था।

अमर बहादुर सिंह अमरेश : भारत के इतिहास में इन्दिरा जी ने वह अध्याय जोड़ा है, जो अशोक की कलिंग-विजय के पश्चात् हल्दीघाटी में उभरकर सदा-सर्वदा के लिए सो गया था।

अमिताभ बच्चन : इन्दिरा जी की मृत्यु एक महान् नेता की मृत्यु है। हम इन्दिरा जी को कभी नहीं भूल सकेंगे। इन्दिरा जी मर गई हैं, लेकिन उनके आदर्श नहीं मरे हैं। हमें इन्दिरा जी के आदर्शों, मूल्यों व कुर्बानी को नहीं भूलना चाहिये। उनके प्रति सही श्रद्धांजलि यही होगी कि उनके जीवन-मूल्यों पर चलकर देश की अखंडता बरकरार रखी जाये। मैं एक बात तो बिल्कुल भूल नहीं पाता। हम लोग 30 अक्टूबर को विदेश से भारत लौटे थे। उसी रात हम लोग प्रधान मंत्री के यहाँ मिलने गये थे। तब राजीव जी भी कलकत्ते में थे और इन्दिरा जी भी बाहर थीं। घर में सोनिया जी थीं। मैं जब भी विदेश जाता था, तो इन्दिरा जी के लिए एक छोटा-सा उपहार लाता था। वह अगले दिन सुबह आ रही थीं। मैंने

सोनिया जी से कहा कि उनके बिस्तर पर उपहार रख दे रहा हूँ, वे सुबह देख लेंगी। हम लोग घर आ गये। रात में नींद नहीं आ रही थी। हम लोग ऐसे ही तीन-चार बजे तक बात-चीत करते रहे। सुबह साढ़े नौ बजे माता जी ने आकर मुझे जगाया और कहा कि ऐसा हो गया। मैं तो सीधे उठकर वहाँ भागा। मैंने जो उपहार उनके बिस्तर पर रखा था, उसके बारे में उन्हें बता दिया गया था। पर उन्होंने कहा था कि मैं एक टी.वी. इंटरव्यू के लिए जा रही हूँ; लौटकर आती हूँ, तो खोलूँगी। वह उपहार कभी नहीं खुला।

अमृतलाल चौरे : प्रधान मंत्री श्रीमती इन्दिरा गांधी की प्रसिद्धि उनके प्रगतिवादी दृष्टिकोण, अपने पिता पंडित जवाहरलाल नेहरू द्वारा अपनाई गई बुनियादी नीतियों, धर्म निरपेक्षता, समाजवाद व गुटमुक्तता की कड़ी वकालत तथा उत्साह पूर्वक समाज-सेवा की दृढ़ भावना एवं कार्य पर आधारित रही है। सामाजिक क्षेत्र, सहायता कार्य एवं अनेक अवसरों पर सांप्रदायिक उत्तेजना को शांत करने और जनता का मनोबल ऊँचा उठाने के प्रयासों में वे अग्रसर रही हैं। वे राष्ट्रीय एवं अंतर्राष्ट्रीय समस्याओं का सामना करती जा रही हैं, जो वास्तव में उनकी विवेकशीलता, धैर्य, कार्यकुशलता आदि के ही लक्षण हैं। वे पूर्ण विश्वास के साथ नेतृत्व करती जा रही हैं, यह निर्विवाद सत्य है।

अमृतलाल नागर : 'सफलता प्रायः उन्हीं को मिलती है, जो साहस करके कर्मरत होते हैं- कायरों के पास वह कदाचित् ही जाती है।'- इन्दिरा गांधी ने अपने पिता पंडित जवाहरलाल नेहरू का यह वाक्य सचमुच सार्थक कर दिखलाया है। हमें यह मानना ही पड़ता है कि इन्दिरा गांधी की दूरदर्शिता और दृढ़ संकल्प-शक्ति ने ही आस्थामूलक स्थिति उत्पन्न कर दी है।

अमृतलाल वेगड़ : इन्दिरा जी सही समय पर सही कदम उठाना जानती हैं। उन्होंने नये इतिहास का निर्माण किया और पुराने भूगोल को बदल

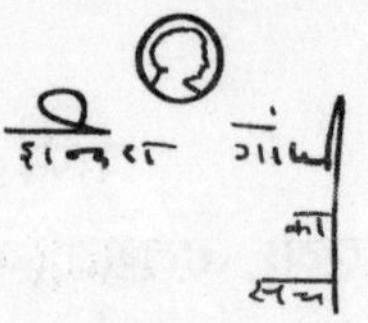

डाला। समस्याओं के बीच हँसते- मुस्कराते रहना और धीरज तथा मजबूती के साथ उनका सामना करना इन्दिरा जी की अपनी विशेषता है। उनमें ऐसी दृढ़ता और ऐसा साहस है, जो कभी-कभी ही देखने में आता है। आफत में वे चट्टान की तरह अडिग रहती हैं और विजय में वे विनयी हो जाती हैं। ये गुण उन्हें साधारण राजनीतिज्ञों से ऊपर और अलग रख देते हैं। आज इन्दिरा जी भारत की एकछत्र नेता हैं। यही नहीं, विश्व-राजनीति के मंच पर भी उन्होंने अपना महत्त्वपूर्ण स्थान बना लिया है।

अमृता प्रीतम : 20 सितंबर को इन्दिरा जी ने मुझे याद किया। अपने पास बुलाया। उस शाम करीब एक घंटा उनके पास बैठी रही। मुल्क के हालात सामने थे। वे उनकी बात करती रहीं कि क्या हालात थे और कुछ ही दिनों में क्या होने वाला था, जिसके कारण कुछ मुश्किल कदम उठाने पड़े। उन बातों के दरमियान कई बार एक अजीब-सी हैरानी से-एक अजीब-सी हसरत से उनके मुँह से निकला कि मैंने सोचा था कि हमारे लोग अब 'इन्लाइटेंड' (प्रबुद्ध) हो चुके हैं। आज मैं देखती हूँ कि जो कुछ 1947 में हुआ और जो अब 1984 में हो रहा है, इनमें सबसे बड़ी समानता यह है कि हम लोग तब भी 'इन्लाइटेंड' नहीं थे और अब भी नहीं हैं। हम लेखकों के संसार तक में उनकी तरह की असाधारण बौद्धिक प्रतिभा की स्वामिनी और सहृदयता को पाना कठिन है। आंतरिक जाग्रति और आंतरिक प्रबुद्धता का ऐसा मिश्रण जो मैंने इन्दिरा जी में देखा, बहुत कम ही दिखाई देता है।

अम्मार रिजवी : इन्दिरा जी सही माने में एक विश्व- नेता हैं और हैं- अन्याय की ताकतों के खिलाफ हिम्मत के साथ संघर्ष करने वाली एक जबरदस्त हस्ती। महात्मा गांधी और पंडित जवाहरलाल नेहरू के आदर्शों को दो कदम और आगे बढ़ाते हुये इन्दिरा जी ने आज संसार में एक तीसरी शक्ति के उदय का बिगुल बजा दिया है। इन्दिरा जी आज दुनियाँ में अमन और तरक्की की

प्रतीक बन गई हैं। इन्दिरा जी विकासशील देशों के गरीब और जीवन की आवश्यकताओं से वंचित करोड़ों लोगों की आशा का केंद्र हैं। उन्होंने गरीबों के साथ अपने को इस मजबूती से जोड़ रखा है कि दुनियाँ की कोई भी शक्ति उन्हें उनकी सेवा से दूर नहीं कर सकती। वे देश के चिंतन का केंद्र- बिंदु बनकर जन-मानस में प्रतिष्ठित हो गई हैं।

अरुण कुमार नेहरू : अपने देश में जितना अधिक प्रधान मंत्री श्रीमती इन्दिरा गांधी घूमती हैं, उतना शायद ही संसार का कोई प्रधान मंत्री घूमकर अपनी जनता से निकट- संपर्क बना पाता हो। श्रीमती इन्दिरा गांधी मात्र एक शरीर नहीं थीं, बल्कि कल्याणकारी नीतियों और कार्यक्रमों का पर्याय थीं। काफी समय से जो कुछ भी इन्दिरा जी कहती आ रही थीं-वह राजनीति नहीं, बल्कि सचाई थी। सामान्यतः लोग वर्तमान की ही चिंता करते हैं। परन्तु जिन लोगों पर देश का उत्तरदायित्व होता है, उनको भविष्य की चिंता ही नहीं होती; बल्कि भविष्य के खतरों के लिए आगाह करने की भी उनमें क्षमता होती है। श्रीमती गांधी देश के भीतर और बाहर की ऐसी शक्तियों के विरुद्ध आगाह करती रहीं, जो भारत को मजबूत नहीं देखना चाहती हैं। परन्तु उनके आलोचकों को विश्वास नहीं हुआ। उनकी जान की कुर्बानी उनकी सचाई का सबूत है।

अरुणा आसफ अली : इन्दिरा गांधी के नेतृत्व में प्रगतिशील शक्तियों को ताकत मिली है। इन्दिरा गांधी ने करोड़ों लोगों को सामाजिक क्रान्ति के पथ पर अग्रसर होने के लिए प्रेरित किया है। इन्दिरा गांधी के गुण उनके पथ-प्रदर्शक पिता पंडित जवाहरलाल नेहरू की याद दिलाते हैं। हर क्षेत्र में अपने से छोटे-बड़े, कमजोर-सशक्त-सभी से आँख मिलाकर बात करने का ऐसा गुण इन्दिरा गांधी में था, जो भुलाया नहीं जा सकता। जब देश-हित की बात उठती थी, तो वे कोई समझौता करने को तैयार नहीं होती थीं। धार्मिक प्रवृत्ति उन्हें अपनी माँ कमला नेहरू से विरासत में मिली थी, जो बहुत

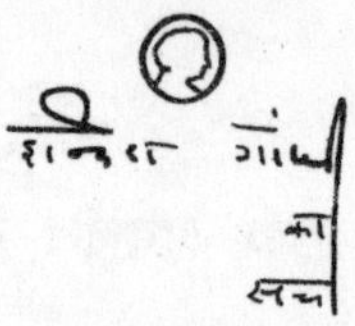

धर्म-परायणा थीं। उन्होंने अपनी माँ के शारीरिक और मानसिक कष्ट को नजदीक से देखा था। धार्मिक आस्थाएँ माँ का कष्ट कम करने में सहायक रहीं, यह वे जानती थीं। इन्दिरा जी को भी ऐसी आस्थाओं से शांति मिलती थी। यही उन्हें जनसाधारण से बाँधती थी। महात्मा गांधी ने भी उन्हें यही सिखाया, जो वे अन्तिम दम तक भूली नहीं। उनका साहस जैसा अद्वितीय था, वैसी ही उनकी कार्य करने की क्षमता थी। इन्दिरा गांधी हर महाद्वीप के अमर शहीदों की पंक्ति में शामिल हो गई हैं।

अर्जुन सिंह : इन्दिरा जी एक जन-छवि वाली प्रधान मंत्री थीं। देश को शक्तिशाली बनाने की श्रीमती इन्दिरा गांधी की आकांक्षा बहुत गहरी थी और इसे वे बार-बार अलग-अलग तरीके से व्यक्त करती रहती थीं। शायद ही किसी और विषय पर उन्होंने इतना जोर दिया हो। यही कारण है कि कमजोर वर्गों के लोगों को ऊपर उठाने को वे देश को शक्तिशाली बनाने की बात से जोड़कर देखती थीं। उन्होंने ऐसे कार्यक्रमों पर हमेशा जोर दिया, जिनका लाभ सिर्फ पिछड़े वर्गों को ही मिल सके। हमारी सभी योजनाओं में एक निश्चित राशि इन लोगों के लिये खर्च की जाए, इसकी उन्होंने हमेशा पहल की। गरीबी हटाने और रोजगार के अवसर बढ़ाने के लिए उनके द्वारा जो उपाय किये गये, उनके पीछे भी विकास से बढ़कर सामाजिक न्याय की अहमियत मंजूर करने की दृष्टि थी। वस्तुतः श्रीमती गांधी के लिए सामाजिक न्याय हमेशा ही एक प्रेरक सिद्धांत रहा है।

अर्ल माउंटबेटन : इन्दिरा गांधी काफी अनुभवी हैं और उनका अपना राजनीतिक मस्तिष्क है। वे अपने देश और विदेश को अच्छी तरह समझती हैं।

अलका शंकर : इन्दिरा पूर्णतया भारतीय थीं। पर उनका हृदय विश्व के सभी लोगों के लिए सहानुभूति से भरा था। उनका जीवन, उनके कार्य और उनकी भावनाएँ मानवता के प्रति समर्पित थीं। देश की सेवा करते-करते उस

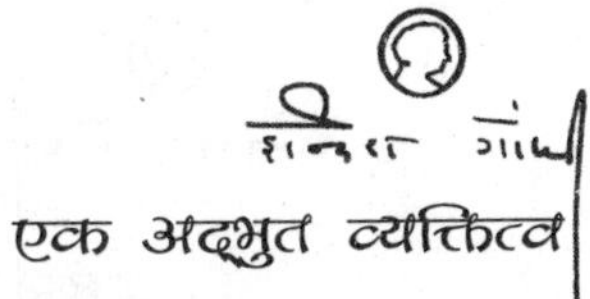

बहादुर सिपाही ने अपना जीवन दे दिया। चले जाने के बाद वे अपने पीछे छोड़ गई हैं- साहस, आंतरिक क्षमता और कठिनाइयों से जूझने की इच्छा-शक्ति की गौरवमयी यादें। उनकी अथक कर्म-शक्ति, दृढ़ता, अलौकिक प्रतिभा और कुशल राजनीति ने उन्हें महान् बना दिया था।

अशोक जैन : हिंसा-विद्रोह के उफनते समुद्र और विपत्ति के गहराते सायों के बीच श्रीमती इन्दिरा गांधी प्रकाश-स्तंभ थीं- शांति-संदेश भरी आवाज थीं।

अशोक वाजपेयी : इन्दिरा गांधी का संस्कृति प्रेम जन-संपर्क का परिष्कृत संस्करण नहीं था। अगर वे स्वामीनाथन और रामकुमार की चित्र-प्रदर्शनियों में या कारंत और हबीब तनवीर के नाटकों में जाती थीं या अमरीका में सूसान सानटेग से मिली थीं या गाब्रियल मारवेज को निजी अतिथि बनाती थीं, तो यह किसी गहरी आसक्ति का ही प्रतिफलन था। संस्कृति के क्षेत्र में वे बराबर उदार और सहिष्णु थीं।

आनंद जैन : श्रीमती इन्दिरा गांधी ही एकमात्र ऐसी राष्ट्रीय नेता हैं, जिन्हें उत्तर में कश्मीर से दक्षिण में कन्याकुमारी तक आम जनता का समर्थन प्राप्त है। विभिन्न धर्मों और जातियों के लोगों का जितना समर्थन इन्दिरा गांधी को प्राप्त है, उतना किसी अन्य नेता को नहीं।

आनंद नारायण मुल्ला : इन्दिरा गांधी की ही आर्थिक नीतियाँ और राजनीतिक मार्ग सही है।

आनंदमयी माँ : मैं इन्दिरा गांधी को बचपन से जानती हूँ और मैंने उसको बढ़ते हुये देखा है।

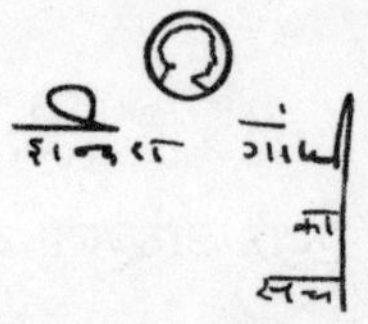

आनंद मूर्ति : श्रीमती इन्दिरा गांधी करुणा, स्नेह और संवेदना की सजीव प्रतिमा हैं। उनमें करोड़ों भारतवासियों को अपने हृदय- सम्राट् पंडित जवाहरलाल नेहरू के दर्शन होते हैं।

आर.आर.दिवाकर : इन्दिरा प्रियदर्शिनी अपने देश के राष्ट्रीय संग्राम की आकर्षक मूर्ति तथा प्रसिद्ध नायिका रही हैं। उन्होंने अनेक अवसरों पर विश्वसनीय रूप से अपने आपको उऋण कर व्यापक रूप से यह सिद्ध कर दिया है कि उनके पास अपना निजी मस्तिष्क है। उन्होंने सभी प्रकार की प्रेरणाएँ तथा अनुभव एक साथ अपने महान् चरित्र में एकत्र कर लिए हैं।

आर.एस.सी.मित्तल : समाजवादी भावना को पुनर्जीवित और युवकों को अनुप्राणित कर श्रीमती इन्दिरा गांधी ने देश की राजनीतिक धारा में नई गति ला दी है।

आर.के.करंजिया : पंडित जवाहरलाल नेहरू की ऐतिहासिक चेतना और महात्मा गांधी की सादगी एवं दृढ़ता से काम करने की क्षमता का नाम ही इन्दिरा गांधी है। वे चाणक्य और चर्चिल की मिश्रण हैं।

आर.डी.भंडारे : आपने देश को अनेक आफतों से बचाया है, उसे प्रगति की दिशा में अग्रसर किया है और अंतर्राष्ट्रीय क्षेत्र में भारत को स्थायी स्थान दिलाया है।

आर.वेंकटरमण : श्रीमती इन्दिरा गांधी विश्व के महानतम व्यक्तियों में से एक हैं। इन्दिरा जी चाहे सत्ता में रहीं या सत्ता से बाहर- वे हमारी आशा की प्रतीक थीं, हमारी शक्ति की स्वरूप थीं और हर परिस्थिति में भारतवासियों की सच्ची मित्र थीं। वे महात्मा गांधी के पदचिह्नों पर चल कर शहीद हो गईं।

आरिफ मुहम्मद खाँ : मैंने संगठन और सरकार दोनों में ही इन्दिरा जी के अधीन रहकर काम किया है। उनके जिस बात ने मुझे सबसे ज्यादा प्रभावित किया है, वह यह कि उनके नजदीक आने के बाद हर व्यक्ति अपने भारतीय होने पर गर्व महसूस करता था।

आशारानी व्होरा : संघर्ष-पर-संघर्ष! और फिर सफलताओं के चमत्कार-पर-चमत्कार! भारत का भाग्य जैसे किसी महिला प्रधान मंत्री के हाथों सँवरने की ही प्रतीक्षा कर रहा था। देश की प्रथम महिला प्रधान मंत्री ही नहीं, ऐसी प्रधान मंत्री- जिसने भारतीय उप महाद्वीप का नक्शा ही बदल दिया, भारतीय इतिहास के एक विस्मृत जीवन-मूल्य की पुनः प्रतिष्ठा की; राजनीति, कूटनीति, समाजनीति और रणनीति में नये कीर्तिमान स्थापित किये। ऐसा नेतृत्व- जिसने जनता की आकांक्षाओं को जाग्रत किया, उन्हें वाणी दी तथा उन्हीं से शक्ति ग्रहण की और इस तरह जनता के नाम पर नहीं, उनके सहयोग से काम किया; जिसने अतीत को ध्यान से पढ़ा, वर्तमान को मनोयोग से सुना और भविष्य को सपनों में नहीं, आकार में देखा। ऐसा कृतित्व- जो सपनों या विशेष सिद्धांतों से नहीं, राष्ट्रीय हितों से प्रभावित हुआ; जिसने स्वदेश का खोया सम्मान उसे लौटाया, अनिर्णय की यथास्थिति से मुक्त कर उसमें आत्म-विश्वास जगाया, उसके लिए विदेशों में मित्रों की तलाश की और विश्व राजनीति के मंच पर उसे वह महत्त्वपूर्ण स्थान दिलाया, जिसका कि वह हकदार था; जिसने हरित क्रांति को दफ्तरी फाइलों से निकालकर क्रियात्मक स्वरूप दिया; जिसने अपने राजनैतिक दल को भी अपनी खोई ऊँचाइयों पर वापस पहुँचा दिया- केवल पुनर्विजय या बहुमत दिलाकर नहीं, उसमें एक राष्ट्रबोध जगाकर भी। और इस सबके ऊपर एक ऐसा व्यक्तित्व-जो हर संकट में शांत और स्थिर है, हर अटकल में स्मित मौन धारण किये रहता है, हर आलोचना और गाली का उत्तर एक बेपरवाह मंद मुस्कान से देता है, योजनाबद्ध ढंग से काम करता है, पूरे आत्म-विश्वास से दो-टूक निर्णय लेता है और समय पर परिणाम सामने रख चमत्कृत कर देता है; नारी-सुलभ कमनीयता

के साथ ऐसी दृढ़ता, ऐसा साहस, ऐसी शक्ति कि बड़े-बड़े कूटनीतिक दिग्गज पछाड़ खा जायँ और समर्थक-विरोधी सभी चमत्कृत रह जायँ। एक सर्वाधिक लोकप्रिय और सफल प्रधान मंत्री श्रीमती इन्दिरा गांधी जनता की सच्ची प्रतिनिधि हैं। भारतीय राजनेताओं में इन्दिरा गांधी अकेली हैं- जिन्होंने विचार और कर्म को अलग-अलग नहीं, एक साथ देखने का प्रयत्न किया और उसके लिए हर जोखिम उठाया। इन्दिरा गांधी को 'विश्व की प्रथम महिला' का सम्मान प्राप्त है। निश्चय ही इन्दिरा गांधी का यह सम्मान भारत का सम्मान है और भारतीय नारी का सम्मान है। इतिहास में इन्दिरा गांधी का स्थान सुरक्षित है और है- भविष्य में उनका नाम अमिट।

इंद्र कुमार गुजराल : इन्दिरा गांधी हिन्दुस्तान के राष्ट्रीय हितों को बखूबी समझती थीं। उनकी विदेश-नीति की विरासत बहुत कीमती है।

इंद्रजीत गुप्त : प्रधान मंत्री श्रीमती इन्दिरा गांधी की राजनीतिक-कूटनीतिक परिपक्वता, दृढ़ता, संकल्प और साहस ने राष्ट्र को नई प्रतिष्ठा प्रदान की है।

इमानुएल पुष्पराज : प्रधान मंत्री श्रीमती इन्दिरा गांधी अपने असाधारण व्यक्तित्व और विलक्षण जीवन-दर्शन के कारण भारतीय जनता को मुग्ध एवं विश्व को चमत्कृत किये हुये हैं।

इरशाद : इन्दिरा गांधी न केवल भारत, वरन् बांगला देश की भी माँ थीं।

उदय प्रकाश : श्रीमती इन्दिरा गांधी की हत्या मौजूदा संसार के इतिहास में एक विराट् स्याह घटना के रूप में हमेशा के लिए दर्ज हो गई है।

उपेंद्रनाथ अश्क : इन्दिरा जी में अपूर्व शक्ति है। इन्दिरा जी की हत्या

ने मेरे मन-मस्तिष्क को झकझोर दिया है। मैं बहुत संतप्त हूँ और देश की इस अपूरणीय क्षति से संत्रस्त हूँ।

उमा वासुदेव : श्रीमती इन्दिरा गांधी उस मूल संगीत स्वर-क्रम की तरह थीं, जिसमें से ही सारे राग तथा ध्वनि-वैषम्य निकल रहे थे। वे देश की प्रतीक होने के लिए आई थीं। यही उनकी मुख्य सफलता थी और यही उन्हें उस अंतिम दुःखांत तक पहुँचाने का कारण बना। उनके शरीर में प्रवेश करने वाली गोलियों ने उनकी जान नहीं ली, बल्कि उन्हें अमर कर दिया।

उमाशंकर जोशी : भारतीय इतिहास के तीन हजार वर्षों में किसी नारी को ऐसा राजनीतिक महत्त्व नहीं मिला, जैसा इन्दिरा गांधी को प्राप्त हुआ है।

उमाशंकर दीक्षित : भारत रत्न प्रधान मंत्री श्रीमती इन्दिरा गांधी भारत की अजेय आत्मा की प्रतीक हैं। इन्दिरा गांधी भारत की प्रगति के प्रतीक के रूप में सर्वत्र समादृत हैं। इन्दिरा गांधी ने अपनी उपलब्धियों से यह साबित कर दिया है कि वे एक योग्य प्रशासक, चतुर रानजीतिज्ञ और कुशल नेता हैं। इन्दिरा गांधी में अल्पकाल में भारत की राजनीति में जो अनुपम स्फूर्ति, जागृति तथा स्थायित्व का निर्माण किया है, उसका प्रभाव संसार के समस्त राष्ट्रों पर पड़ा है और हमारे देश की प्रतिभा उनकी दृष्टि में आदर की पात्र बनी है। इन्दिरा गांधी के प्रेरणादायक, साहसी एवं दूरदर्शी नेतृत्व में बाहर की कोई भी शक्ति भारत को दबा नहीं सकती।

एंटोनी मेयर : इन्दिरा गांधी दुनियाँ के सर्वाधिक शक्तिशाली राजनीतिक नेताओं की श्रेणी में पहुँच गई हैं। वे आज शासन की बागडोर जितनी मजबूती से पकड़ी हुई हैं, उतनी मजबूती पहले कभी नहीं थी।

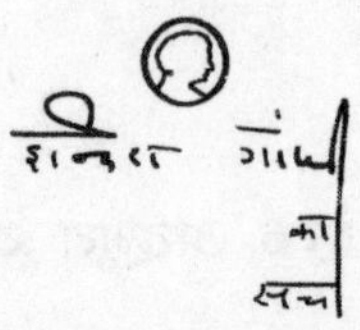

ए.आर.अंतुले : भारत के करोड़ों बुद्धिमान देश-प्रेमी नागरिकों ने दिखा दिया है कि श्रीमती इन्दिरा गांधी ही देश को कुशल प्रशासन दे सकती हैं। जनता के दिल और दिमाग में इन्दिरा गांधी छाई हुई हैं। इन्दिरा गांधी के बगैर भारत का काम नहीं चल सकता।

ए.आर.मलिक : इन्दिरा गांधी एशिया की ही नहीं, बल्कि पूरे विश्व के महानतम व्यक्ति के रूप में उभरी हैं।

ए.एन.कोसिगिन : भारत की आजादी को सुदृढ़ बनाने, उसे प्रगति के मार्ग पर तेजी से आगे बढ़ाने और अंतर्राष्ट्रीय मैत्री की दिशा में श्रीमती इन्दिरा गांधी के प्रयासों से सोवियत जनता पूरी तरह परिचित है।

एच.के.एल.भगत : प्रधान मंत्री श्रीमती इन्दिरा गांधी इन्किलाब की बालिका, इन्किलाब की बेटी और इन्किलाब की माता हैं। महात्मा गांधी द्वारा प्रारंभ क्रांति की वे बालिका हैं, पंडित जवाहरलाल नेहरू द्वारा की गई क्रांति की वे बेटी हैं और क्रान्तिकारी 20 सूत्री आर्थिक कार्यक्रम की वे माता हैं। वे असली अर्थों में गरीबों की माँ हैं। भारत में आर्थिक, सामाजिक और राजनीतिक क्रान्ति की जननी वे ही हैं। वे मजबूत नेता हैं और हैं- मानवीय संवेदनाओं से भरपूर! मानवीय गुण उनमें कूट-कूटकर भरे हुये हैं। राष्ट्र के कार्यों के लिए वे दिन-रात चुस्त-तैयार रहती हैं।

एन. चंद्रशेखरन नायर : अंतर्राष्ट्रीय मंडल में भारत के सर्वाधिक ख्याति-प्राप्त नेताओं में इन्दिरा प्रथम गणनीया हैं और हैं- सभी भारतीय नेताओं के आगे। इन्दिरा ने भारत की जनता में आशा की किरण डाल दी है।

एन.टी. रामाराव : देश में राजनैतिक स्थिरता और योजनाबद्ध प्रगति

के लिए श्रीमती इन्दिरा गांधी के योगदान को कोई नहीं भुला सकता।

एम.ए.नायडू : यदि प्रधान मंत्री श्रीमती इन्दिरा गांधी के व्यक्तित्व का विश्लेषण किया जाय, तो यह बात स्पष्ट हो जाती है कि वे निराशक्ति की मूर्ति हैं। प्रधान मंत्री- पद के प्रति उन्हें कोई आसक्ति नहीं है। वे प्रधान मंत्री- पद पर इसीलिये हैं कि देश उन्हें चाहता है, न कि इसलिए कि वे खुद चाहती हैं। उनके लिए प्रधान मंत्री- पद का एक ही विशेषाधिकार है और वह है- जनता की सेवा करना। उन्होंने प्रधान मंत्री- पद को एक ऐसी प्रतिष्ठा दी है, जो शायद अन्य किसी के लिए संभव न होता। यदि राम के बिना राम-राज्य नहीं हो सकता था, तो इन्दिरा गांधी के बिना वर्तमान भारत की परिकल्पना भी दुस्तर है। वास्तविकता तो यह है कि इन्दिरा गांधी के बिना भारत की कल्पना ही राष्ट्र के लिए भयावह है।

एम.एस.गुरुपदस्वामी : 'जोन आफ आर्क' ने फ्रांस की रक्षा के लिए अपने प्राणों की बाजी लगा दी है, किंतु इन्दिरा गांधी ने भारत-पाक युद्ध में अपने जीवन-काल में ही जीत हासिल कर ली है।

एम. चेन्ना रेड्डी : श्रीमती इन्दिरा गांधी की हत्या से देश पर गंभीर दुःख आ पड़ा है।

एम.चेलापति राव : जिस प्रकार शेक्सपियर, मिल्टन और जवाहरलाल नेहरू की अपनी एक अलग शैली है, उसी प्रकार श्रीमती इन्दिरा गांधी की भी अपनी एक अलग शैली है। इन्दिरा गांधी की कार्य-पद्धति में तलवार-सी तेजी और काट है।

एम.जी.रामचंद्रन् : श्रीमती इन्दिरा गांधी- देश के उन्नयन हेतु आपके अथक प्रयास तथा अंतर्राष्ट्रीय रंगमंच पर राष्ट्रीय प्रतिष्ठा की स्थापना में आपका

योगदान सदैव प्रेरणा का स्त्रोत रहेगा।

एम. शमसुल हक : इन्दिरा गांधी अपने महान् कार्यों की वजह से अमर रहेंगी। समकालीन इतिहास पर पड़ी उनकी छाप अमिट रहेगी। दक्षिण एशिया क्षेत्रीय सहयोग के मामले में इन्दिरा गांधी का नाम सदा याद किया जायेगा।

एम.सी.छागला : देश की असंदिग्ध नेता के रूप में श्रीमती इन्दिरा गांधी का विकास एक आश्चर्यजनक करिश्मा है। उन्होंने राजनीतिक व्यूह-रचना में ऐसी चाणक्षता दिखाई है कि राजनीति कला के निहायत मँजे हुये खिलाड़ी भी रश्क करें। निस्संदेह वे विश्व के सबसे शक्तिशाली शासकों में से एक हैं और हैं- साक्षात् रहस्य।

एरिक नासिर : श्रीमती इन्दिरा गांधी के नेतृत्व में भारत कठिनाइयों को पार करके सुरक्षा तथा समृद्धि की ओर अग्रसर हुआ है।

एल.आई.ब्रेझनेव : सोवियत संघ के हम लोग भारत की विशिष्ट नेता, भारत सरकार की प्रधान और अपनी सम्माननीय मित्र श्रीमती इन्दिरा गांधी की उस भूमिका की यथोचित प्रशंसा करते हैं, जो वे भारत की प्रगतिशील नीतियों के निर्माण और कार्यान्वयन में अदा कर रही हैं। यह बात किसी से छिपी नहीं है कि हम इन्दिरा गांधी को हमेशा से विशेष रूप से पसंद करते रहे हैं, जो इस समय एशिया की महान् राजनीतिज्ञ हैं।

एल.पी.शाही : श्रीमती इन्दिरा गांधी का प्रधानमंत्रित्व-काल न केवल देश में, वरन् विश्व की राजनीति में भारत के महत्त्व को प्रतिष्ठित करने में कामयाब रहा। श्रीमती गांधी अपने सुदृढ़ विचारों और व्यावहारिक सिद्धांतों के

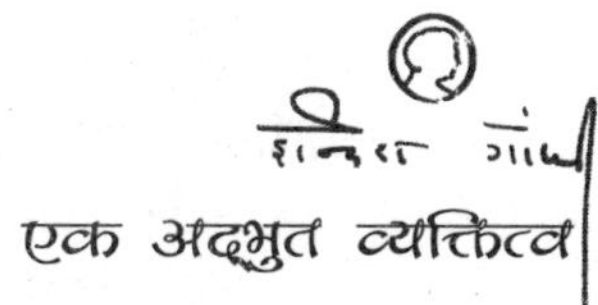

लिए विख्यात थीं। देश में किसी भी हिस्से में होने वाली हिंसक वारदातों का जायजा लेने के लिए स्वयं जाना एवं त्वरित कार्रवाई करना उनकी विशेषता थी। दुर्गम रास्तों और विपरीत परिस्थितियों में भी वे पीछे मुड़ना नहीं जानती थीं।

एल.हेमरलिन : गांधी और संपूर्ण विश्व के मध्य जिस कड़ी का निर्माण इन्दिरा ने बचपन में किया था, उसका अस्तित्व अब तक कायम है।

एस.एम.जोशी : श्रीमती इन्दिरा गांधी अपने पिता पंडित जवाहरलाल नेहरू से बेहतर साबित हुई हैं।

एस.जी.सरदेसाई : भारी खतरों का धैर्यपूर्वक सामना करने और हार न मानने की इन्दिरा गांधी में अद्भुत क्षमता है।

ओमप्रकाश शर्मा : हिंसा से पीड़ित और भेदभाव से घायल मानवता पर शीतल चंदन का लेप करने वाली श्रीमती इन्दिरा गांधी ने जिस संगठन- शक्ति और अद्भुत सूझ-बूझ का परिचय दिया है, वे सारी बातें अब इतिहास बन चुकी हैं। इन्दिरा गांधी का चुंबकीय व्यक्तित्व पूरी तरह से संपूर्ण भारत पर छा गया है। वे सच्चे अर्थों में भारत-भाग्य-विधाता हैं। जो स्वप्न राष्ट्रपिता महात्मा गांधी ने देखे थे और जिन पर आधुनिक भारत के निर्माता पंडित जवाहरलाल नेहरू ने एक ढाँचा खड़ा किया था, उसमें अब विकासमान भारत की विश्वकर्मा इन्दिरा गांधी प्राण डाल रही हैं।

ओम मेहता : श्रीमती इन्दिरा गांधी का लोकतंत्र में अटूट विश्वास है, जिसकी रक्षा और मजबूती के लिए उन्हें यदा-कदा कठोर कदम उठाने पड़ते हैं। उनके पिता पंडित जवाहरलाल नेहरू ने जिस आत्मनिर्भरता और शक्तिशाली राष्ट्र का स्वप्न देखा था, उसे इन्दिरा गांधी साकार करने में लगी हुई हैं।

कन्हैयालाल नंदन : श्रीमती इन्दिरा गांधी का निधन सत्तासीन एक ऐसे राजनीतिक युग का अंत है, जिसने देश की स्वतंत्रता की लड़ाई में स्वयं हिस्सा लिया था। उनकी राजनीतिक परिपक्वता जग-विख्यात है।

कन्हैयालाल मिश्र प्रभाकर : इन्दिरा जी ने विश्व-नारी के स्वतंत्र व्यक्तित्व के प्रतीक की प्रतिष्ठा प्राप्त कर ली है। इन्दिरा जी का व्यक्तित्व अंतर्मुखी है- स्वकेंद्रित है। इन्दिरा जी भारत की जीवित इतिहास हैं। इन्दिरा जी ने भारत को नई दिशा ही नहीं, नये राष्ट्रीय जीवन का सुविचारित प्रारूप दे दिया है। इन्दिरा जी के हाथों में भारत की जनता का हित सुरक्षित है।

कन्हैयालाल सेठिया : इन्दिरा गांधी भारत की प्राण-शक्ति हैं और हैं- भारतीय जीवन में रची-पची। श्रीराम के मर्यादा पुरुषोत्तम स्वरूप के संदर्भ में उनका अनुशासन-प्रिय व्यक्तित्व है, जो भारत के आदर्श अतीत को वर्तमान में उपस्थित कर सकने में समर्थ है।

कमलनाथ : श्रीमती इन्दिरा गांधी के हर कार्य के पीछे कोई दूरगामी उद्‌देश्य होता है।

कमला नेहरू : दखनेश्वर, कलकत्ता - 8 दिसंबर, 1930 : प्यारे जवाहर, इन्दु खुदसर हो गई है। कुछ तो कसूरवार आप हैं, जिसको यह कहकर शेर किया कि तुम बड़ी हो गई- जो जी चाहे, करो। बस, उसको यह बात हाथ आ गई। जो बात हुई, उसने चट कह दिया कि पापू कहते हैं कि हम बड़े हो गये। ज्यादा प्यार।

कमलापति त्रिपाठी : इन्दिरा गांधी के विषय में विचार करते समय भारतीय इतिहास के न जाने कितने चित्र आँखों के सामने तैर-तैर जाते हैं।

महात्मा गांधी के पास बैठी बालिका इन्दु··· बानर सेना की संगठनकर्ती इन्दिरा··· पंडित जवाहरलाल नेहरू के साथ उनकी छाया की भाँति सदा रहने वाली इन्दिरा··· भारत की सूचना एवं प्रसारण मंत्री इन्दिरा गांधी··· प्रधान मंत्री श्रीमती इन्दिरा गांधी··· देश की अखंड अपूर्व नेता माननीय इन्दिरा गांधी··· विश्व की महान् महिला-नेता इन्दिरा गांधी···। दुनियाँ के इतिहास में इन्दिरा गांधी- जैसी कोई नेता नहीं, जिसने कठिन परिस्थितियों में दृढ़ता, साहस, वीरता और संकल्प के साथ कठिनाइयों का सामना किया हो और अपनी स्फूर्ति तथा तपश्चर्या के बल पर देश के इतिहास की धारा को मोड़ दिया हो। इन्दिरा जी हमेशा से संकट-काल की नेता रही हैं। इन्दिरा जी का जीवन अनवरत संघर्ष का जीता-जागता प्रतीक है। इन्दिरा जी के संघर्ष में सदियों से सुसुप्त जन-मानस के जागरण और उसके उदय की व्यथा-कथा की अभिव्यक्ति है। इन्दिरा जी के संघर्षपूर्ण व्यक्तित्व के लिए संघर्षों ने ही सदैव मार्ग बताया है। सत्य तो यह है कि जब संकट के बादल घटाटोप होकर घिरे होते हैं, तब इन्दिरा जी का व्यक्तित्व सर्वोत्तम नेर्णय करता है और वे उस निर्णय को मन-प्राण से क्रियान्वित करने में जुट जाती हैं। इन्दिरा जी ने जिस कुशलता, दूरदर्शिता एवं आस्थापूर्वक भारत के विपन्न लोगों तथा विश्व के विपन्न राष्ट्रों के हितार्थ जो कुछ किया है, वह इतिहास में अपना महत्त्व रखता है। इन्दिरा जी ने देश की महान् समस्याओं के हल करने, देश की आंतरिक स्थिति सुधारने तथा अंतर्राष्ट्रीय रंगमंच पर भारत को प्रभावशाली राष्ट्र बनाने हेतु जो प्रयास किये हैं, वे अपनी सानी नहीं रखते। इन्दिरा जी के व्यक्तित्व में गांधी-युग का संस्कार और जवाहरलाल नेहरू जी की प्रतिभा का सुंदर समन्वय है। भारत की जनता और विशेषकर हमारी नई पीढ़ी ने इन्दिरा जी के नेतृत्व से अद्भुत प्रेरणा प्राप्त की है। इन्दिरा जी का संकल्प अलौकिक है। बुद्धि, शक्ति, सामर्थ्य और दृढ़ता में आज इन्दिरा जी उपमेय बन गई हैं। इन्दिरा जी सही अर्थों में भारतीय जन-मानस का प्रतिनिधित्व करती हैं। इन्दिरा जी में भारत के त्याग, शौर्य, साहस, संकल्प और राष्ट्रीय स्वाभिमान की परंपरा एकाकार हो उठी है। इन्दिरा जी राष्ट्रीय नवोन्मेष की महान् प्रतीक बन गई हैं। निश्चय ही इन्दिरा जी हमारे देश के इतिहास की

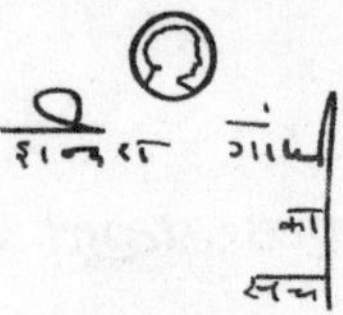

एक अभूतपूर्व अमूल्य कड़ी हैं। वे राष्ट्र की एकता के लिए बराबर चेष्टा करती रहीं। मैं समझता हूँ कि किसी एक व्यक्ति ने अगर अपना प्राण राष्ट्र की एकता के लिए दिया, तो गांधी जी के बाद वह स्थान इन्दिरा जी को मिलना चाहिए। हमारे इतिहास में इन्दिरा जी का यह बलिदान अमर हो गया है।

कमलापति मिश्र : अनंतश्रीविभूषित जगद्गुरु श्रीशंकराचार्य पश्चिमाम्नाय श्रीद्वारकाशारदापीठाधीश्वर श्रीअभिनवसच्चिदानंदतीर्थ स्वामी जी महाराज का आशीर्वाद हैः 'देश की एकता और अखंडता श्रीमती इन्दिरा गांधी के हाथों में सुरक्षित है।' गुलाब के फूल के समान मधुर, गंधमयी और सम्मोहनी, करुणा, स्नेह और संवेदना की सजीव प्रतिमा, जवाहरलाल नेहरू की सजीव तपस्या, गांधी- नेहरू की व्यावहारिक तपोभूमियों की परिष्कृत क्रियान्विति इन्दिरा का संपूर्ण जीवन विभिन्न आंदोलनों और गति-विधियों का केंद्र रहा है। इन्दिरा इतिहास में इस रूप में अकेली महिला रहेंगी, जिन्होंने ईर्ष्येय विलास-वैभव से समृद्ध होकर भी देश के प्रति सर्वथा त्याग का अनुपम उदाहरण प्रस्तुत किया। इन्दिरा का जीवन त्याग, तपस्या, देवत्व, मनुष्यत्व और समष्टिपरकता का जीवन था। देश के उन्नयन, समृद्धि और साम्प्रदायिक एकता के लिए उन्होंने अपना सर्वस्व बलिदान कर डाला। जवाहरलाल नेहरू के बाद इन्दिरा ही भारत की ऐसी अकेली जननेत्री थीं, जिन पर देश के सामान्यतम व्यक्ति का अटूट विश्वास था। भारत के जन-जन के साथ अपने पिता के ही समान इन्दिरा ने अपने को इस तरह एकाकार कर डाला था कि दोनों के बीच सीमा-रेखा ही नहीं दिख पाती थी किसी को। इन्दिरा गांधी सही अर्थों में जवाहरलाल नेहरू की सजीव तपस्या थीं।

कमला रत्नम् : बच्चे, किसान, गाँव की औरतें, सुदूर महाराष्ट्र की महिलाएँ, पंजाब के प्रतिनिधि, आर्य समाज के कार्यकर्ता, साधु, संन्यासी, ईसाई भिक्षुणियाँ, नर्सें आदि अनेक लोग इन्दिरा जी के निवास की प्रातः कालीन भेंट में इन्दिरा जी के समक्ष सारे भारत का दृश्य प्रस्तुत करते हैं, जिसे देखकर सहज ही

'यत्र विश्वं भवति एकनीडम्' की उक्ति याद आ जाती है। दृढ़ संकल्पी, वज्र परिश्रमी, कर्मठ, जागरूक और स्नेही महिला प्रधान मंत्री श्रीमती इन्दिरा गांधी का वर्णन एक वाक्य में नहीं किया जा सकता। इन्दिरा गांधी का व्यक्तित्व समूचे भारत में समा गया है। इन्दिरा गांधी भारत की आद्याशक्ति के रूप में भारत की रक्षा हेतु प्रज्वलित हैं।

कर्ण सिंह : सभी नेता तो इतिहास बनाते हैं, किंतु श्रीमती इन्दिरा गांधी ने इतिहास के साथ-ही-साथ भूगोल का भी निर्माण किया है। उनका जीवन अपने आप में एक भ्रमण था। उनमें देश-भक्ति की भावना बहुत गहरी व प्रबल थी। उनके लिए भारत की भलाई के बारे में सोचना ही जीवन का प्रथम उद्देश्य था। उनको पता था कि वे जो भी कर रहीं हैं, भारत को सुगठित व मजबूत बनाने के लिए कर रही हैं।

कर्तारसिंह दुग्गल : खुले दिल और दृष्टि वाले प्रगतिशील लोगों के लिए श्रीमती इन्दिरा गांधी का उतने क्रूर ढंग से मारा जाना और फिर बाद की घटनाओं का सिलसिला बहुत चोट पहुँचाने वाला था। एक बात तो हमें मानकर चलना होगा कि इन घटनाओं के पीछे सबसे बड़ा 'फैक्टर' था- इन्दिरा गांधी की निर्मम हत्या। इतने बड़े देश की प्रधान मंत्री, जिसका व्यक्तित्व और जिसकी हैसियत दुनियाँ में इतनी ऊँची थी!

कल्पनाथ राय : प्रधान मंत्री श्रीमती इन्दिरा गांधी के प्रगतिशील नेतृत्व में देश प्रगति के पथ पर प्रस्थापित हो गया है। भारत का इतिहास श्रीमती इन्दिरा गांधी के बगैर अधूरा रहेगा।

कल्याण चंद : भारतीय राजनीतिक मंच पर श्रीमती इन्दिरा गांधी ने एक जादू-सा प्रभाव डाल दिया है- जिससे दुर्गा, काली और भवानी के रूप में उनकी आराधना होने लगी है। वास्तव में इन्दिरा गांधी आधुनिक भारत की निर्माता

हैं, जिनके नेतृत्व ने भारत के मस्तिष्क को सदैव के लिए ऊँचा कर दिया है। जिस कुशलता के साथ भारत का पथ-प्रदर्शन इन्दिरा गांधी ने किया, वह इतिहास की अमूल्य निधि है। इन्दिरा गांधी ने भारत को सँवारने-सजाने और अनेक संकटों से उबारकर एक किनारे लाकर कुशल माँझी की तरह खड़ा करने का कार्य किया है। इन्दिरा गांधी ने जो कुछ किया है, वह विश्व-इतिहास में बेमिसाल है और है- सभी दृष्टियों से अद्वितीय।

कल्याण सिंह : स्वयं सुरक्षा संतरियों द्वारा की गई श्रीमती इन्दिरा गांधी की हत्या इस बात का स्पष्ट संकेत दे रही है कि इसके पीछे उन ताकतों का हाथ है, जो भारत की भावनात्मक एकता और पारस्परिक सद्‌भाव को समाप्त करके देश को तोड़ने पर तुले हुए हैं।

काका कालेलकर : भारत की जनता ने अपना राज्य और भाग्य इन्दिरा गांधी के हाथों में सौंपकर कुछ खोया नहीं, बहुत कुछ पाया है। महात्मा गांधी का आशीर्वाद प्राप्त इस श्रेष्ठ भारतीय नारी इन्दिरा ने दुनियाँ के सामने अपनी योग्यता सिद्ध कर दी है। आज सारे भारत के भाग्य के साथ एक रूप होकर इन्दिरा ने भारतमूर्ति- पद प्राप्त किया है, जिसकी हिम्मत भारत के लिए नवीन है और बोधक भी है।

कामता कमलेश : महान् व्यक्तियों के जीवन में कुछ ऐसी जानी-अनजानी घटनाएँ आती रहती हैं- जो कि समाज, जनता और व्यक्तियों के लिए वरदान एवं जीवन- पाथेय बन जाती हैं। उन्हीं के माध्यम से सारे कार्य घटित होते हैं। संघर्ष, उलझन और नैराश्य की रात्रि में ये घटनाएँ ध्रुवतारे की भाँति दिशा- निर्देश करती रहती हैं। श्रीमती इन्दिरा गांधी के जीवन में भी ऐसी अनेक घटनाएँ आ चुकी हैं- जो कि उनके जीवन को ठीक उसी प्रकार से आभा से भर देती हैं, जिस प्रकार नीले आकाश को सतरंगी इंद्र-धनुष सौंदर्य और प्रभा से द्विगुणित कर देता है।

किरोग्लि गोरोव : भारत की निर्णायक घड़ी में इन्दिरा गांधी ने अद्भुत साहस और सूझ-बूझ का परिचय दिया है।

किशनचंद बैनवाल : श्रीमती इन्दिरा गांधी भारतीय जन-मानस का हृदय- हार बन गई हैं और बन गई हैं- भारतीय इतिहास के पुनरुत्थान-काल की प्रमुख स्तंभ। प्रशासनिक दृष्टि से अवसर की पकड़ और उसका समुचित उपयोग करने की जो अपूर्व क्षमता इन्दिरा गांधी ने अपने प्रधानमंत्रित्व-काल में दिखाई है- उसके लिए उन्हें 'चाणक्य-बुद्धि' कहा जाय, तो कोई अतिशयोक्ति नहीं होगी। इन्दिरा गांधी के महिमामय रूप से विरोधी भी प्रभावित हुये बिना नहीं रह सके और उनके श्री-मुख से स्तुति वचन निकलने लगे। विशाल जन-समूह में विरोधियों द्वारा उन्हें 'दुर्गा का अवतार' कहा जाना, उनके अजातशत्रु होने का परिचायक है।

कुलदीप नैयर : इन्दिरा में बड़ा कौशल था। उनके समय में भारत एक ताकत के रूप में उभरा था। इससे नयी पहचान मिली थी और वैश्विक परिदृश्य में हमने नये तरीके से कदम रखा था। देश को धर्मनिरपेक्ष और एकताबद्ध रखने के श्रीमती गांधी के प्रयासों को किसी भी दृष्टि से कम महत्त्वपूर्ण नहीं कहा जा सकता। उन्होंने आडंबर और रूढ़ियों से लड़ने का साहस दिखाया। यहाँ तक कि राजनीतिक मामलों में भी उन्होंने वह राह अपनायी, जिसे अपनाने में दूसरे बहुत-से लोग डरते।

कृश्न चंदर : भारतीय इतिहास में जिन तीन युग निर्माताओं के बिना राजनीतिक, आर्थिक और सामाजिक जीवन की कहानी पूरी नहीं होती, वे हैं- महात्मा गांधी, पंडित जवाहरलाल नेहरू और श्रीमती इन्दिरा गांधी। इन्दिरा गांधी ने भी अपने देश की आजादी, विकास और संपन्नता के स्वप्न देखे हैं। जनता के प्रेम और चाह ने इन्दिरा गांधी को उस स्थान पर पहुँचा दिया है, जहाँ वे स्वप्नों को साकार करने का हर संभव प्रयास कर रही हैं। नेहरू-परिवार के गुण, धैर्य

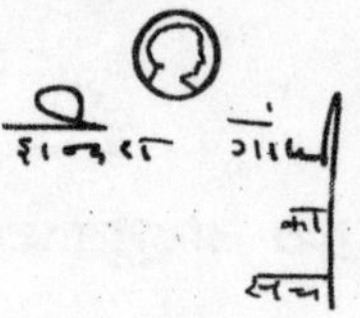

और पक्का इरादा- इन्दिरा गांधी को उत्तराधिकार में मिले हैं। उनके सोचने का ढंग सीधा-सादा है। उनके निर्णय में तलवार-सी काट है, मगर स्वप्नों में फूलों की सुगंध है। हमारे देश की तकदीर एक ऐसी कर्मयोगी बहादुर महिला के हाथ में है, जिसने सुंदर भारत के स्वप्नों से कभी आँखें नहीं फेरी है और जिसके हाथों में हमारे स्वप्न सुरक्षित हैं।

कृष्ण कुमार मिश्र : श्रीमती इन्दिरा गांधी के बिना आज के भारत की कल्पना नहीं की जा सकती। जो लोंग देश के इतिहास और इन्दिरा गांधी के व्यक्तित्व के विकास से परिचित हैं- वे ज़ानते हैं कि आज यदि राष्ट्र की बागडोर उनके हाथों में है, तो वह कोई संयोग नहीं है- युग का तकाजा है। इन्दिरा गांधी स्वभाव से मृदु हैं- गंभीर हैं, किंतु भीतर कहीं उनका संकल्प अत्यंत अडिग है। इन्दिरा गांधी आदर्शवादी हैं, पर वास्तविकता के ठोस धरातल से उनका नाता कभी नहीं टूटता। इन्दिरा गांधी समस्याओं के तथ्यपरक समाधान ढूँढ़ती हैं, कल्पना-लोक के सपनों के साकार होने की प्रतीक्षा नहीं करतीं। ऐतिहासिक परिपेक्ष्य उन्हें अपने पिता पंडित जवाहरलाल नेहरू से मिला है, पर स्वयं उन्होंने बहुत दुनियाँ देखी है और वे अपने निर्णय आप लेने की आदी हैं। इन्दिरा गांधी के दृष्टिकोण में एक ताजगी है, चीजों को देखने का उनका दृष्टिकोण नया है और उनकी राजनीतिक समझ बहुत पैनी है। इन्दिरा गांधी को विरासत में नेहरू जी का नैकट्य और समझ ही नहीं मिली, वरन् भारत की सदियों की सभ्यता और संस्कृति भी धरोहर में मिली है। किंतु इन सबके बाद भी इन्दिरा गांधी किसी की भी अनुकृति-प्रतिकृति नहीं हैं, उनका व्यक्तित्व उनका अपना है। दृढ़ स्वभाव, चरित्र और संकल्प वाली इन्दिरा गांधी कभी किसी चुनौती से भागी नहीं- भागना उनके स्वभाव में ही नहीं, उनका सिर्फ सामना करना ही उन्होंने सीखा है। मोनालिसा की मुस्कराहट की भाँति इन्दिरा गांधी का व्यक्तित्व आज भी एक आकर्षक रहस्य है। इन्दिरा गांधी की जीवनी एक परिवार, एक परंपरा और दास्ता में ग्रस्त एक देश की कहानी है। विश्व की सबसे शक्तिशाली महिला होते हुये भी व्यक्तिगत जीवन में इन्दिरा

गांधी आज भी उतनी ही पहेली हैं, जैसे कि इलाहाबाद में अपने शैशव-काल में थीं। उनके इरादे और लक्ष्य बहुत ही प्रत्यक्ष हैं। फिर भी, कोई नहीं जानता कि देश को आगे बढ़ाने, गरीबी हटाने, कमजोर वर्ग को न्याय और सम्मान दिलाने और भारत को महानगर बनाने के लिए वे अपने हृदय में कितने और सपने सँजोये हैं!

कृष्ण कृपालानी : इन्दिरा गांधी ने भारत और विदेशों में करोड़ों लोगों की प्रशंसा अर्जित की- केवल अपने यशस्वी पिता पंडित जवाहरलाल नेहरू की संतान होने के कारण नहीं, बल्कि अपने स्वयं के बलबूते पर- अपने साहस, गतिशीलता एवं राजनीतिक कौशल के बल पर। वे अपने पिता का केवल प्रति-रूप ही नहीं हैं, वरन् अपनी विशेष भूमिका में स्वयं विशिष्ट हैं। आज मेरी अपनी सगी बहन का भी निधन हो गया होता, तो भी मैं इतना दुःखी नहीं होता-जितना आज इन्दिरा जी की असामयिक नृशंस हत्या से हुआ हूँ। उनकी लग्नशीलता और भद्रता के कारण सभी उनको बहुत प्यार करते थे। वे सभी से समान रूप से मिलती थीं।

कृष्णचंद्र पंत : भारतीय राष्ट्रीयता की सजग, सबल और साहसी नेता प्रधान मंत्री श्रीमती इन्दिरा गांधी में असाधारण निर्णय- क्षमता है और है- संसदीय नियमों का ज्ञान रखने वाला विवेक। विश्व-पीड़ित मानव- हृदय में उत्थान के लिए आत्म-विश्वास पैदा करने वाला व्यक्तित्व ही इन्दिरा जी की महानता है! संसार में इस समय जो बड़े-बड़े राष्ट्र अपने नेतृत्ववादी व्यक्तित्व को सर्वोपरि रखने की कोशिश में लगे हैं, बिना किसी मीन-मेख के इन्दिरा जी का व्यक्तित्व उनमें अलग ही उभरता नजर आ रहा है। इन्दिरा जी युवकों की गतिशीलता और नई पीढ़ी की आशा-आकांक्षा की प्रतीक हैं। राष्ट्र की पीड़ित, पददलित और आत्मगौरवहीन जनता के उद्धार की दिन-रात चिंता इन्दिरा जी को लगी रहती है। संकट के तूफान में राष्ट्र की नैया सँभालने वाली इन्दिरा जी राजनैतिक क्षेत्र ही में नहीं, भारत की अनेकों सांस्कृतिक और साहित्यिक संस्थाओं का भी मार्ग-दर्शन समय-समय पर

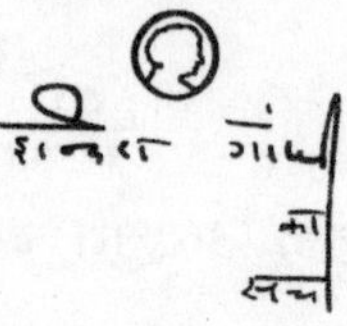

करती रहती हैं। देश के भीतर और बाहर से बड़ी-बड़ी चुनौतियाँ सामने आईं और बड़ी-बड़ी समस्याएँ उठ खड़ी हुईं- जिसका इन्दिरा जी ने पूर्णतया दृढ़ता, अदम्य साहस और अनोखी सूझ-बूझ के साथ सामना और समाधान किया। देश के उत्थान में जिस गति से इन्दिरा जी लगी हैं, वह अन्य उत्थानवादी राष्ट्रों के लिए प्रेरणा का कारण बन सकता है। इन्दिरा जी में आत्मीयता का जन्मजात गुण था। उनके व्यवहार में इतनी सहजता थी कि कोई भी व्यक्ति उनके व्यक्तित्व से प्रभावित हुए बिना नहीं रह सकता था। जो फैसला एक बार वे कर लेती थीं, फिर उस पर दृढ़ रहती थीं। उन्हें अपने देश के लोगों के प्रति अपार आत्मीयता थी, अपने देश की मिट्टी से अथाह प्यार था और अपने देश के प्रति असीम गौरव का भाव था। उनके कर्मठ जीवन का एक-एक क्षण राष्ट्र की सेवा के लिए समर्पित था। एक मशाल की तरह जलकर उन्होंने इस अंधेरे में कई सूरजों की सृष्टि की-कई सूरजों को दृष्टि दी।

कृष्णचंद्र पांडेय : शुभ्र ज्योति, राष्ट्र- हृदय, श्रद्धा की प्रतीक, सजल मातृ-मूर्ति और विश्व-मानवता की विजयिनी बनाने वाली देवी इन्दिरा जी ही समस्त राष्ट्र की एकमात्र प्राण-प्रिय नेता हैं, जिन्होंने अपने कर्त्तव्य में ही सब कुछ स्वाहा कर देने वाली जनता को वास्तविक जनतांत्रिक अधिकार प्रदान कर दिया है। इन्दिरा जी युग की जाज्वल्यमान नक्षत्र के रूप में विश्व-राजनीति के रंगमंच पर अवतरित हुई हैं। उनकी विवेक शक्ति, दूरदर्शिता, कार्यों को सुलझाने की तीक्ष्ण बुद्धि और राष्ट्रीय संस्कार संपन्न व्यक्तित्व राजनैतिक चेतना की शक्ति के रूप में देखा जा रहा है।

कृष्णदत्त पालीवाल : इन्दिरा जी ने हमारी प्राचीन परंपराओं के अनुकूल ही शोषण-मुक्त मानव-समाज की स्थापना का बीड़ा उठाया है। गांधी, नेहरू और शास्त्री के निर्गुण निराकार स्वप्न को इन्दिरा जी सगुण साकार रूप में अवतरित करने को कटिबद्ध हैं। इन्दिरा जी के क्रांतिकारी विचारों की नई पीढ़ी

पर गहरा असर हुआ है। नयेपन के प्रति इन्दिरा जी में गहरा आकर्षण है और उन्होंने भारतीय राजनीति में पुराना चक्रव्यूह तोड़ा है। मानव-इतिहास साक्षी है कि इन्दिरा जी ने हताश होना नहीं सीखा है। इन्दिरा जी ने तो कठिन-से-कठिन अवसर पर भी धैर्य से काम लेकर ही दिखाया है। भयावह विपत्तियों में अडिग रहना, इन्दिरा जी ने हमें सिखाया है। उन्होंने अन्यायी का सदैव पुरजोर विरोध करने का सबक दिया है। एशिया ही नहीं, संपूर्ण विश्व ने इन्दिरा जी को किसी-न-किसी रूप में महत्त्व और प्रतिष्ठा दी है- जो निश्चय ही गर्व तथा गौरव का विषय है। हमारी सांस्कृतिक परंपराओं को इन्दिरा जी से जीवन मिला है। समस्याओं के महान् समुद्र का राष्ट्र-नेत्री इन्दिरा जी संपूर्ण शक्ति और सामर्थ्य के साथ अवगाहन कर रही हैं।

कृष्ण दास : बेटी इन्दु का ब्याह- स्मयमान मुखांबुज : बेटी इन्दु के विवाह के एक दिन पहले इलाहाबाद में जवाहर भाई से मिला। मैं इन्दु के लिए उपहार में एक चित्र ले गया था- पहाड़ी शैली का। उसे जवाहर भाई को सौंपते हुए मैंने कहा : 'इसके पीछे तो देखिये।' पीछे एक आशीर्वादात्मक लेख था। वे अचरज से देखते रहे, कुछ समझ न पाये। बात यह थी कि नागरी लिपि फारसी अक्षरों -सरीखी बनाकर लिखी और अलंकृत की गई थी। जब मैंने उन्हें यह रहस्य समझाया, तो बड़े प्रसन्न हुये और कहने लगे : 'मैं यही सोच रहा था कि इसमें कोई करामात जरूर है।'

कृष्ण बिहारी सहल : भारत की नई आत्मा की सशक्त अभिव्यक्ति इन्दिरा जी विश्व की उँगलियों पर गिनी जाने वाली महामानवियों में से एक हैं, जिनकी कार्य- पद्धति, वैचारिक निष्ठा तथा ध्येय-प्राप्ति के प्रति असाधारण साधना वर्तमान की परिधि से बाहर अनंत भविष्य के गुह्यांधकार में ज्योतिर्मय पिंड की भाँति प्रज्वलित होती रहेंगी। इन्दिरा जी का व्यक्तित्व विविधता में एकता को प्रतिपादित करने वाली भारतीय संस्कृति के समान है। इन्दिरा जी

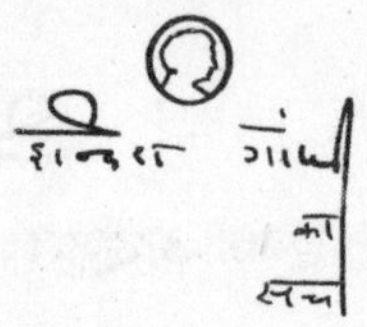

में भारत की सामासिक संस्कृति साकार हो गई है। भारतीय या अभारतीय, युग-संबद्ध अथवा पुरातन, प्रगति या प्रतिक्रिया- सभी विषमताओं में एकमात्र सामान्य मानव की हित- साधना के लिए वांछनीय तत्व ग्रहण करके अपने उदार एवं विशाल हृदय का परिचय सदैव ही इन्दिरा जी के जीवन से प्राप्त होता रहा है। सोई हुई युवा-शक्ति को उद्बुद्ध कर नव सृजन की ओर ले जाना, पीड़ित- शोषित मानवता को आत्म-शक्ति से संपन्न करना तथा नारी-जागरण के पुनीत यज्ञ में भारत की ओर से मंगल मंत्रों के साथ आहुति देना-इन्दिरा जी के विगत का ज्वलंत इतिहास रहा है। वर्तमान में भी यही विश्व-मानवता, अंतर्राष्ट्रीय शांति और सद्भाव का समर्थन कर इन्दिरा जी भारत की परंपराओं का निर्वाह कर रही हैं।

कृष्णा हठीसिंह : इन्दिरा हमारे नेहरू- परिवार की सच्ची बेटी है। भारत की जनता ने हमारे परिवार को प्यार किया और वह इन्दिरा को भी खूब प्यार करती है। इन्दिरा सुंदरी है और उसका सब कुछ- घरेलू वातावरण भी- सुंदर होता है। काम से लदी रहने के बावजूद, गृहिणी के कर्त्तव्य निभाने का वक्त वह निकाल ही लेती है- भोजन में क्या बनेगा, घर करीने से सजा है या नहीं आदि बातें तो देखती ही है- अपने नौकर-चाकरों के कुशल-क्षेम और प्रशिक्षण का ध्यान भी रखती है। फूलों को आकर्षक ढंग से सजाने का तो उसे वरदान ही मिला है। कपड़ों के मामले में उसकी रुचि बड़ी परिष्कृत है। अपनी सुंदर साड़ियों और सुरुचिपूर्ण काश्मीरी शालों के परिधान में वह महीयसी महिला लगती है। वास्तव में वह सहृदय, स्नेहमयी, सहानुभूतिप्रवण, संकोची और मितभाषिणी है। उसकी धमनियों में अपने पिता पंडित जवाहरलाल नेहरू और दादा पंडित मोतीलाल नेहरू का रक्त प्रवाहित है, जो अपने देश और उसके महान् आदर्शों के प्रति समर्पित थे। उसका जन्म इलाहाबाद त्रिवेणी-संगम के प्राचीन पवित्र प्रयाग नगर में उस गंगा नदी के किनारे हुआ- जिसके साथ भारतीय आर्य-जाति की आशाएँ- आकांक्षाएँ, उसके विजय-गान तथा उसके उत्थान-पतन की अनंत प्राचीन स्मृतियाँ

गुँथी हुई हैं और यही है- इन्दिरा का उत्तराधिकार! गंगा की तरह वह भी भारत की है और भारत- हमारा भारत, हमारी जनता, उसके प्राणों का प्राण- उसके हृदय की धड़कन है। जब तक वह जीवित रहेगी, जवाहर के इस प्रण को पूरा करने में मन-प्राण से लगी रहेगी : 'मैं अपने को विनम्रतापूर्वक भारत और यहाँ की जनता की सेवा में समर्पित करता हूँ और अंतिम क्षण तक इस महान् कार्य में लगा रहूँगा, जिससे यह पुरातन देश विश्व में अपना उपयुक्त स्थान ग्रहण करे और विश्व-शांति एवं मानव-कल्याण के कार्यों को आगे बढ़ाने में स्वेच्छा से अपना पूरा सहयोग प्रदान करे।'

के.आर.गणेश : श्रीमती इन्दिरा गांधी राष्ट्रीय नेताओं में सबसे अधिक महत्त्वपूर्ण नेता हैं।

के.एल.श्रीमाली : प्रधान मंत्री श्रीमती इन्दिरा गांधी की नीतियों से तीसरी दुनियाँ की प्रतिष्ठा काफी बढ़ी है।

के.कामराज : इन्दिरा गांधी भारतीय जनता की नब्ज को पहचानती हैं और वे उससे प्रेरणा लेती हैं। इन्दिरा गांधी के समक्ष महान् कार्य हैं।

के.के.शाह : विश्व के सबसे बड़े गणतंत्र की प्रधान मंत्री के रूप में श्रीमती इन्दिरा गांधी देश को आधुनिकतम समृद्धि एवं शांति की ओर ले जाने के कार्य में लगी हुई हैं। इन्दिरा गांधी ने कभी वायदों पर विश्वास नहीं किया, वरन् उन्हें कार्य-रूप में परिणत करने में गर्व का अनुभव किया है। इन्दिरा गांधी स्वाभिमान और संतुलन की अवतार हैं, जो बड़े शानदार ढंग से अनेक बड़े संकटों पर विजय पा सकी हैं। यह सौभाग्य की बात है कि इतिहास के सर्वाधिक संकटपूर्ण समय में भारत की बागडोर इन्दिरा गांधी सरीखी प्रगतिशील, बुद्धिमान और सतर्क नेता के हाथ में है।

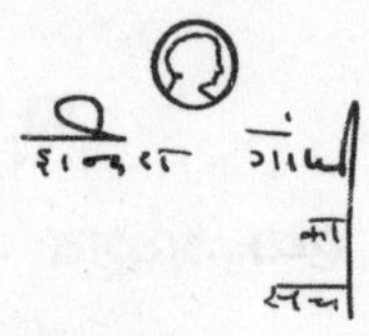

के.ग्रिगोरमान : अंधकार के बीच भारत की प्रधान मंत्री श्रीमती इन्दिरा गांधी का दौरा एक प्रकाश- किरण है।

केदारनाथ अग्रवाल : श्रीमती इन्दिरा गांधी- तुम्हीं पहनो समय की श्री-माल, दुरभिसंधी, महादंभी कट गया दुष्काम। जन-विरोधी शक्तियों की, चल न पायी चाल, हो गये दुर्धर हताहत छत्रधारी ब्याल। लोकतंत्री देश का अब मिट गया भ्रम- जाल, गोमुखी गंगा, तरंगित दे रही जल-ताल। सिंधु की युग वाहिनी का, हर्ष है उत्ताल, दिग्विजय के जड़ रहे हैं मोद-मग्न-मराल। फलवती होकर रहेगी, लोक-मंगल-डाल।

केदारनाथ सिंह : इन्दिरा गांधी की हत्या जिस तरह हुई, उसने महज एक उत्प्रेरक का काम किया। इस हत्या की तीव्रतम भर्त्सना की जानी चाहिये।

केनेथ डी.कौंडा : सारे जांबिया में श्रीमती इन्दिरा गांधी का नाम विख्यात है। उनके अपने दार्शनिक विचारों की जांबिया में बड़ी प्रशंसा होती है। सारी दुनियाँ ने उनके नेतृत्व की प्रतिभा को देख लिया है।

के.पी.एस.मेनन : श्रीमती इन्दिरा गांधी के व्यक्तित्व में व्यक्तिगत और समाजगत सौंदर्य अद्भुत रूप से एकाकार हो गया है। इन्दिरा गांधी का सौंदर्य व्यक्तिगत भी है और सार्वभौम भी। इन्दिरा गांधी स्वयं अपने सौंदर्य के प्रति बड़े सुंदर ढंग से अचेत हैं।

के.पी.श्रीवास्तव : श्रीमती इन्दिरा गांधी एकमात्र ऐसी नेता हैं, जिनके पीछे है- उनकी राजनीतिक सूझ-बूझ, हिम्मत, बहादुरी और सबसे ज्यादा विवेक। अथक कार्य करने की आदत और वक्त की पाबंदी उन्होंने अपने पिता पंडित जवाहरलाल नेहरू से विरासत में पाई है। यह उनके व्यक्तित्व का जादू है कि देश

के अलावा विदेशों में भी बड़ी तादात में लोग उन्हें देखने या उनसे बात करने के लिए जमा हो जाते हैं, जबकि विदेशों में इस तरह की भीड़ों की प्रथा नहीं है।

के.ब्रह्मानंद रेड्डी : इन्दिरा गांधी का अदम्य साहस, अपूर्व गतिशीलता और देश के कल्याण हेतु उनकी कटिबद्धता अनुकरणीय है। उनके नेतृत्व काल में बहुत से नाजुक मोड़ आये हैं, किंतु हर बार अपनी व्यवहार- कुशलता, धैर्य एवं दृढ़ता के कारण वे अधिक शक्तिशाली होकर उभरी हैं।

के.मनोहरन : दलित- पीड़ित जनता में इन्दिरा जी ने नई आशा का संचार किया है।

के.रघुरमैया : श्रीमती इन्दिरा गांधी ने लोकतांत्रिक समाजवाद का पथ प्रशस्त किया है।

के.स्वामीनाथन : श्रीमती इन्दिरा गांधी को पूरा संसार जानता था। यहाँ तक कि शत्रु भी उनकी असीम शक्ति, साहस और देश-भक्ति की भावना को स्वीकार करते थे। यह कम विलक्षण बात नहीं थी कि वे हर बात पर, चाहे वह कितनी ही छोटी हो, ध्यान देती थीं। व्यक्तियों को याद रखने की शक्ति और उनके बारे में चिंता उनकी असाधारण विशेषता थी।

कोंस्तेंतिन चेरनेन्को : इन्दिरा गांधी ने अंतर्राष्ट्रीय स्तर पर सम्मान और प्रतिष्ठा पाई। वे जनता के लिए शांति व सुरक्षा स्थापित करने और देशों के बीच समान सहयोग की भावना जाग्रत करने में सक्रिय वे सुसंगत रूप से जुटी रहीं। इन्दिरा गांधी भारत और रूस की मित्रता को सशक्त करने और व्यापक स्तर पर आपसी सहयोग को विकसित करने में निरंतर लगी रहीं। सोवियत रूस के लोगों की स्मृति में इन्दिरा गांधी का नाम सदैव बसा रहेगा।

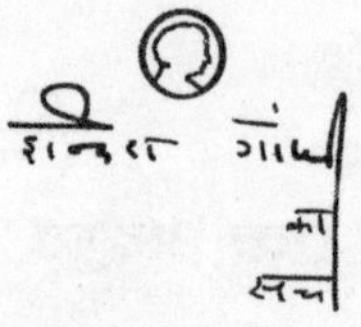

क्रिस्तियान तोल्ले : लंदन - 27 अगस्त, 1936 : प्रिय श्री नेहरू, आपकी पुत्री इन्दिरा कल हमारे यहाँ दोपहर का खाना खाने आई थी। दुर्भाग्यवश मिस्टर अन्सर्ट तोल्ले नहीं आ सके। इन्दिरा से न मिल सकने के कारण उन्हें बड़ी निराशा हुई। मैं यह बताना चाहती हूँ कि इन्दिरा से मिलकर मुझे कितनी प्रसन्नता हुई। यही नहीं कि वह इतनी खूबसूरत है, बल्कि इतनी पवित्र है कि सभी लोग उसके साथ प्रसन्नता का अनुभव करने लगते हैं और लोगों के मन में कोई विरोधी भावना नहीं हो पाती। मुझे तो वह एक छोटे-से फूल- जैसी लगी, जिसे हवा बड़ी आसानी से उड़ा ले जा सकती है, लेकिन मैं समझती हूँ कि उसे उस हवा का डर नहीं है।

क्लाडिया आल्टा टेलर : भारत का सही दर्शन करना हो तो उसके गाँवों में जायें, परिचय पाना हो तो कविवर रवींद्रनाथ ठाकुर की कविताएँ पढ़ें और भारतीय जीवन का मर्म समझना हो तो इन्दिरा गांधी - जैसी शिक्षिका का मार्ग-दर्शन प्राप्त करें। मैं अपने को बड़भागी मानती हूँ कि मुझे ये तीनों अवसर मिले।

क्षेमचंद्र सुमन : प्रधान मंत्री श्रीमती इन्दिरा गांधी को देश ने अमित प्यार देकर 'भारत रत्न' से अलंकृत किया है। वस्तुतः वे महान् हैं।

खुशवंत सिंह : दुनियाँ के इतिहास में भारत-जैसे विशाल और घनी आबादी वाले देश पर किसी महिला ने पहले कभी राज्य नहीं किया था, जिसका अवसर श्रीमती इन्दिरा गांधी को मिला है। इन्दिरा गांधी के मौजूदा कलेवर का विकास एक अत्यंत आकर्षक अधेड़ महिला से हुआ, जो आत्म-विश्वास की साक्षात् मूर्ति के रूप में विख्यात रही हैं। उनके जीवन में जितने उतार-चढ़ाव आये हैं, उतने किसी और महिला के जीवन में शायद कभी नहीं आये होंगे। देश के लाखों जनों के लिए वे एक मसीहा से कम नहीं हैं। 1969 के आस-पास की बात है। पेरिस में श्रीमती इन्दिरा गांधी का संवाददाता सम्मेलन था। एक संवाददाता ने

उठकर बड़ी दयनीयता से कहा : 'मैडम प्राइम मिनिस्टर, मैं अंग्रेजी से बहुत अधिक वाकिफ नहीं हूँ। अगर आप कहें, तो मैं अपना सवाल फ्रेंच में करूँ।' श्रीमती गांधी ने कहा : 'जरूर। अपना सवाल आप फ्रेंच में ही करें। मैं उत्तर दूँगी।' संवाददाता ने फ्रेंच में सवाल किया और श्रीमती गांधी ने बड़ी ही कुशलता से बढ़िया फ्रेंच में उत्तर दिया। इस पर वहाँ खूब तालियाँ बजीं और श्रीमती गांधी को इतना साधुवाद मिला कि पूछिए मत। मैंने भी कहा कि भई क्या खूब हमारी प्रधान मंत्री हैं। उस दिन ऐसा लगा कि ऐसी प्रधान मंत्री दुनियाँ में नहीं हैं। मैं तो बिल्कुल बिक गया। श्रीमती इन्दिरा गांधी एक ऐसी महिला थीं, जिन्होंने देश को एक सूत्र में ऐसे बाँधे रखा कि भीतरी या बाहरी ताकत अब देश को तोड़ नहीं सकेगी।

ख्वाजा अहमद अब्बास : अपने सुंदर चेहरे के साथ-साथ इन्दिरा ने अपने पिता पंडित जवाहरलाल नेहरू से और भी कई खूबियाँ विरासत में ली है- एक आधुनिक मन और विवेकपूर्ण दृष्टिकोण, कड़ी मेहनत करने की क्षमता, विरोधियों की बातें सुनने और सहने की अपार शक्ति और इन सबसे ऊपर भरपूर साहस- न केवल शारीरिक, बल्कि नैतिक साहस- अपनी धारणाओं का साहस। महान् और लोकप्रिय नेहरू की प्रतिकृति इन्दिरा न सिर्फ एक राजनीतिक खिलाड़ी है, बल्कि एक मौलिक दिमाग वाली दयावान सामाजिक दार्शनिक भी है। इन्दिरा एक नेहरू है। असली नेहरू इन्दिरा ही है। इन्दिरा वह नेहरू है, जो नेहरू कभी अपनी जवानी में थे- शक्ति और स्फूर्ति से भरपूर। लेकिन वह इन्दिरा भी है, वह इन्दिरा, जिसे इससे बड़ी शक्तियों- यहाँ तक कि इसके पिता से भी बड़ी शक्ति-ने अपने साँचे में ढाला है। इन्दिरा यथार्थ की धारा पर खड़ी रहने वाली कर्म की अग्नि में पली फौलाद है। इन्दिरा की विशेषता है कि वह निराशा से ग्रस्त नहीं होती। महानता की परिभाषा में इन्दिरा की कहानी एक अद्भुत निबंध है। इन्दिरा गांधी केवल जवाहरलाल नेहरू की बेटी ही नहीं थीं, वे भारतीय क्रांति की भी बेटी थीं। वे उनकी पहली शिष्य थीं। उनके आदर्शों और उसूलों की खातिर

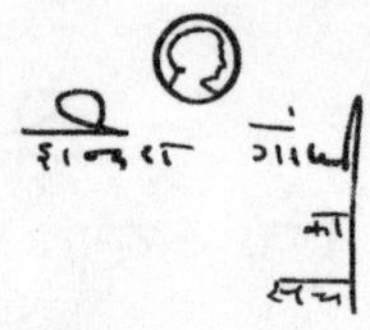

जूझने के लिए भरती की गई नेहरू-सेना की वे पहली सिपाही थीं। हत्या ने यह सब खत्म कर दिया। हत्या खुद उनके अंग-रक्षकों ने कर डाली, जो कि 'जोन आफ आर्क' के साथ नहीं हुआ था। मगर महात्मा गांधी की तरह मरने की उनकी उत्कट अभिलाषा पूरी हुई। वे जैसे जियीं, वैसी ही मरीं।

गिरधारीलाल गोस्वामी : इन्दिरा गांधी भाग्यवादी नहीं, कर्मवादी थीं। गीता में दिये गये उपदेशों को सच्चे दिल से मानती थीं। मैंने उनकी जन्म-कुंडली देखकर एक बार कहा था : 'यह तो प्रधान मंत्री की जन्म-कुंडली है।' उन्होंने हँसकर कहा : 'आप गलती कर रहे हैं। यह मेरे पिता की नहीं, मेरी जन्म-कुंडली है।' प्रधान मंत्री बनने की भविष्य-वाणी भी उन्हें छू नहीं गई।

गिरिजा कुमार माथुर : श्रीमती इन्दिरा गांधी- एशिया के कमल पर तुम भारती-सी, पूर्व के जन-जागरण की आरती-सी। इस सदी के साथ केसर-चरण धरकर, आ गई तुम भूमि- स्वर्ग सँवारती-सी। जमुन-गंगा का जहाँ है सोम संगम, यहाँ कपूरी लौ उठी उसकी मनोरम। लौट आई देश की ज्यों गंध-गरिमा, चंद्रतन- नक्षत्रमन ले ज्ञान संयम। क्रांतिवाही यज्ञ के ज्वाला कमल पर, मुक्ति के कंचन कलश लेकर रँगीले। सोन विधु रेखामयी आईं उदित हो, तुम इरामय इन्दिरा- सी चारुशीले! हाथ लेकर सभ्यता का रंग केतन, शांति का संदेश भी मुख पर सुशोभन। तुम बढ़ी जन-मुक्ति-मंगल कामना-सी, इस धरा के भाल पर बन लाल चंदन। चीन से पाताल तक भूगोल सारा, एक संस्कृति- डोर में है बाँध डाला। पूर्व- पश्चिम की समन्वय धूप-सा है, आत्मा के रूप का सौरभ तुम्हारा। देश के रसफूल की तुम नाग केसर, तुम अजंता- रेख जन- गीता नवीना। पोंछती जाओ धरा के आँसुओं को, हाथ में ले सर्व सुख की रुद्र वीणा।

गिरिलाल जैन : गांधी जी के जीवन का महानतम क्षण वह था, जब स्वतंत्रता-प्राप्ति के बाद उन्होंने जरूरत पड़ने पर भूख-हड़ताल करके मरने की

अपनी इच्छा की ताकत पर सांप्रदायिकता के पागलपन को खत्म करने का संघर्ष किया था। उसी तरह इन्दिरा गांधी के जीवन का महानतम क्षण आपरेशन ब्लू स्टार के बाद आया, जब उन्होंने भी भारत-माता की सेवा में मरने की अपनी तैयारी दिखाई। यह मात्र संयोग नहीं है कि उस माँ का महान् बेटा और महान् बेटी हत्यारों के हाथ मरे। ऐसा ही होना था। कीमत चुकानी थी- खून से और सबसे बड़े सेवक के खून से। इन्दिरा गांधी नहीं रहीं। इन्दिरा गांधी जिंदाबाद!

गिसेला बान : प्रधान मंत्री श्रीमती इन्दिरा गांधी अपने यशस्वी पिता पंडित जवाहरलाल नेहरू की यशस्वी सुपुत्री हैं और हैं- सही अर्थों में अपने पिता की वास्तविक उत्तराधिकारी। उन्होंने स्वयं अपने गरिमामय व्यक्तित्व का निर्माण किया है।

गुन्नार मिरदाल : इन्दिरा गांधी की राजनीतिक स्थिति अपने पिता पंडित जवाहरलाल नेहरू और भारतीय मुक्ति-संग्राम के नेता महात्मा गांधी से भी अधिक मजबूत हो गई है। अपनी इच्छा के अनुसार समाधान ढूँढ़ने की उनकी योग्यता सचमुच आश्चर्यजनक है।

गुरुदयालसिंह ढिल्लों : इन्दिरा गांधी मानव की स्वतंत्रता और गरिमा की रक्षा की भारतीय परंपरा की ज्वलंत प्रतीक हैं।

गुरुमुखसिंह मुसाफिर : इन्दिरा के नेतृत्व में देश की दुनियाँ में इज्जत बढ़ी है और देश की आर्थिक स्थिति मजबूत हुई है। इन्दिरा ने अपनी सारी योग्यता देश को देश बनाने में लगा दी। भारत के सम्मान को संसार में कायम करके उन्होंने अद्वितीय कार्य किया है।

गुलजारीलाल नंदा : श्रीमती इन्दिरा गांधी ने अपने नेतृत्व के द्वारा देश

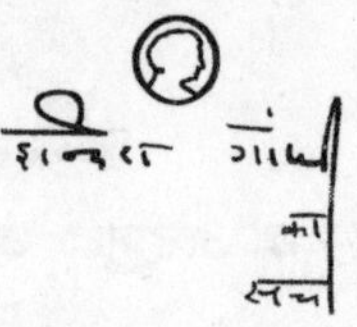

को एक स्थायित्व प्रदान किया है। उन्होंने यह सिद्ध कर दिया है कि वे एक कुशल प्रशासक हैं। उन्होंने देश के शासन को एक निश्चित मार्ग-दर्शन प्रदान किया है। यह हमारा सौभाग्य है कि कठिन समय में देश की बागडोर उनके हाथ में है।

गेस्टन थार्न : श्रीमती इन्दिरा गांधी विश्व स्तर की राजनीतिज्ञ थीं। उनके निधन से भारत की हानि, संसार भर की हानि है।

गो.प.नेने : प्रधान मंत्री श्रीमती इन्दिरा गांधी उन भारतीय महिलाओं में से एक हैं, जिनका नाम भारत के इतिहास में सुनहरे अक्षरों में लिखा जायेगा। इन्दिरा गांधी ने भारत का यश और नाम इतिहास में चिरस्थायी किया है। अनेक सदियों में जो नहीं हो सका, वह इन्दिरा गांधी के नेतृत्व में भारत ने कर दिखाया। इन्दिरा गांधी के नेतृत्व के कारण भारतीय जनता में अभूतपूर्व आत्म-विश्वास पैदा हुआ है, इसमें कोई संदेह नहीं। शताब्दियों में क्वचित् ही ऐसा शक्तिशाली व्यक्तित्व उभरता है।

गोपाल स्वरूप पाठक : श्रीमती इन्दिरा गांधी ने अपने देशवासियों के हृदय में एक विशिष्ट स्थान बना लिया है। वे एक अद्‌भुत यशस्वी नेता हैं। वे शांतचिंतता और संतुलित निर्णय की शक्ति के साथ ही फौलादी संकल्प की स्वामिनी भी हैं। जनता के कल्याण तथा सुख के प्रति गहरी और सतत चिंता तथा समाजवाद, मानवतावाद, समानता और धर्मनिरपेक्षता के राष्ट्रीय आदर्शों में अडिग निष्ठा के कारण उन्हें करोड़ों लोगों का स्नेह, श्रद्धा और प्रशंसा प्राप्त हुई है। भारत की प्रधान मंत्री के रूप में उन्होंने एक महान् दायित्व का वहन किया है और इस दौरान उनके सामने जो अनेक कठिन तथा जटिल समस्याएँ आईं, उनके समाधान में उन्होंने उल्लेखनीय कल्पना-शक्ति, कौशल और दृढ़- निश्चय का परिचय दिया है। अपने नेतृत्व द्वारा वे देश को भारी कठिनाई और परीक्षा की घड़ियों से सुरक्षित निकाल ले गईं। उनमें गुणों का एक अनूठा सम्मिश्रण है और उन्होंने अद्‌भुत

साहस, दूरदर्शिता, सावधानी से योजना बनाने और शीघ्र तथा प्रभावी कार्यवाही करने की शक्ति का परिचय दिया है। इन सबसे बढ़कर उन्होंने कार्य को ठीक समय पर करने की निश्चयात्मक और असामान्य क्षमता का प्रमाण भी दिया है। मानव-जाति की सेवा उनका प्रेरक लक्ष्य रहा है। उनकी राजनीतिक दूरदर्शिता तथा अथक प्रयत्नों से राष्ट्र की बहुमुखी प्रगति ही नहीं हुई, अपितु अंतर्राष्ट्रीय जगत् में भी भारत की प्रतिष्ठा में वृद्धि हुई है।

गोविंद दास : सक्षम, साहसी, दूरदर्शी और तत्क्षण निर्णय की क्षमता वाले नेता के रूप में इन्दिरा जी का अभ्युदय भारतीय राजनीति के नेतृत्व में ऐसी उपलब्धि है, जिस पर हम आज गर्व कर रहे हैं और आगे हमारी पीढ़ियाँ गर्व करेंगी। इन्दिरा जी ने जिस चतुराई, खूबी, दूरदर्शिता, कर्मठता, साहस और तेजस्विता से देश का नेतृत्व सँभाला है, वह पंडित जवाहरलाल नेहरू की गौरवशालिनी बेटी के ही अनुरूप है। इन्दिरा जी अपने पिता की तरह महान् विचारों और दृढ़ संकल्पों की प्रतिनिधि हैं। भारतीय जन-मानस का जैसा प्रबल समर्थन उन्हें मिला है, उसकी तुलना गांधी जी के बाद उनके पिता से ही की जा सकती है। उनके व्यक्तित्व की अनेक खूबियों के साथ एक खूबी यह भी है कि वे जो कहती हैं, उसे पूरा करती हैं। उनकी इस खूबी का रहस्य यह भी है कि वे अपने विचारों को असली रूप देने में एक पल भी व्यर्थ नहीं जाने देंती। तत्क्षण निर्णय और उसे क्रियात्मक रूप देने में तत्परता उनके नेता और नेतृत्व पक्ष की विलक्षणता है। वे अपने अक्षय आत्म-बल के साथ तेजी से आगे बढ़ रही हैं। देश और उससे भी कहीं आगे मानवता का भविष्य उनके हाथों सुरक्षित है। देश की जनता को उनसे बहुत आशाएँ हैं और यही उनके प्रति उसकी अटूट आस्था का रहस्य है।

चंद्रजीत यादव : इन्दिरा गांधी भारत की प्रगति की प्रतीक हैं और हैं-भारत की शोषित तथा दलित जनता की आकांक्षाओं की केंद्र-विंदु। इन्दिरा गांधी की नीतियों और कार्यक्रमों में पूज्य बापू और पंडित जवाहरलाल नेहरू के वे स्वप्न

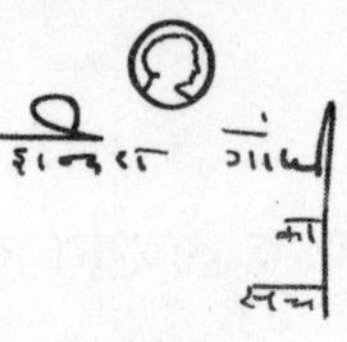

समाहित हैं, जिनको वे राष्ट्र- निर्माता देश के उत्थान और संपन्नता के लिए अनिवार्य मानते थे। इन्दिरा गांधी ने भारत में समाजवादी समाज का निर्माण करने के लिए अपने सर्वोच्च पद और प्राणों तक की बाजी लगाकर जिस सत्साहस का परिचय दिया है, वह हम सबके लिए अनुकरणीय है।

चंद्रभालमणि तिवारी : शासन, बल और सेना से अनेक राजनेता-सम्राट् किसी देश पर आधिपत्य स्थापित करते रहें, परंतु प्रजातांत्रिक तरीकों के द्वारा किसी राजपुरुष ने एकछत्र आधिपत्य किसी देश पर आज तक स्थापित नहीं किया है। इस संदर्भ में श्रीमती इन्दिरा गांधी एक ऐसी विलक्षण देवी हैं, जिन्होंने इतिहास की धारा को नया मोड़ दिया है और दिया है- इतिहास के प्रचलित प्रवाह को एक नवीन गति। इतिहास के महान् मुक्तिदाताओं की उज्ज्वल परंपरा में नई ज्योति के साथ इन्दिरा गांधी ससम्मान स्थान पा गई हैं। इन्दिरा गांधी ने पूरे भारत के जन-मानस का जिस गहराई से अध्ययन किया है और वक्त की पुकार को जिस तेजस्विता के साथ सुना है, वह अकल्पनीय सत्य है। इन्दिरा गांधी ने अद्भुत नवजीवन दिया है।

चंद्रमोहन शर्मा : भारत की परम तेजस्वी प्रधान मंत्री श्रीमती इन्दिरा गांधी के बचपन की कहानी है- अलग होने की, बिछुड़ने की और अक्सर बिछुड़कर फिर कभी न मिल सकने की। डेढ़- दो वर्ष की आयु से लेकर 1942 तक की उस संध्या- जब नव विवाहिता इन्दिरा गांधी को और साथ में उनके पति श्री फीरोज गांधी को जेल भेजा गया- तक की यही कहानी है- जेल-यात्राओं की कहानी। कभी उसके बाबा पंडित मोतीलाल नेहरू, कभी पिता पंडित जवाहरलाल नेहरू, कभी माँ श्रीमती कमला नेहरू और कभी बुआ श्रीमती विजया लक्ष्मी पंडित अचानक एक दिन अलग हो जाते थे- कभी थोड़े दिनों को और कभी बीसियों महीनों को। भारत की यह नई आत्मा अपने प्रियजनों से अलग होकर अधिक दिन अकेली नहीं रही, जल्दी ही उसका अकेलापन इस देश के करोड़ों लोगों के

प्रति सामीप्य की भावना में खो गया। आज केवल आर्यावर्त की नहीं, वरन् पूरे देश की एक संज्ञा है- इन्दु-देश।

चंद्रशेखर : इन्दिरा गांधी के समय के भारत के कई रूप हमने देखे हैं। पहला रूप हमने तब देखा था, जब उन्होंने एक नया भारत बनाने का सपना लोगों के सामने रखा था। हुकूमत में आने के अपने शुरू के दिनों में श्रीमती इन्दिरा गांधी के समतामूलक समाज बनाने, शोषण का अंत करने और पीड़ित समाज को एक नई दुनियाँ दिखाने का काम किया था। 1971 का वह दिन हमें याद है, जब उन्होंने 'गरीबी-हटाओ' का नारा दिया था। श्रीमती इन्दिरा गांधी के निधन-समाचार से देश के हर आदमी को दुःख पहुँचा है।

चंद्रिका प्रसाद त्रिपाठी : बीसवीं शताब्दी के उत्तरार्द्ध के विश्वनायकों में इन्दिरा जी का व्यक्तित्व जिस रूप में उभरकर सामने आया है, वह अद्‌भुत और अलौकिक है। निश्चय ही महर्षि चरक द्वारा वर्णित चरम उत्कृष्ट लोक कल्याणकारी व्यक्तित्व इन्दिरा जी में विकसित हुआ है। निश्चय ही विधाता ने उन्हें संपूर्ण मनोयोग से महाभूतों की समाधि से गढ़ा है। इन्दिरा जी में पृथ्वी- जैसा धैर्य, सहिष्णुता तथा लोक कल्याण-जैसी भावना, जल-जैसी शीतलता, अग्नि-जैसा तेज, वायु-जैसी आशुकारिता और आकाश- जैसी महानता विद्यमान है।

चंद्रेश्वर प्रसाद नारायण सिंह : प्रधान मंत्री श्रीमती इन्दिरा गांधी में संघर्ष की प्रबल क्षमता है। इन्दिरा गांधी हर दिक्कतों और मुसीबतों से तपकर निकली हैं, जो अपनी सदाशयता के कारण कभी दुश्मनों के प्रति दुश्मनी का भाव नहीं रखतीं। इन्दिरा गांधी ही एकमात्र ऐसी महिला हैं- जो भारत को ही नहीं, वरन् संपूर्ण विश्व को एक सूत्र में पिरोना चाहती हैं। स्वर्गीया श्रीमती इन्दिरा गांधी राष्ट्र की एकता, अखंडता और शक्ति की प्रतीक थीं-विश्व-शांति की प्रतीक थीं। अंतर्राष्ट्रीय क्षेत्र में वे विश्व-शांति तथा राष्ट्रों के बीच मित्रता, सहयोग और

समझदारी की भावना को पुष्ट करने की प्रबल पक्षधर थीं। विभिन्न अंतर्राष्ट्रीय मंचों से, खासतौर पर तीसरी दुनियाँ के लोगों की आशाओं और आकांक्षाओं को उन्होंने स्वर दिया और शांति एवं सद्भाव के लिए उनकी आवाज बुलंद की। उन्हें सबकी भलाई और तरक्की का ख्याल था। उनकी नृशंस हत्या हमारे जमाने का जघन्य अपराध था, जिसने भारत को ही नहीं-समूचे विश्व को भी उनकी अमूल्य सेवाओं से वंचित कर दिया। उनके निधन से हमारे देश की ही नहीं, संपूर्ण मानव-समाज की अपूरणीय क्षति हुई है।

चंद्रोदय दीक्षित : साम्प्रदायिक शक्तियों ने भारत को स्वराज्य दिलाने वाले महात्मा गांधी को 30 जनवरी, 1948 को हमसे छीन लिया। साम्प्रदायिक शक्तियों ने ही भारत को समृद्धि-सम्मान दिलाने वाली धर्मनिरपेक्ष और साहसी महिला श्रीमती इन्दिरा गांधी की नृशंस हत्या 31 अक्टूबर, 1984 को कर दी।

चरण सिंह : श्रीमती इन्दिरा गांधी की हत्या से सभी देश-भक्त नागरिकों को गहरा सदमा पहुँचा है। इस तरह का कृत्य देश के लिए शर्मनाक है। हम सब दुःखी और शर्मिंदा हैं। यह निर्विवाद सत्य है कि वे एक महान् नेता थीं और उन्होंने देश के इतिहास में महत्त्वपूर्ण भूमिका निभाई।

चुन दू ह्वान : श्रीमती इन्दिरा गांधी – भारत ने एक महान् नेता और विश्व ने एक महान् राजनेता को खो दिया है।

चैतन्यानंद सरस्वती : प्रधान मंत्री श्रीमती इन्दिरा गांधी को भारत के शीर्षस्थ महात्माओं (जगद्गुरु शंकराचार्य स्वामी शांतानंद जी सरस्वती, ज्योतिर्मठ बद्रिकाश्रम, महामंडलेश्वर स्वामी गुरुचरण दास, अध्यक्ष, भारत साधु समाज, जगद्गुरु रामानंदाचार्य स्वामी भागवदाचार्य, अहमदाबाद, महामंडलेश्वर स्वामी गंगेश्वरानंद, वृंदावन, स्वामी अखंडानंद सरस्वती जी महाराज, वृंदावन, जगद्गुरु

निंबाकाचार्य श्री श्री जी महाराज, राजस्थान, महामंडलेश्वर स्वामी भजनानंद सरस्वती, ऋषिकेश, महामंडलेश्वर स्वामी रामस्वरूप शास्त्री, हरिद्वार, महामंडलेश्वर स्वामी सदानंद गिरि, अहमदाबाद, महामंडलेश्वर स्वामी श्याम सुंदरदास, हरिद्वार, महामंडलेश्वर रामदास शास्त्री, चार संप्रदाय आश्रम, वृंदावन, मंडलेश्वर दाशरथिदास, मध्य प्रदेश, महामंडलेश्वर रामायणी प्रेमदास, अयोध्या, आचार्य स्वामी मुक्तजीवन दास, स्वामी नारायण संप्रदाय, गुजरात, श्री श्री संत शिरोमणि योगीराज देवराहा बाबा, देवरिया, स्वामी कृष्णानंद जी, वृंदावन, स्वामी ओंकरानंद सरस्वती, वृंदावन, स्वामी हरिनारायणानंद, महामंत्री, भारत साधु समाज और स्वामी गिरधारी लाल, मंत्री, सनातन प्रतिनिधि सभा, दिल्ली) के आशीर्वाद : 'यह अत्यंत प्रसन्नता की बात है कि भारत की लोकप्रिय प्रधान मंत्री श्रीमती इन्दिरा गांधी ने देश के सभी राज्यों में गो-हत्या- बंदी संबंधी कानून लागू करा दिया है। ऐसा करके उन्होंने भारतीय संस्कृति एवं धर्म की महत्त्वपूर्ण सेवा की है, जिससे प्रधान मंत्री के रूप में उनका नाम इतिहास में अमर रहेगा। ऐसे राष्ट्रीय एवं धार्मिक महत्त्व के कार्य को पूरा करने के लिए हम श्रीमती इन्दिरा गांधी को उनके मंगलमय दीर्घ जीवन तथा कुशल नेतृत्व के लिए अपने आशीर्वाद तथा शुभकामनाएँ देते हैं, जिससे भविष्य में वे राष्ट्र के धार्मिक, आर्थिक एवं सांस्कृतिक उन्नति के कार्यों को गतिशील बनाती रहें और भारत का नाम उजागर करती रहें।'

जगजीवन राम : इन्दिरा गांधी जाग्रत भारत और उसकी जनता की आशाओं- आकांक्षाओं की प्रतीक हैं। समानता, समाजवाद और राष्ट्रीय विचार स्वातंत्र्य के लिए निरंतर संघर्षरत रहना इन्दिरा गांधी का मुख्य ध्येय है। देश के कोटि-कोटि सर्वहारा ने इन्दिरा गांधी को सिर्फ राजनीतिक नेता के रूप में ही स्वीकार नहीं किया है, बल्कि अपने उद्धारकर्ता के रूप में भी स्वीकार किया है। इन्दिरा गांधी का नेतृत्व है- प्रगतिशील और साहसपूर्ण। इन्दिरा गांधी के कुशल नेतृत्व में नवीनतम विचारों और जन-आकांक्षाओं के साथ तादात्म्य बनाये रखकर देश निरंतर आगे बढ़ रहा है। एक मत, एक राय, एक मन, एक प्राण होकर जगत्

से कह दें कि राष्ट्र के हित में इन्दिरा गांधी का नेतृत्व प्रधान मंत्री के रूप में हमारे लिए नितांत आवश्यक है- अनिवार्य है। श्रीमती इन्दिरा गांधी की मौत एक बड़ी राष्ट्रीय विपदा है। इससे हमारी खुफिया विभाग की पूरी तौर पर नाकामयाबी भी जाहिर हुई है।

जगदीश प्रसाद चतुर्वेदी : नई रोशनी का नाम इन्दिरा गांधी है। इन्दिरा गांधी के संबंध में कहा गया है कि उन्होंने इतिहास ही नहीं, भूगोल भी बदल दिया है। इन्दिरा गांधी ने अपनी माँ श्रीमती कमला नेहरू के ही सारे गुण आत्मसात नहीं किये, बल्कि अपने दादा पंडित मोतीलाल नेहरू की दृढ़ता और संकल्प-शक्ति तथा अपने पिता पंडित जवाहरलाल नेहरू की देश-भक्ति और व्यापक दृष्टि भी विरासत में पाई है। महात्मा गांधी और पंडित जवाहरलाल नेहरू के बाद इन्दिरा गांधी का ऐसा व्यक्तित्व है, जिसने देश में अपूर्व गौरव और आत्म-सम्मान की भावना भर दी है। इन्दिरा गांधी ने न जाने किस अमृत-घट का रस पिया है कि वे थकती ही नहीं हैं। इन्दिरा गांधी की सूझ-बूझ का कोई जवाब नहीं है। वे जो कदम उठाती हैं, ऐसा लगता है कि उस वक्त ठीक उसी क्षण उस कदम की जरूरत थी- मानो किसी कम्प्यूटर ने सारे आँकड़े जाँचकर घंटा और मिनट निश्चित कर दिया हो। उन्होंने जोखिमें उठाई हैं, अपूर्व साहस दिखाया है और कभी-कभी ऐसे काम किये हैं- जिनको करते हुये बहुतों को डर लगता है; परन्तु निर्णय करने की उनकी जो क्षमता है, उनमें जो विवेक है और सबसे ऊपर उनमें जो अदम्य आत्म-विश्वास और साहस है- उसने उन्हें अपने मार्ग पर दृढ़ कर रखा है और यही उनकी सफलता का रहस्य है। तमाम घटनाओं ने यह सिद्ध कर दिया है कि इन्दिरा गांधी में दो- टूक निर्णय लेने और योजनाबद्ध ढंग से काम करने की एक ऐसी क्षमता है, जो भारतीय राजनीति में दुर्लभ रही है। उनमें ऐसी दृढ़ता और ऐसा साहस है, जो उनको राजनीतिबाजों की बिरादरी में ऊपर और अलग रख देता है। इन्दिरा गांधी को हम भारत के उन महान् जननायकों की श्रेणी में गिन सकते हैं, जिनमें चंद्रगुप्त मौर्य, चंद्रगुप्त विक्रमादित्य या अकबर-जैसे महान्

जननायक थे- जिन्होंने राष्ट्र को सैनिक सफलताएँ ही नहीं प्रदान कीं, वरन् उसका सर्वतोमुखी उत्थान कर राष्ट्र को सुदृढ़ता, स्थायित्व और संपन्नता प्रदान की। राजकुमारी एरिस्ट्राशी ने 2 अप्रैल, 1936 को पंडित जवाहरलाल नेहरू को एक पत्र में लिखा था : 'परमात्मा ने उसे संकल्प और साहस की विरासत दी है, जो उसने अपने माता-पिता दोनों से प्राप्त की है। इसलिए आप उसके बारे में निश्चिंत रह सकते हैं। वह आपके लिए काम कर रही है और उससे उसको आवश्यक शक्ति प्राप्त हो रही है। मैं जानती हूँ कि अगर मौका पड़ेगा, तो इन्दिरा किसी भी रुकावट को पार कर सकेगी।'

जगन्नाथ पहाड़िया : इन्दिरा जी हमारी राष्ट्र- शक्ति की प्रतीक हैं। वे देश के सर्वांगीण विकास और समाजवादी समाज की रचना में लगी हुई हैं। सदियों से चली आ रही गरीबी के समूल उन्मूलन के लिए वे कटिबद्ध हैं।

जगन्नाथ मिश्र : प्रधान मंत्री इन्दिरा गांधी की हत्या की घटना भारत के इतिहास में सबसे काला धब्बा है। श्रीमती गांधी की मृत्यु संपूर्ण भारत-जाति की क्षति है। श्रीमती गांधी शांति और मानव-स्वतंत्रता की अग्रदूत थीं।

जनार्दन ठाकुर : मैं जब भी इन्दिरा गांधी के बारे में सोचता हूँ, तो उनकी अलग-अलग तस्वीर मेरे दिमाग में उभरती है। उनके व्यक्तित्व के अलग-अलग पहलू और मिजाज के अलग-अलग रंग पर उनकी एक मुद्रा अकसर मुझे याद आती है- 12 विलिंगटन क्रीसेंट के बरामदे के खंभे से लगकर खड़ी इन्दिरा गांधी - निगाहें दूर टिकी हुईं, अहाते में मौजूद लोगों से परे, पेड़ों से परे, कहीं दूर कुछ खोजती निगाहें। वे इतनी खोई हुई दिख रही थीं कि यकीन नहीं हो रहा था कि क्या यह वही इन्दिरा गांधी हैं, जिन्हें कल तक लोग 'भारत की सम्राज्ञी' कहा करते थे। मैं उन्हें देखता ही रह गया। मैं सोच रहा था, इस समय क्या होगा उनके विचारों का रंग? उनकी करारी हार के शायद अगले ही दिन

'स्टेट्समैन' में रघु राय की खींची वह फोटो छपी थी, जिसमें एक सफाईकर्मी को इन्दिरा गांधी का पोस्टर झाड़ू से कचरा-पेटी के पास बटोरते दिखाया गया था। वह अप्रैल 1977 की कोई सुबह थी।

जमशेद भाभा : श्रीमती इन्दिरा गांधी का साहस अदम्य था। उन्हें इस बात पर पूर्ण विश्वास था कि चाहे जो कुछ भी हो जाय, भारत के लोग विजयी होंगे। भारतवासी कभी भी हार नहीं सकते हैं। वे एक महान् और निर्भीक नायिका थीं, जिन्हें पूर्ण विश्वास था कि अंत में अच्छाई की ही जीत होगी।

जमाल अब्दुल नासिर : श्रीमती इन्दिरा गांधी - भारत के इतिहास की नाजुक घड़ी में आपने नेतृत्व का गुरुतर और कष्टसाध्य दायित्व सँभालकर जिस अपार साहस का परिचय दिया है, उसे मैं बड़ी दिलचस्पी और सराहना की भावना के साथ देखता रहा हूँ। आपके इस साहस से यह तो पता चलता ही है कि आप इस बात को अच्छी तरह समझती हैं कि इस जिम्मेदारी को सँभालना कितने बड़े सम्मान की बात है। साथ ही इससे यह भी पता चलता है कि आपको भारत की महान् जनता में कितनी गहरी आस्था और उसकी आकांक्षाओं और भविष्य के प्रति कितनी अटूट लगन है।

जयप्रकाश भारती : विश्व के सबसे बड़े लोकतंत्र के प्रधान मंत्री-पद पर श्रीमती इन्दिरा गांधी का चुना जाना जहाँ हमारे देश के लिए गौरव की बात है, वहाँ संसार के इतिहास में एक अत्यंत महत्त्वपूर्ण घटना भी है। युवक-युवतियों के लिए इन्दिरा गांधी सदैव ही प्रेरणा की स्त्रोत रही हैं। इन्दिरा गांधी राष्ट्र के संकट के समय कभी भी चुप नहीं बैठी रहीं, बल्कि सदैव आगे बढ़कर उन्होंने दिन-रात अपने को समस्याओं के हल करने में लगाया है। इन्दिरा गांधी की शक्ति उनके पतले-दुबले शरीर में ही निहित नहीं है, वरन् उनकी शक्ति वे कोटि-कोटि देशवासी हैं- जिनकी एकता, क्षमता और ममता पर उन्हें विश्वास है।

जवाहरलाल कौल : श्रीमती इन्दिरा गांधी का रिश्ता राजनीति से कुछ ऐसा था, जैसे वे अपनी सारी ऊर्जा उसी से प्राप्त करती हों। व्यक्ति और राजनीतिक के रूप में श्रीमती गांधी एक जुझारू औरत थीं। वे विवाद से विवाद तक जीती रहीं-विवाद से विवाद तक उभरती रहीं। संभवतः नियति ने उन्हें कुछ ऐसे साँचे में ढाल दिया था कि व्यक्तिगत क्षणों में अत्यंत संवेदनशील होने के बावजूद, सार्वजनिक जीवन में वे टकराव में जीती रहीं। वे लड़ती हुई मर गईं।

जवाहरलाल नेहरू : इन्दिरा ईमानदार है, सचाई पर चलने वाली है और उसके अपने बहुत पक्के विचार हैं। इन्दिरा एक बार जब फैसला ले लेती है, तो उसको पूरा करने में उसे कोई रोक नहीं सकता। वह मेरी इकलौती संतान है, जो मुझे बहुत प्रिय है और जिस पर मुझे बड़ा विश्वास है। मुझे उसके अच्छे स्वभाव पर गर्व है, उसके काम करने की शक्ति पर गर्व है और उसकी ईमानदारी एवं सचाई पर गर्व है। उसने मुझसे क्या पाया, यह मैं नहीं जानता। हो सकता है कि उसने ये गुण अपनी माँ से पाये हों। हम दोनों बाप-बेटी की तरह काम करने के बजाय, साधारण राजनीतिक साथियों की तरह काम करते। कुछ बातों के बारे में हमारी राय एक होती थी और कुछ बातों के बारे में हमारी राय अलग भी होती थी। कभी-कभी तो ऐसा भी हुआ कि उसने मेरे विचारों के खिलाफ जाकर अपने लिए अपनी पसंद का रास्ता चुन लिया- यही होना भी चाहिये। मैंने उसे हमेशा यही सिखाने की कोशिश की है कि हिम्मत से काम लो, अपने आप पर भरोसा रखो और चाहे जो भी हो जाय- डर को पास न आने दो। सेंट्रल जेल, नैनी - 28 अक्तूबर, 1930 : इन्दिरा प्रियदर्शिनी के नाम, उसके तेरहवें जन्म-दिन पर। अपनी सालगिरह के दिन तुम बराबर उपहार और शुभ कामनाएँ पाती रही हो। शुभ कामनाएँ तो तुम्हें अब भी बहुत-सी मिलेंगी। लेकिन नैनी- जेल से मैं तुम्हारे लिए कौन-सा उपहार भेज सकता हूँ? फिर मेरे उपहार बहुत स्थूल नहीं हो सकते। वे तो हवा के समान सूक्ष्म ही होंगे, जिनका मन और आत्मा से संबंध हो- जैसा उपहार नेक परियाँ दिया करती हैं और जिन्हें जेल की ऊँची दीवारें भी

नहीं रोक सकतीं। क्या तुम्हें याद है कि जब तुमने पहले-पहल 'जोन आफ आर्क' की कहानी पढ़ी थी, तो तुम किस तरह मुग्ध हो गई थी और किस तरह तुम्हारे दिल में यह हौसला पैदा हुआ था कि तुम भी उसी की तरह कुछ काम करो? तुम बहादुर बनो। अगर तुम बहादुर होगी, तो डरोगी नहीं और कभी ऐसा काम न करोगी- जिसके लिए दूसरों के सामने तुम्हें शर्म मालूम हो। इसलिए प्यारी बेटी, अगर तुम इस कसौटी को सामने रखकर काम करती रहोगी, तो एक प्रकाशमान बालिका बनोगी और चाहे जो वाकयात तुम्हारे सामने आयेंगी, तुम निर्भय और शांत रहोगी और तुम्हारे चेहरे पर शिकन तक न आयेगी। प्यारी नन्हीं, मेरी यह कामना है कि तुम बड़ी होकर हिंदुस्तान की सेवा के लिए एक बहादुर सिपाही बनो। मेरा प्रेम और आशीर्वाद तुम्हें पहुँचे।

जाकिर हुसैन : संसार से सबसे बड़े गणतंत्र देश भारत ने इन्दिरा जी को अपना प्रधान मंत्री चुना, यह उनके विश्वव्यापी व्यक्तित्व और देश-सेवा की अटूट लगन का ही परिणाम था। इन्दिरा जी ने अपने पूज्य पिता पंडित जवाहरलाल नेहरू के समय में ही अपनी स्वतंत्र विचार-धारा और पृथक् व्यक्तित्व को संसार के सामने प्रकट कर दिया था। इन्दिरा जी के व्यक्तित्व के विषय में जितना भी लिखा जाय, उतना ही कम है। आज वे अपने में जिस बहादुर महिला का परिचय दे रही हैं, वह देश के लिए गौरव की वस्तु तो है ही- साथ ही संपूर्ण नारी-समाज के लिए प्रेरणापूर्ण आदर्श भी है। इन्दिरा जी का नेतृत्व देश को सदा याद रहेगा।

जानकी देवी बजाज : जब इन्दिरा दस-बारह वर्ष की थी, तब बापू से मिलने वर्धा आई थी। इन्दिरा बजाजबाड़ी में ठहरी थी, जिसे मेरे पति जमनालाल जी अपनी बैलगाड़ी की टमटम में सेवाग्राम ले जाते थे। जब तक इन्दिरा बजाजबाड़ी के अपने बँगले में रही, तब तक जमनालाल जी बेटी की तरह कभी उसकी पीठ थपथपाते तो कभी इन्दिरा उनके हाथ पकड़कर खेलने लग जाती। आगे के जीवन में इन्दिरा की कड़ी-से-कड़ी कसौटी होती रही। जैसे आग

में तपकर सोना चमकने लगता है, वैसे ही जीवन भर तपी हुई इन्दिरा आज दुनियाँ में चमक रही है।

जानकी वल्लभ पटनायक : श्रीमती इन्दिरा गांधी की अंतिम यात्रा उड़ीसा की थी। उसमें अधिकांश समय उन्होंने आदिवासी इलाके में ही बिताया था। उनका आदिवासियों से इतना लगाव था कि कोंडा-लड़कियों की भाषा से अपरिचित होने के बावजूद वे उनके दुःख-दर्द और हँसी-मजाक समझने की कोशिश कर रही थीं।

जान ग्रिग : इन्दिरा जन्मजात शासक हैं। प्रकृति और अनुभव ने उन्हें रहस्यमयी बना दिया है। लोक-मंगल के प्रति उनकी निष्ठा और मानवमात्र के प्रति उनकी संवेदना को अस्वीकार नहीं किया जा सकता। वे बड़ी खूबी से अपनी भावों का गोपन करती हैं और सदा बोलने के बजाय, सुनने के लिए अधिक तत्पर रहती हैं। वे जानती हैं कि कब और कैसे निर्णय लेना चाहिये।

जितेंद्र प्रसाद सिंह : इन्दिरा जी नारी-जगत् में हो रहे विश्व-व्यापी आंदोलनों की प्रतीक हैं। इन्दिरा जी एक ऐसी महान् नारी हैं, जिनके श्वसन-कर्म, मानसिक व्यास और क्षण- प्रतिक्षण की प्रतिक्रिया में भारतीय संग्राम का सानिध्य है। इन्दिरा जी का संपूर्ण जीवन अपने आप में एक प्रयोग रहा है। नारी-सुलभ स्वर में इन्दिरा जी ने अपनी संभावनाओं का अच्छा परिचय दिया है।

जिया अजीमाबादी : इन्दिरा जी धर्म निरपेक्षता और जनतंत्र की रक्षिका हैं, जो धर्मनिरपेक्ष स्वभाव के नेता की कसौटी पर सौ प्रतिशत खरी उतरती हैं और जिन्हें आज संसार शांति की अवतार के नाम से याद करके गर्व प्रकट कर रहा है। इन्दिरा जी का हृदय बहुत दयालु, मस्तिष्क विकसित और अध्ययन गहरा है। इन्दिरा जी का नेतृत्व दृढ़ है।

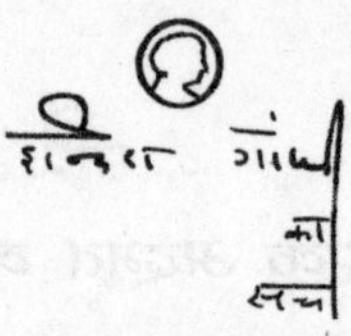

जी.जी. कातौव्स्की : सारा संसार इन्दिरा गांधी के दुःखद निधन से दुःखित है। भारतीय जनता ने अपनी नेता को–एक असाधारण महिला को खो दिया है। इन्दिरा गांधी ने यथेष्ट अंतर्राष्ट्रीय प्रतिष्ठा प्राप्त की।

जीनत अमान : श्रीमती इन्दिरा गांधी कमजोर वर्ग की मसीहा थीं। उन्होंने ही भारत को हर दिशा में आगे बढ़ाया और दुनियाँ में हर जगह भारत की छाप छोड़ी।

जी.पी.सिप्पी : फिल्म-निर्माताओं, लेखकों, कलाकारों और उद्योग से संबंधित अन्य सभी लोगों ने देश की आर्थिक प्रगति श्रीमती इन्दिरा गांधी के गतिशील नेतृत्व में देखा है। इन्दिरा गांधी के नेतृत्व में आम जनता के भाग्य में सुधार हुआ है। उनके बलिदान के कारण 31 अक्टूबर का दिन भारत के इतिहास में सबसे काला दिन करार दिया जायेगा।

जी.शंकर कुरुप : प्रधान मंत्री के रूप में इन्दिरा का व्यक्तित्व जैसा उभरा, वैसा हाल के इतिहास में देखने को नहीं मिलता। इन्दिरा की अनुग्रहमयी मंजुल चेतना से स्पंदित हमारा देश पुनर्जन्म पा रहा है और अतीत की जीर्ण काल की जड़ता एवं इतिहास के निर्जीव स्वप्न एकदम अदृश्य हो रहे हैं।

जुबिन मेहता : वह हत्यारी गोली सिर्फ श्रीमती इन्दिरा गांधी के दिल में ही नहीं लगी, बल्कि हर भारतीय के दिल में लगी है और अब हमें सारा जीवन उसी जख्म के साथ गुजारना है।

जुल्फिकार अली भुट्टो : पंडित मोलीलाल नेहरू और पंडित जवाहरलाल नेहरू ने श्रीमती इन्दिरा गांधी को अच्छे नेतृत्व के गुण प्रदान किये हैं। इन्दिरा गांधी ने साहस और दूरदर्शिता का परिचय दिया है। वे अपने देश को सही दिशा में ले

जा रही हैं।

जूलियस के. न्येरेरे : श्रीमती गांधी का संपूर्ण जीवन अपने देश और मानवता की सेवा में बीता। हम तंजानियावासी उन्हें अफ्रीका के एक मित्र के रूप में जानते व पहचानते थे। साथ ही वे इस महाद्वीप को उपनिवेशवाद और जातिवाद से स्वतंत्र कराने की समर्थक थीं। हम यह भी जानते हैं कि तीसरे विश्व में न्याय और शांति के संघर्ष में उन्होंने कितना महत्त्वपूर्ण योगदान दिया है। भारत और तीसरे विश्व में एकता के प्रति वचनबद्धता और समस्त विश्व में मानव प्रतिष्ठा, न्याय और शांति के लिए किए जा रहे संघर्ष को तेज करना उनके प्रति हमारी श्रद्धांजलि होगी।

जे.आर.डी.टाटा : इन्दिरा गांधी न सिर्फ एक महान् भारतीय और कुशल राजनैतिक नेता थीं, बल्कि वे वास्तविक रूप से आधुनिक और सभ्य मानव भी थीं। अपनी संस्कृति, रुचियों, लोगों को समझने की भावना और कार्यों के कारण उन्हें संसार भर में सम्मान प्राप्त हुआ।

जेक के. नटले : इन्दिरा जी ने यह प्रमाणित कर दिया है कि वे कल्पना को साकार-रूप देने वाली एक समर्थ महिला हैं। उन्होंने संपूर्ण संसार में भारतीय नारीत्व का गौरव बढ़ाया है और भारत तथा भारत की नारी-जाति के लिए महान् सम्मान अर्जित किया है।

जेठालाल जोशी : कर्तव्यपरायणता की सजल मूर्ति इन्दिरा बहन भारतीयों की श्रद्धेय हैं, जिनके प्रति जनता का अगाध प्रेम है। इन्दिरा बहन जहाँ कहीं भी जाती हैं, उन्हें देखने के लिए हजारों-लाखों लोग कतारों में खड़े हो जाते हैं। उनके व्यक्तव्यों तथा भाषणों में उनकी दृढ़ता झलकती है और वे अकारण मिथ्या भाषण से हमेशा विलग रहती हैं। जन-हितकारी गरीबी हटाओ नारे के पीछे

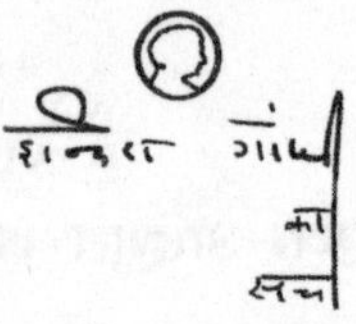

उनके भीतर वत्सल माता का हृदय रहा है। पूरी हमदर्दी के साथ वे गरीबों की हालत देखती हैं और चाहती हैं कि हर भारतवासी को आवश्यकतानुसार अन्न, वस्त्र तथा निवास-स्थान प्राप्त हो।

जेम्स कालाहन : मैं अपने प्रिय मित्र श्रीमती इन्दिरा गांधी की मृत्यु से बेहद दुःखी हूँ। अपने प्रधानमंत्रित्व-काल में आपने महान् दायित्वों का निर्वाह किया है। साथ ही आपने अपने महान् देश का मार्ग-दर्शन एक खास ढंग से किया है। जन-कल्याण में आपकी अटूट निष्ठा को मैं स्वीकार करता हूँ।

जेवियर पेरेज द कुएलर : श्रीमती गांधी विश्व भर में और संयुक्त राष्ट्र संघ में बहुत सम्मानीय महिला थीं, जिसका वे निष्ठापूर्वक समर्थन करती रहीं। अपने सुविख्यात पिता पंडित नेहरू के मार्ग पर चलते हुए उन्होंने अंतर्राष्ट्रीय स्तर पर आत्मसंयम, सहनशीलता और समझौते की भावना दिखाई, जिसकी आज संसार में बहुत आवश्यकता है। भारत ने एक महान् नेता और अंतर्राष्ट्रीय समुदाय ने विश्व का एक बुद्धिमान और समर्पित नागरिक खो दिया है।

जैनेंद्र कुमार : शनैः-शनैः इन्दिरा जी का व्यक्तित्व भारत के राजप्रकरण में अद्वितीय बन आया है। इन्दिरा जी पंडित जवाहरलाल नेहरू की पुत्री होने के साथ प्रधान मंत्री के पद पर पहुँची, पर यह उनकी अपनी योग्यता थी- जिसने विश्व के सबसे शक्तिशाली नेताओं की पंक्ति में उन्हें जा बिठाया। उन्होंने जो किया, भारत के हित में समझकर किया है। लेखक और साहित्यकार के नाते मैं इन्दिरा जी का इतना बड़ा प्रशंसक हूँ कि कोई क्या होगा। क्योंकि उनका व्यक्तित्व अविभक्त था। उसमें टूटन नहीं थी। दरार या तरेर नहीं थी। उनकी शक्ति का स्त्रोत अहम भाव से अधिक, आस्था का था। अहंता ही मूल में रही होती, तो स्वभाव में उनके कर्कशता और उद्विग्नता दिखलाई देती। पर वैसा मैंने नहीं पाया। मैंने एक क्षण को भी नहीं पाया कि सत्ताधीश में मनुष्य खो गया है। मैं उनकी स्मृति को प्रणाम करता हूँ।

जैल सिंह : श्रीमती इन्दिरा गांधी के बौद्धिक उत्तराधिकार में उनके महान् पिता पंडित जवाहरलाल नेहरू की राजनयिकता और प्रशासनिक अनुभव सम्मिलित है। इन्दिरा गांधी कर्मठता, निर्भीकता और साहस की पुंज हैं। इन्दिरा गांधी के नेतृत्व में भारत की दुनियाँ में इज्जत बढ़ी है और भारत की आर्थिक स्थिति मजबूत हुई है। आज इन्दिरा गांधी भारत के लिए अपरिहार्य हैं। श्रीमती इन्दिरा गांधी देश की ही नहीं, विश्व की एक महान् महिला नेता और सांस्कृतिक प्रतिनिधि थीं। इन्दिरा गांधी सौम्य थीं, मृदुभाषी थीं, तेजस्वी थीं और थीं–संस्कृति की प्रतीक।

जोनास साल्क : श्रीमती इन्दिरा गांधी – मैं सिर्फ इसलिए उनकी प्रशंसा नहीं करता हूँ कि वे न सिर्फ भारत की, वरन् विश्व की एक महान् नेता थीं; बल्कि इसलिए भी कि वे अपने परिवार, भारतवासियों और विशेषकर– बच्चों का बहुत ध्यान रखती थीं। वे निरंतर सेवा और बलिदान करती रहीं। यह बलिदान ही उनकी महानता की निशानी है।

ज्ञानवती दरबार : इन्दिरा का जीवन महान् महिला 'जोन आफ आर्क' का प्रतीक बन गया है। किसी भी कठिनाई और विपत्ति की परवाह किये बिना देश को हर तरह की दलदल से निकालने को वे कटिबद्ध हैं।

झिवकोव : श्रीमती इन्दिरा गांधी के नेतृत्व में भारत तेजी से आगे बढ़ रहा है।

टी.ए.पै : किसी भी प्रकार के अन्याय और भेदभाव के विरुद्ध इन्दिरा गांधी अपने पिता पंडित जवाहरलाल नेहरू के समान ही संघर्ष करने वाली महिला हैं। विचारों के कठमुल्लेपन से घृणा करती हुई वे स्वयं भी एक ऐसी समाजवादी एवं जनतंत्रवादी हैं, जो नागरिक स्वतंत्रता में विश्वास करती हैं और जो आर्थिक

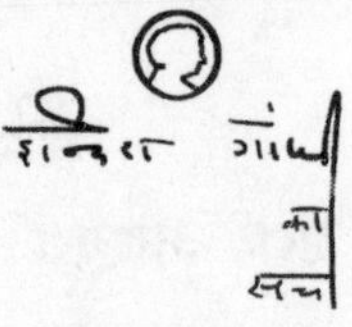

तथा सामाजिक विपन्नता को दूर करने के लिए चिंतित रहती हैं। इतिहास ने उनके लिए वही स्थान और भूमिका निर्धारित की है, जो उसने उनके पिता के लिए चुनी थी। देश-सेवा उनका प्रारब्ध बन चुकी है- अपनी प्रसिद्धि के लिए नहीं, अपितु मातृभूमि के गौरव के लिए।

द्रिवोर फिशलाक : श्रीमती इन्दिरा गांधी का चेहरा अत्यंत संवेदनशील और अभिव्यक्तिपूर्ण है- जिनकी खुशी, नाराजगी, उत्सुकता, आश्चर्य, विक्षोभ और दुःख सब कुछ झलकने लगता है। इन्दिरा गांधी दुनियाँ के सबसे बड़े जनतांत्रिक देश भारत की नेता हैं और हैं- भारत के अंदर तथा बाहर सर्वाधिक प्रसिद्ध भारतीय। भारतीय नेताओं में केवल इन्दिरा गांधी ही ऐसी हैं, जिनमें भारत के समग्र रूप की चेतना और अनुभूति है।

ट्रेवर ड्रीबर्ग : श्रीमती इन्दिरा गांधी भारत की बेजोड़ नेता हैं।

ठाकुर प्रसाद सिंह : श्रीमती इन्दिरा गांधी – जो गिरी धरा पर वह तो केवल छाया है, दमकती क्षितिज पर यश की जगमग काया है। यह मृत्यु निछावर जिस पर शत-शत जन्म हुए, इतिहास माँगने भीख द्वार पर आया है।।

डी. देवराज अर्स : श्रीमती इन्दिरा गांधी ही इस समय देश में एकमात्र ऐसी नेता हैं, जिनमें भारत की करोड़ों जनता की आशाओं- आकांक्षाओं की पूर्ति और प्रतिनिधित्व करने की क्षमता है। उन्होंने हमें अनेक क्षेत्रों में उल्लेखनीय प्रगति प्राप्त करने योग्य बनाया। उनके उच्चादर्श हम सबके लिए प्रेरणा के महान् स्त्रोत हैं।

डी.संजीवैया : इन्दिरा गांधी फास्जिम, प्रतिक्रियावाद और रूढ़िवाद के विरुद्ध संघर्ष की प्रतीक हैं।

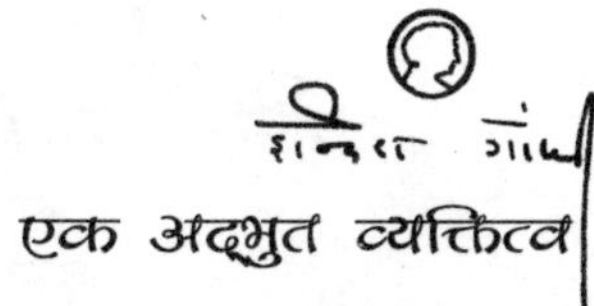

डेविड लैज : श्रीमती इन्दिरा गांधी निर्गुट-आंदोलन की हृदय थीं। वे राष्ट्रमंडलीय देशों की एक प्रमुख राजनीतिक स्तंभ तथा न्यूजीलैंड की बहुत अच्छी मित्र थीं।

डोरोथी नार्मन : श्रीमती इन्दिरा गांधी की मनोहरी विनम्रता और उनके आत्म-संयम के पीछे छिपा रहता है- अपने आप पर भरोसा, स्वार्थरहित आत्म-सम्मान के भाव, एक के बाद दूसरे वर्ष में निश्चित विकास और पूरी शक्ति से आते निर्णय। उनमें असाधारण प्रतिभा है और है- संपूर्ण चीजों को देखने की शक्ति। उनमें एक कलाकार की दृष्टि है और है- अपार सहज बुद्धि- नेतृत्व की अद्भुत क्षमता। मैं उस विशिष्ट भयरहित इन्सान का सम्मान करती हूँ, जिसका उद्देश्य था- प्रजातांत्रिक भारत को सुगठित व शांतिपूर्ण बनाना।

तांकोसावा सीमीच : श्रीमती इन्दिरा गांधी की मृत्यु से न सिर्फ भारत को क्षति हुई है, बल्कि सभी प्रगतिशील शक्तियों और निर्गुट-आंदोलन को नुकसान पहुँचा है।

ताजुद्दीन अहमद : इन्दिरा गांधी ने बांगला देश के मसले पर जो भूमिका निभाई है, वह दुनियाँ के इतिहास में अनोखी है।

तारकेश्वर पांडेय : इन्दिरा जी समय के प्रवाह को पहचानने वाली आशातीत सफल नेता हैं। इन्दिरा जी के सबल हाथों में देश का सम्मान और राष्ट्र की गरिमा सुरक्षित है। भारतीय समाज में जो गति और प्रवाह की लहर आई हुई है, वह इन्दिरा जी के व्यक्तित्व की देन है। तुलसी ने जिस रामराज्य की कल्पना की थी, वह आदर्शवाद था; परन्तु इन्दिरा जी के राज्य में समाजवाद के धरातल पर जन-जन में राष्ट्रीय चेतना उनकी आत्मिक शक्ति के रूप में जागृत हो रही है।

तारा अली बेग : इन्दिरा गांधी अपने राजनैतिक विरोधियों से अधिक अच्छी थीं। क्योंकि उनमें एक आंतरिक शक्ति, स्मृति और समय-बोध की भावना और आलौकिक संवेदना थी। इसके साथ ही था-राजनीति की कला में प्रशिक्षण, जो उन्हें बचपन से ही मिला था।

तारिक अनवर : इन्दिरा जी से हमेशा हमें अपनत्व की भावना मिली। उनसे बातें करते समय यह नहीं लगता था कि हम किसी प्रधान मंत्री से बातें कर रहे हैं। उनके साथ जब हम लोग विदेश जाते थे, तो वे हम सबके खाने-पीने का बहुत खयाल रखती थीं। युवकों को उन्होंने हमेशा बढ़ावा दिया।

तारिणीश झा : जैसे अतीत काल में गुणवान् सम्राट् अशोक को 'प्रियदर्शी' की उपाधि मिली थी, वैसे ही लोकतंत्र की जन-सम्राज्ञी इन्दिरा जी को 'प्रियदर्शिनी' की विरुद प्राप्त थी। अशोक ने अपनी उपाधि को यथार्थ सिद्ध किया कि नहीं, यह हमारे लिए प्रत्यक्ष नहीं है। किंतु इन्दिरा जी के प्रियदर्शिनीत्व की सिद्धि में इससे बढ़कर प्रत्यक्ष प्रमाण क्या हो सकता है कि उनके निधन के बाद भी उनके पार्थिव शरीर का प्रिय दर्शन करने या शब्दांतर में उनके प्रति सम्मान प्रकट करने के लिए विश्व के कोने-कोने से या विश्व के प्रतिनिधि के रूप में बड़े-बड़े राष्ट्राध्यक्ष एवं राज्याध्यक्ष समवेत हुए थे। आततायियों ने इन्दिरा जी का पार्थिव शरीर भले ही नष्ट कर दिया है, किंतु उनके यशःशरीर को आततायी क्या-महाकाल भी समाप्त नहीं कर सकते : 'नास्ति येषां यशः काये जरामरणजं भयम्।' अर्थात् उनके यशः शरीर में मृत्यु का भय तो है ही नहीं, जरा का भी भय नहीं है। इसीलिए जनता-जनार्दन के मुख से यह वाक्य प्रस्फुटित हुआ है : 'जब तक सूरज-चाँद रहे, तब तक इन्दिरा अमर रहे या इन्दिरा तेरी शान रहे।'

तुलसी आचार्य : संकल्प की दृढ़ता, सूझ-बूझ, तात्कालिक निर्णय-शक्ति और धार्मिक भावना-जैसी अद्भुत विशेषताएँ इन्दिरा गांधी में देखने को मिली हैं।

राष्ट्र-गौरव की प्रतीक इन्दिरा गांधी का अंतः करण बहुत मृदु है। इन्दिरा गांधी ने जिस धैर्य, सहिष्णुता, अहिंसा और विसर्जन का परिचय दिया है, वह सचमुच महान् है। इस प्रवृत्ति से भारतीय संस्कृति और उसका आदर्श उजागर हुआ है।

तुषारकांति घोष : इन्दिरा स्वल्पभाषी महिला थीं। इन्दिरा के चरित्र की विशेषता यह थी कि वे बोलने से अधिक सुनने में दिलचस्पी रखती थीं। पर अति आवश्यक मामलों पर वे दिल खोलकर बातें करने में हिचकती न थीं। इन्दिरा की हत्या के संबंध में बार-बार एक ही बात मेरे मन को मरोड़ रही है-इन्दिरा की सिक्योरिटी के आदमियों ने क्यों उनकी हत्या की? जिन लोगों के हाथ में उनकी प्राण-रक्षा की जिम्मेदारी थी, वे क्या उस पवित्र कर्तव्य को भूल गये? उन्हें रिवाल्वर और स्टेनगन उनकी प्राण-रक्षा के लिए सौंपे गये थे, न कि उनके प्राण-नाश के लिए।

तेजी बच्चन : श्रीमती इन्दिरा गांधी का जीवन जिन परिवर्तनों, उतार-चढ़ाव, उल्लास- अवसाद, संघर्ष और कर्तव्य के पदों से होता हुआ आज जहाँ पहुँचा है, वह सभी को मालूम है। उनमें योग्यता और अनुभव की इतनी प्रचुरता और विविधता है कि उनकी क्षमता के विषय में भविष्यवाणी करना असंभव है। अनुभवों की इस प्रचुरता और विविधता ने उन्हें जो व्यक्तित्व दिया है- वह निश्चय ही असाधारण है, विशिष्ट है और बहुमुखी है। किसी भी परिस्थिति का सामना करने और उसके अनुरूप अपने को बना सकने की उनमें अपार क्षमता है। इन्दिरा जी का सबसे बड़ा गुण है- उनका आत्म-विश्वास। इन्दिरा जी के सारे राजनीतिक जीवन में साहस से निर्णय लेना और उसे पूरा करना भी उनका सबसे बड़ा गुण है। देश बड़ी आशा से उनकी ओर देख रहा है। एक बार सरोजिनी नायडू ने किसी अवसर पर बच्चन जी और मेरा परिचय करवाते हुए कहा था : 'ये कवि हैं और साथ है- उनकी कविता।' इन्दू जी इस वाक्य को कभी नहीं भूलीं और हम दोनों का परिचय सदा ऐसे ही करवाती रहीं। सोचने पर लगता है कि उनका जीवन काँटों से भरा हुआ था।

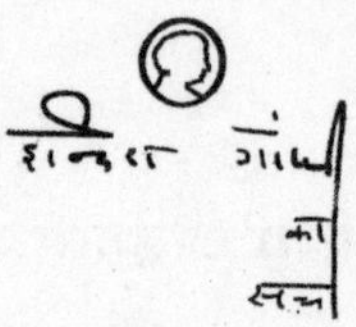

त्रिगुण सेन : साहस और कर्म की अद्‌भुत क्षमता श्रीमती इन्दिरा गांधी में अनवरत रूप से देखने में आई है।

त्रिलोकीनाथ कौल : नेहरू जी कभी-कभी बच्चों की तरह जिद्द करते थे। एक बार क्रिकेट टेस्ट मैच देखने को मचल उठे। तबीयत ठीक नहीं थी। फिर भी, नहीं माने। इन्दिरा जी साथ गईं, कंबल लेकर। तब वे बेटी से माँ बन गई थीं। ममता के साथ उनके घुटनों को उस कंबल से ढँककर गर्म रखा।

दरबारा सिंह : प्रधान मंत्री श्रीमती इन्दिरा गांधी मुल्क और कौम की लीडर हैं। प्रधान मंत्री ने जिस बेखौफी और इरादे की पुख्तगी से ठूँसी गई जंग को निपटाकर बांगला देश को आजाद कराया, उससे कौम का सिर बुलंद हुआ है। यही नहीं, प्रधान मंत्री ने भारत की अजमत को बुलंद किया है। सारी कौम ने प्रधान मंत्री को कौमी लीडर तस्लीम किया और कामयाबी ने आपके कदम चूमे। सयासतदानी के जिस फने कमाल की धाक आपने बैठाई है, वह काबिले तहसीन है। जिस बुर्दवारी सयासी शऊर और पक्के इरादे से जीत हासिल की है, इसके लिए कौम आपकी मरहुने मिन्नत है। प्रधान मंत्री के करदार और अमल में यकसानियत रही है।

दशरथ ओझा : देशव्यापी राजनीतिक हलचल के बीच से इन्दिरा गांधी का तेजस्वी व्यक्तित्व अत्यधिक प्रभावशाली रूप में उभरकर देश की जनता के सामने आया है। जिस अदम्य साहस और दृढ़ता के साथ इन्दिरा गांधी ने प्रतिक्रियावादी और प्रगतिगामी शक्तियों के विरोध का जोखिम उठाया था, उससे सहज ही वे देश की सर्वाधिक लोकप्रिय नेता बनने में समर्थ हुई हैं। इन्दिरा गांधी आज आजाद भारत की कोटिशः पिछड़ी हुई जनता की इच्छाओं-आकांक्षाओं की जीती-जागती प्रतिमा मानी जानी लगी हैं, जिनकी नीतियों और कार्यों ने राष्ट्र की शक्ति और गौरव को बहुत ऊँचा उठाया है। इन्दिरा गांधी का व्यक्तित्व क्रांतिकारी

है, जो देश में एक क्रांतिकारी परिवर्तन लाने के लिए कटिबद्ध है। इन्दिरा गांधी का हर क्रांतिकारी कदम संतुलित और समन्वयात्मक होता है।

दादा धर्माधिकारी : सिकंदर के बाद भारत का कोई राजकर्ता जो न कर सका, वह पराक्रम इन्दिरा जी ने कर दिखाया है। इन्दिरा जी वर्तमान नेताओं में अकेली ऐसी नेता हैं, जिनकी अखिल भारतीय प्रतिभा है। इन्दिरा जी को अपने आपको प्रकाशित करने के लिए दूसरे के नाम का उपयोग नहीं करना पड़ता।

दिनकर सोनवलकर : श्रीमती इन्दिरा गांधी अपने योग्य पिता पंडित जवाहरलाल नेहरू की योग्य पुत्री हैं। इन्दिरा गांधी के जन्म पर श्रीमती सरोजिनी नायडू द्वारा दिया गया 'भारत की नई आत्मा'- नाम आज पूरी तरह सार्थक हो गया है। सचमुच ही इन्दिरा गांधी को प्रधान मंत्री के रूप में पाकर नये भारत की नई आत्मा साकार हो उठी है।

दिनेश सिंह : इन्दिरा जी की सफलता ने उन्हें देश का सर्वोच्च नेता बना दिया। जनता ने उन्हीं को देश का नेता माना। इन्दिरा जी सबको साथ लेकर चली थीं।

दिलीप कुमार : देश के लिए श्रीमती इन्दिरा गांधी की हत्या बहुत बड़ा आघात है। वे तो हम सबकी प्रेरणा थीं-इन्सानी बिरादरी की अमूल्य सदस्य थीं।

दुर्गादास : श्रीमती इन्दिरा गांधी स्पष्टतया देश के भाग्य की उपकरण हैं। इन्दिरा गांधी को आज एक अभूतपूर्व सम्मान प्राप्त है, जिनकी प्रतिभा को अब और अधिक चमकाये जाने की आवश्यकता नहीं है। इन्दिरा गांधी के पास चुनौतियों का सामना करने का सुअवसर है और क्षमता भी। इन्दिरा गांधी एक ऐसी आर्थिक शक्ति और मनोवैज्ञानिक वातावरण तैयार करने में सक्षम हैं, जो

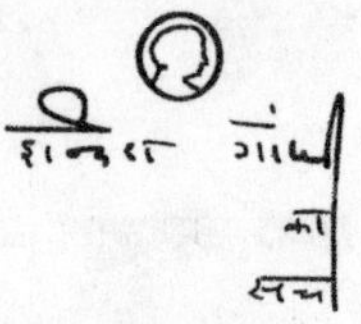

भारत को स्वतंत्र राष्ट्रों का एक साझा बाजार तैयार करने में और सभी अफ्रेकियाई मामलों में अपनी बात मनवाने में सहायक हो।

दुर्गा प्रसाद धर : इन्दिरा गांधी में शारीरिक, भावनात्मक, बौद्धिक और आध्यात्मिक शक्ति का भंडार है- जिससे वे हर संकट का उस शान से मुकाबला करती हैं, जो एक महान् परंपरा से उनको विरासत में मिली है।

दुलारेलाल भार्गव : दुष्ट- दनुज-दल-दलन कौं, धरे न्याय-तरवार। देवि इंदिरे! देश-दुति,दुर्गा कौ अवतार।।

दुष्यंत कुमार : अंतर्राष्ट्रीय फलक पर नये सिरे से देश की नई छवि अंकित करने के साथ यह श्रेय भी इन्दिरा जी को जाता है कि उन्होंने बुद्धिजीवियों के जागरूक वर्ग में हलचल पैदा की। इन्दिरा जी के सत्ता में आते ही भारतीय बुद्धिजीवियों और कलाकारों का एक बहुत बड़ा वर्ग उनके चारों ओर खड़ा हो गया है, जो उनकी प्रगतिशील नीतियों में अपने आपको इन्वाल्व महसूस करता है; वरना क्या जरूरत थी हबीब तनवीर को कि वे इन्दिरा जी के चुनाव में नुक्कड़ नाटक आयोजित किये इधर-उधर घूमते-फिरते और क्या जरूरत थी मुझ- जैसे उन सैकड़ों कवियों की, जो कविता को हथियार की तरह इस्तेमाल करते।

देव आनंद : इन्दिरा गांधी विचारों में आधुनिक और हौंसलामंद महिला थीं।

देवकांत बरुआ : महात्मा गांधी ने स्वतंत्रता के लिए भारत का नेतृत्व किया था और दुख्तरे इन्किलाब इन्दिरा समाजवाद के लिए भारत का नेतृत्व कर रही हैं। महात्मा गांधी और पंडित जवाहरलाल नेहरू की ही परंपरा में इन्दिरा का नेतृत्व भारत की एकता और सुरक्षा का प्रतीक है। इन्दिरा के चरित्र का गुण यह

है कि वे साहसी महिला हैं और किसी भी कठिन स्थिति में डाँवाडोल नहीं होंती। इन्दिरा भारत हैं और भारत ही इन्दिरा है। भारत के लोग सहज ही इन्दिरा को भारत का पर्याय समझते हैं। भारत की आने वाली पीढ़ी इन्दिरा को अपने हृदय में सँजोकर रखेगी। इन्दिरा का नाम भारत के इतिहास में न केवल स्वर्णाक्षरों से लिखा जायेगा, बल्कि अशोक के शिला-लेख की तरह लिखा जायेगा। श्रीमती इन्दिरा गांधी की कायरतापूर्ण नृशंस हत्या एक बहुत बुरा लक्षण है। केवल हमारे देश के लिए ही नहीं, बल्कि समस्त विश्व के लिए भी। बहुत भारी देशी और विदेशी रुकावटों के रहते हुए भी उन्होंने भारत-राष्ट्र के जलयान को बड़ी चतुराई से खेकर इसे समुद्री झंझावातों के बीच स्थिर रखा। ये दृढ़ हाथ अब नहीं रहे।

देवेंद्रनाथ शर्मा : अस्त-व्यस्त गैहिक राजनीति और प्रशासन को व्यवस्थित- स्थिर करने के साथ ही वैदेशिक कूटनीति-प्रतियोगिता में भारत का महत्त्व स्थापित करना असाधारण उपलब्धियाँ हैं, जिन्हें इन्दिरा जी ने बड़ी सहजता से संपन्न किया है। इन्दिरा जी में महान् और सफल राजनेता के दुर्लभ गुणों का समवाय है। राजनीतिक अंतर्दृष्टि, निर्णयों के परिणामों को आँकने की विलक्षण शक्ति, संकल्पों को कार्यान्वित करने की तत्परता, साहस एवं दृढ़ता, जन-मानस की परख, विषम परिस्थितियों में अनुद्विग्नता इन्दिरा जी की सफलता के आधार हैं। सच्ची बात तो यह है कि आज भारत में इन्दिरा जी को छोड़कर कोई दूसरा सार्वदेशिक नेता नहीं है। राष्ट्रीय लोकप्रियता और विश्वास के धरातल पर महात्मा गांधी और पंडित जवाहरलाल नेहरू ही इन्दिरा जी से तुलनीय ठहरते हैं। बहुतों की सम्मति में तो प्रधान मंत्री के रूप में इन्दिरा जी अपने पिता पंडित जवाहरलाल नेहरू से आगे हैं। इन्दिरा जी ने जिस धीरता, दक्षता और नीतिमत्ता का परिचय दिया है, वह विरल है- वस्तुतः विरल है।

द्वारका प्रसाद मिश्र : श्रीमती इन्दिरा गांधी हमेशा आधुनिकता और भारतीयता के बीच संतुलन बनाकर चलती थीं। श्रीमती गांधी ने जिस बहादुरी और

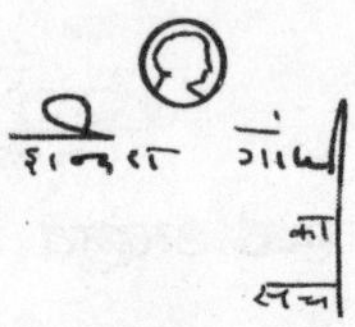

साहस से विषम परिस्थितियों का मुकाबला किया, उससे उनके विरोधी हतप्रभ रह गये और वे अपने सहयोगियों तथा अनुयायियों के लिए प्रेरणा का स्त्रोत बन गयीं। उनके नजदीक आने के बाद हर व्यक्ति अपने भारतीय होने पर गर्व महसूस करता था।

धर्मवीर : श्रीमती इन्दिरा गांधी का बेमिसाल व्यक्तित्व और कृतित्व भारतीय राजनीतिक घटनाक्रमों के परिपेक्ष्य में होने वाली हर तरह की अग्नि-परीक्षाओं में हमेशा ही खरा उतरा है। इन्दिरा गांधी भारत की उन अग्रणी नेताओं में से एक हैं, जो अपने पिता पंडित जवाहरलाल नेहरू के बाद अंतर्राष्ट्रीय जगत् में अपनी राजनीतिक सूझ-बूझ, दूरदर्शिता एवं समाजवादी नीतियों की प्रभावी भूमिका अदा करने में सर्वाधिक रूप से सफल सिद्ध हुई हैं। इन्दिरा गांधी एकमात्र ऐसी राष्ट्रीय नेता हैं, जिन्होंने भारतीय जन-मानस की मनः स्थिति को भली-भाँति सोचा, समझा और परखा है। यह हमारे देश का सौभाग्य है कि उसको इन्दिरा गांधी-जैसा महान् नेता का नेतृत्व प्राप्त है, जिनके कुशल दिशा-निर्देशन में हमारा राष्ट्र उत्तरोत्तर प्रगति की ओर बढ़ता जा रहा है।

धीरेंद्र ब्रह्मचारी : इन्दिरा जी में भारतीय जीवन-दर्शन, योग एवं आध्यात्म में रुचि थी। जब कभी व्यस्त कार्यों से अवकाश मिलता था, तो वे मुझसे आध्यात्म पर बातें करती थीं। सभी धर्मों की अच्छाइयों का वे आदर करती थीं। उन्हें आदि शंकराचार्य के अद्वैतवाद में भारतीय जीवन-दर्शन का सर्वोत्कृष्ट रूप दिखाई पड़ता है। गौतम बुद्ध की करुणा और अहिंसा की वे कायल थीं। इन्दिरा जी प्रेम, करुणा, दया, सहानुभूति के साथ-साथ उन सभी मानवीय गुणों से संपन्न थीं, जो मनुष्य को महान् बनाते हैं। इतनी महान् महिला भारत में फिर कब पैदा होंगी, नहीं कहा जा सकता।

नंदिता राव : भारत में लोकनृत्यों के पुनर्जीवन का श्रेय इन्दिरा गांधी को है, जिनकी प्रेरणा से गणतंत्र दिवस पर भारत के प्रत्येक प्रदेश से लोकनर्तक

और लोकनर्तकियाँ दिल्ली आकर अपने लोकनृत्यों का मनहर प्रदर्शन करती हैं।

नंदिनी सत्पथी : श्रीमती इन्दिरा गांधी भारतीय जनता की आशाओं-आकांक्षाओं की प्रतीक बन गई हैं। वे एकमात्र ऐसी नेता हैं, जिनमें जीवन के प्रति आध्यात्मिक और वैज्ञानिक दृष्टिकोणों का सुखद समन्वय है। उनका नेतृत्व प्रेरणादायी, अनुपम, साहसपूर्ण और जन-हित के लिए समर्पण की अटूट भावना से भरा हुआ हैं।

नगेंद्र : यदि प्रबुद्ध भारत के जागृत वर्चस्व का नाम था- जवाहरलाल नेहरू, तो नवीन भारत की प्रबुद्ध ऊर्जा का नाम है- इन्दिरा गांधी। माता श्रीमती कमला नेहरू का धैर्य, पिता पंडित जवाहरलाल नेहरू का तेज और पितामह पंडित मोतीलाल नेहरू का संकल्प जिस नारी-व्यक्तित्व में मूर्तिमंत हैं, उसका नाम है- इन्दिरा गांधी। इन्दिरा गांधी के व्यक्तित्व में पितामह की अदम्य इच्छा-शक्ति, पिता का तेज और माता के शील का अपूर्व समन्वय है। शास्त्र में धीरोदात्त नेता के गुणों के लक्षण का जितना सटीक उदाहरण आज के युग में इन्दिरा गांधी के व्यक्तित्व में मिलता है, उतना अन्यत्र नहीं मिलता : 'महासत्त्वोऽतिगंभीरः क्षमावानविकत्थनः स्थिरोनिगूढ़ाहंकारो धीरोदात्तो दृढ़व्रतः।'

नजीर बनारसी : अफसोस सद अफसोस! सदियों के बाद भारतमाता ने जिस बाकमाल बेटी को जनम दिया था, जिसने मादरे हिंद के पाँव की बेड़ियाँ काटने में हिस्सा लिया था, जिसने प्रधान मंत्री-पद को अपनी सूझ-बूझ से इज्जत बख्शी, जो हम भारतीयों की महान् नेता थीं, जिसके सर पर कई जंगों की फतह का सेहरा भी बँधा, जिसने लोकतंत्र को लोकतंत्र बनाया, जिसकी दुनियाँ के हुकमरानों ने इज्जत की निगाहों से देखा, जिसने सारी दुनियाँ में गरीब हिंदुस्तान का सर ऊँचा किया, जिसने दुनियाँ से भारत का लोहा मनवाया, 'उसी को मार डाला, जिसने सर ऊँचा किया सबका। न क्यों गैरत से सर नीचा करें, हिंदोस्ताँ

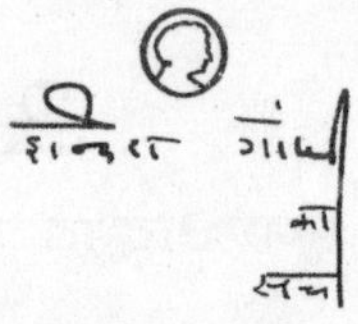

वाले।।' शांति-अहिंसा, प्रेम-प्यार और मिल्लत-मुहब्बत का संदेश देने वाली और बराबर सफर करने वाली मुसाफिरा हम इन्सानों की भलाई के लिए इतने लंबे सफर पर चली गई है कि अब कभी वापस न आ सकेगी। इन्दिरा गांधी उस आवाज का नाम है, जो रहती दुनियाँ तक बाकी रहेगी।

नटराजन कृष्णन् : श्रीमती गांधी ने देश की सेवा के लिए अपना जीवन अर्पित करके सर्वोच्च बलिदान दिया है।

नयनतारा सहगल : लेखनी के बल पर इन्दिरा को चित्रित करना आसान नहीं। कलम की चुन्नी-मुन्नी नोक उसके अंतर्बाह्य को साकार नहीं कर सकती- न उसके लिए यही संभव है कि इन्दिरा के बहु प्रतिभा-संपन्न व्यक्तित्व के दशांश को भी पाठक के सम्मुख सम्यक् रूप से प्रस्तुत करने में समर्थ हो सके। इन्दिरा की उपलब्धियाँ- सच ही, हम- जैसे समकालीनों के लिए भी आश्चर्य के विषय हैं; कुछ ऐसी- जिनकी कल्पना करना भले ही आसान हो, लेकिन जिन तक पहुँचना; ओफ! उसके बारे में तो सोचा भी नहीं जा सकता।

नरगिस दत्त : सिर्फ एक प्रधान मंत्री ही नहीं, एक इन्सान के रूप में इन्दिरा जी एक बेमिसाल महिला हैं। राजनीति के साथ उनके अंदर कला की इतनी गहरी समझ देखकर मुझे आश्चर्य होता है। उनसे मुझे जो प्रोत्साहन मिला, उसे मैं भूल ही नहीं सकती।

नर बहादुर भंडारी : सिक्किम की जनता श्रीमती इन्दिरा गांधी को मुक्तिदाता के रूप में याद करती है। उन्होंने ही सिक्किम को राजतंत्र की बेड़ियों से आजाद कराया। सिक्किम भारत के महापरिवार का एक सदस्य बना।

नरेंद्रसिंह बरार : श्रीमती इन्दिरा गांधी अपनी पैदायशी खूबियों की

बदौलत आज प्रधान मंत्री हैं, जिनकी सूझ-बूझ, तहम्मुल और पक्का इरादा हमारे दिलों पर घर कर चुका है।

नरेश मिश्र : श्रीमती इन्दिरा गांधी ने सेवा, त्याग, उत्सर्ग और अपने पिता पंडित जवाहरलाल नेहरू के प्रति प्रेम का जो प्रदर्शन किया है, उसके समक्ष बेटे की महत्ता लज्जित हो उठती है और इस भारतीय मान्यता के प्रति शंका भी हो जाती है कि मनुष्य केवल पुत्र के जन्म से लौकिक- पारलौकिक श्रेय पाता है। इन्दिरा गांधी ने सामाजिक और राजनीतिक क्षेत्र में अपने पिता के प्रयोगों तथा उनकी मान्यताओं का निकट से अध्ययन किया है- जिन्हें हम नेहरू- नीति के सर्वश्रेष्ठ व्याख्याता कहें, तो अत्युक्ति न होगी। वस्तुतः भारत का प्रत्येक व्यक्ति इन्दिरा गांधी को महान् नेहरू का प्रतीक मानता है। विविध प्रकार की जिम्मेदारियाँ निभाने के बावजूद, इन्दिरा गांधी जनता की शिकायतों को सुनने के लिए समय निकाल लेती हैं। इन्दिरा गांधी उदार और दयावान हैं, जो बड़े धैर्य से मिलने वाले की बात सुनती हैं।

नागराज मुनि : इन्दिरा जी ने भारी समस्याओं का सीधा मुकाबला किया है और उनका दो टूक फैसला भी किया है। भारतीय गणतंत्र को उन्होंने शक्तिशाली बनाया है।

नागेश्वर द्विवेदी : विश्व-मंच पर इन्दिरा जी शक्ति की प्रतीक बनकर सामने आई हैं, जिनकी कीर्ति दिगदिगंत में व्याप्त हो गई है। सारे देश में इन्दिरा जी दुर्गा के रूप में पूजनीय हो गई हैं और बन गई हैं- पौराणिक देवी की साक्षात् प्रतीक। इन्दिरा जी का ऐसा व्यक्तित्व उभरकर सामने आया है कि वे भारतीयता के साथ-साथ मानवता का भी प्रतीक बन गई हैं। इन्दिरा गांधी का स्मरण 'चित्ते कृपा समर निष्ठुरता च दृष्टवा' के रूप में हो रहा है। इन्दिरा जी का नेतृत्व पाकर देश को अपनी महानता पर गर्व है।

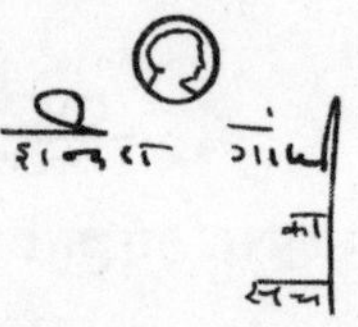

नानाजी देशमुख : आखिर इन्दिरा जी ने शहीदों की अमर पंक्ति में सम्मिलित होकर सदा-सर्वदा के लिए इतिहास में स्थान प्राप्त कर लिया। वे जीवन में महान् थीं। एक वीर-मृत्यु का वरणकर वे मरणोपरांत महानतम सिद्ध हुईं। उनका साहसी, गतिमान और अद्‌भुत व्यावहारिक सूझ-बूझ से संपन्न व्यक्तित्व एक दशक से अधिक समय तक भारतीय रंगमंच पर पूरी तरह छाया रहा।

नारायणदत्त तिवारी : युग-निर्माता इन्दिरा गांधी ने जिस हौसले, साहस तथा निर्भयता के साथ भारत की समस्याओं को हल किया है और देश को परीक्षा की जिन घड़ियों से लेकर वे ऊपर उठी हैं, उसकी सराहना सारे विश्व में है। बाहरी और अंदरूनी खतरों से भारत की रक्षा, समाजवाद की लड़ाई, संसार के दलित-शोषित राष्ट्रों को आजादी के लिए नई दिशा देने और भारत की आर्थिक-सामाजिक नींव को सुदृढ़ बनाने का सारा श्रेय इन्दिरा गांधी को है। इन्दिरा गांधी के प्रेरणादायक और महान् नेतृत्व में दुनियाँ में भारत की बहुत अच्छी तस्वीर बनी है और देश प्रगति की राह पर आगे बढ़ रहा है। श्रीमती इन्दिरा गांधी महान् विभूतियों की शृंखला में अपना अद्वितीय स्थान रखती हैं। वे न केवल इतिहास की निर्माता थीं, बल्कि उन्होंने नये भूगोल का भी निर्माण किया। वे कितनी दूरद्रष्टा और कितनी महान् राजनेता थीं, इसका मूल्यांकन इतिहासकार ही कर सकेंगे। वे अपनी पीढ़ी के विश्व के सर्वोच्च राजनेताओं में से थीं। विश्व की समस्याओं का जैसा यथार्थ मूल्यांकन उन्होंने किया, वैसा शायद उनकी पीढ़ी के किसी अन्य राष्ट्र-नेता के लिए संभव नहीं हो सका। उनकी राजनीतिक कुशलता, ईमानदारी तथा उनके अदम्य साहस के एक नहीं, अनेक उदाहरण विश्व-इतिहास की पूँजी बन गये हैं। इन्दिरा गांधी देश की प्रगति और एकता की प्रतीक थीं। देश के विकास के लिए जीवन के अंतिम क्षणों तक उन्होंने जो कार्य किया, उसे भुलाया नहीं जा सकता है। कुटिल षड्‌यंत्र में कराल-काल ने हमारी राष्ट्रनेत्री-विश्वनेत्री-सम्मानित-इन्दिरा जी को हमसे छीन लिया।

निकोलाई गोल्डिन : श्रीमती इन्दिरा गांधी की याद इतिहास एवं सोवियत जनता के दिल और दिमाग में हमेशा ताजा रहेगी।

निरंजन देव तीर्थ : श्रीमती इन्दिरा गांधी के हत्यारे राजहत्या, स्त्री-हत्या और ब्रह्म-हत्या के दोषी हैं।

निर्मल वर्मा : इन्दिरा गांधी की नृशंस हत्या उनके सिख अंगरक्षकों द्वारा हुई, जिन पर वे विश्वास करती थीं। इतिहास की विडंबना देखिए, दो शताब्दियों पहले गुरु गोविंद सिंह की क्रूर हत्या एक ऐसे मुसलमान ने की थी, जिन पर वे भी विश्वास करते थे। जिस स्थिति में इन्दिरा गांधी की हत्या हुई, उसके भीषण परिणामों की कल्पना करना असंभव है।

नीलम संजीव रेड्डी : देश इस समय संकट के दौर से गुजर रहा है, जिसे प्रधान मंत्री श्रीमती इन्दिरा गांधी की सेवाओं की बड़ी जरूरत है।

नूरुल हसन : इन्दिरा गांधी ने लोकतंत्र और भारतीय जनता को मजबूत बनाया है।

पट्टाभिराम शास्त्री : इन्दिरा जी का जीवन आदर्शमय रहा है। इन्दिरा जी ने देश और देशवासियों को अपनी प्रतिभा, शक्ति और परिश्रम से ऊँचा उठाया है। उस पवित्र नारी को निर्मम गोली से उड़ा दिया गया।

परिजाद जोराबियन : इन्दिरा गांधी का व्यक्तित्व कुछ ऐसा था कि जो भी उन्हें एक बार देखता, उसकी पलकें स्थिर हो जाती थीं। जब तक हिंदुस्तान की बागडोर उनके हाथ में थी, देश ने हर दिशा में तरक्की की है।

पाल लुसाका : श्रीमती इन्दिरा गांधी के निधन से केवल भारत की जनता को ही एक महान् क्षति नहीं हुई है, बल्कि गुटनिरपेक्ष-आंदोलन राष्ट्रकुल देशों तथा संपूर्ण मानव-समुदाय को भी अपूरणीय क्षति हुई है। इन्दिरा गांधी का नेतृत्व जोशीला था। दुनियाँ उनकी कमी महसूस करेगी।

पाल लोसोंजी : श्रीमती इन्दिरा गांधी- स्वतंत्रता की दृढ़ता, सामाजिक परिवर्तन, शांति की सुरक्षा और मानव-जाति की प्रगति के क्षेत्र में आपने जो उपलब्धियाँ प्राप्त की हैं, हम उनसे परिचित हैं।

पी. आर. ब्रह्मानंद : श्रीमती इन्दिरा गांधी को देश की अर्थ-व्यवस्था को दिशा देने, सुदृढ़ करने और भारत को आत्म-निर्भर बनाने के लिए इतिहास याद करेगा। इन्दिरा गांधी के शासन-काल में भारत एक शक्तिशाली राष्ट्र बनकर उभरा।

पी.एल.भंडारी : मैं 1960 में श्रीमती इन्दिरा गांधी के साथ मैकसिको गया था। एक रात मैंने अजीब सपना देखा और दूसरे दिन प्रातः नाश्ते के समय मैंने श्रीमती गांधी को अपना सपना सुनाया। सपने में मैंने मैकसिको-शहर के झुग्गी-झोपड़ियों को चक्कर लगाकर वहाँ देखा कि सभी लोग अपनी झोपड़ी में मरे पड़े हैं। श्रीमती गांधी ने सपने का हाल सुनने के बाद धीरे से कहाः 'वे लोग अपनी झोपड़ियों में अपने बिस्तरों पर तो मरे हैं। मैं तो अपने बारे में ऐसी आशा भी नहीं करती हूँ।'

पीटर उस्तिनोव : श्रीमती इन्दिरा गांधी में अपने विचारों को सँजोने की अद्भुत क्षमता थी। वे एक कुशल राजनीतिज्ञ थीं। वे देखने में दुबली-पतली लगती थीं। उनका दिमाग सुनियोजित था और वे आसानी से थकती नहीं थीं। उनकी आवाज बहुत ही प्यारी थी। रहस्यात्मक तौर से वे महात्मा गांधी की तरह

थीं। दोनों में से किसी ने भी वाक्पटुता का सहारा नहीं लिया था। क्योंकि वे दोनों एकता और शांति की बात करते थे।

पीटर जे. : श्रीमती इन्दिरा गांधी भारत की एकमात्र ऐसी नेता हैं, जो यथासमय सब कुछ कर डालने में समर्थ और सक्षम हैं। संपूर्ण भारत की शक्ति स्वयं में सँजोये इन्दिरा गांधी अपने देश को जितना जानती हैं, उतना शायद अन्य कोई नहीं जानता।

पी.डी.टंडन : सच्ची, शानदार और वीर महिला प्रधान मंत्री श्रीमती इन्दिरा गांधी की कहानी- उनकी हिम्मत, समझदारी और सूझ-बूझ की कहानी है। जनता में इन्दिरा गांधी की धाक है, जिनको लोग बहुत पसंद करते हैं। इन्दिरा गांधी का आत्म-संयम और आत्म-नियंत्रण देखकर हैरत होती है। इन्दिरा गांधी तरह-तरह के कामों को किस तरह निभाती हैं, यह देखकर भी बड़ा आश्चर्य होता है।

पी. नेदुमराव : कमजोर वर्गों की सारी जनता श्रीमती इन्दिरा गांधी पर भरोसा करती है और उनके नेतृत्व पर उनकी अगाध श्रद्धा है।

पी.वी. नरसिंह राव : महात्मा गांधी ने हमें स्वतंत्रता दिलाई। जवाहरलाल ने लोगों को स्थायी राजनैतिक अस्तित्व दिलाया। इन्दिरा गांधी ने हमें प्रतिकूल वातावरण में विश्व में जीने तथा अपने में छुपी खूबियों को संचित रखने तथा उनका विकास करने के लिए वह ताकत और संकल्प-शक्ति दी, जो एक ऐसे राष्ट्र के लिए-जिसके वर्तमान पर अब भी भूतकाल का साया छाया हुआ है; एक अनजाने, किंतु आकर्षक भविष्य की ओर अग्रसर होने का सर्वोत्तम मार्ग था। इन्दिरा गांधी प्रधान मंत्री से अधिक, एक युग-प्रवर्तक थीं। समय की माँग पर ही उनका प्रादुर्भाव हुआ।

पी.सी. अलेक्जेंडर : श्रीमती इन्दिरा गांधी विविध गुणों से युक्त महान् राजनेता और प्रशासक थीं। देश की सुरक्षा और अखंडता के प्रति श्रीमती इन्दिरा गांधी पूरी तरह प्रतिबद्ध थीं। भारत की एकता की सुरक्षा के सवाल पर वे कोई समझौता करने के लिए तैयार नहीं थीं।

पी. सुंदरैया : इन्दिरा गांधी हमेशा साम्प्रदायिकता, जातीय घृणा, धर्मांधता, क्षेत्रीयता तथा पृथकतावादी ताकतों के खिलाफ लड़ती रहीं। हम लोगों को यह संघर्ष जारी रखना होगा।

पुपुल जयकर : इन्दिरा जी कई-कई व्यक्तियों की सम्मिश्रण थीं। वे किसी परिभाषा में नहीं बँधती थीं। क्योंकि उनका व्यक्तित्व ढेर सारी चीजों से मिलकर बना था।

पूरबी मुखर्जी : इन्दिरा जी भारतीय दर्शन और आकांक्षाओं की एकमात्र अभिव्यक्ति हैं और हैं- आदर्श नारी एवं आदर्श नेता की प्रतिमा। भारत की जनता इन्दिरा जी को अपने एकमात्र मित्र और नेता के रूप में जानती है। इन्दिरा जी न केवल शासक दल, बल्कि पूरे राष्ट्र की निर्विवाद नेता बन गई हैं। इन्दिरा जी- जैसी नेता पाकर भारत को गर्व है। यह साबित हो गया है कि भारत की बागडोर इन्दिरा जी के सक्षम हाथों में सुरक्षित है।

पेरेज डी. कुइयार : श्रीमती इन्दिरा गांधी न केवल भारत, बल्कि विश्व की प्रेरणा-स्त्रोत थीं। अंतर्राष्ट्रीय जगत् में वे सद्भाव और सहिष्णुता की प्रतीक बन गई थीं। भारत ने एक महान् नेता तथा विश्व ने एक समर्पित व्यक्तित्व को खो दिया है।

पोद्दार रामावतार अरुण : नमस्कार उस आत्म-शक्ति को- नमस्कार

उस मन को, प्रथम बार जिसने पहचाना शोषित जन-जीवन को, करुणालय में फूँकी जिसने वंशी क्रांति-किरण की, होगी ही वंदना सदा उस वासंती यौवन की! वस्त्रहीन वृक्षों को नूतन कोंपल देने वाली, महाशक्ति वह दूर करेगी आरण्यक अँधियाली, अहंकार के उद्यानों में उठी हुई जो आँधी, कहते हैं सब लोग उसे वह स्वयं इन्दिरा गांधी!

प्रकाशचंद्र सेठी : शक्ति और ख्याति के शिखर पर पहुँचने वाली श्रीमती इन्दिरा गांधी भारत की प्रधान मंत्री मात्र ही नहीं हैं, बल्कि सही अर्थों में वे देश की निर्विवाद नेता हैं- कर्णधार हैं। इन्दिरा गांधी ने जिस निर्भीकता, दूरदर्शिता, कूटनीतिज्ञता और धैर्य के साथ देश का नेतृत्व किया है- वह सदा स्मरणीय रहेगा। देश-विदेश के अनेक इतिहास-मीमांसक यह मानते हैं कि भारत के हाल के इतिहास में इन्दिरा गांधी- जैसा दृढ़ संकल्पी, साहसी, कुशल एवं गत्यात्मक नेता कोई नहीं हुआ। विश्व के वर्तमान राजनेत ओं में इन्दिरा गांधी का शीर्षस्थ स्थान है, जिन्हें देशी- विदेशी पत्रों में 'विश्व की महानतम नारी' निरूपित कर मुक्तकंठ से उनकी सराहना की है। भारत की युवा-पीढ़ी की आशाएँ- आकांक्षाएँ इन्दिरा गांधी के चमत्कारी व्यक्तित्व में साकार हो उठी हैं। इन्दिरा गांधी के कार्यकाल की उपलब्धियाँ अनेक हैं और हैं- महान्। इन्दिरा गांधी बड़ी क्षमता, धैर्य, दृढ़ता तथा सौम्य-भाव से देश की नौका को अनेक भँवर- जालों से बचाकर आगे खेती जा रही हैं।

प्रताप नारायण टंडन : श्रीमती इन्दिरा गांधी की जीवन-यात्रा के उपलब्ध बिंदु हमारे मानस-जगत् में उज्ज्वल नक्षत्रों की भाँति प्रकाशमान प्रेरणा देते हैं। विश्व के महान् राजनेताओं में अग्रणी प्रियदर्शिनी इन्दिरा गांधी ने अपने जन्म-काल से लेकर मृत्युपर्यंत जिस साहस, लगन, धैर्य, त्याग और बलिदान का परिचय दिया, वह संपूर्ण विश्व के लिए अजस्र प्रेरणा का स्रोत बना रहेगा।

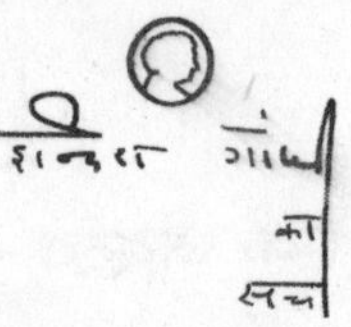

प्रभाकर माचवे : हमें इस बात पर गर्व होना चाहिये कि गार्गी, वाचक्नवी, लोपामुद्रा, रजिया बेगम, अहिल्याबाई, कित्तूरचिन्नम्मा, रानी ग्विदालो और वाकटिक राज्य की प्रभावती देवी के देश में प्रशासन तथा राजसत्ता का जन-साधारण के सुख एवं कल्याणकारी राज्य की दृष्टि से बहुजन हिताय- बहुजन सुखाय का उपयोग जहाँ श्रेष्ठ ऐतिहासिक महिलाओं ने किया है, इन्दिरा उसी कड़ी में एक बड़ा नाम है। महान् मानवतावादी परंपरा की ज्वलंत कड़ी इन्दिरा ने जिस साहस और सूझ-बूझ का परिचय दिया है, उससे उनके प्रति हमारा स्नेह- भाव द्विगुणित ही हुआ है। महाभारत में यक्ष का प्रश्न है : 'आकाश से बड़ा और समुद्र से गहरा क्या है?' युधिष्ठिर का उत्तर है : 'माँ का हृदय।' इन्दिरा भारत की लाखों-करोड़ों मूक-गरीब और दलित-जनों की माँ बन गई थीं। इन्दिरा जी के गोत्र का नाम 'गांधी' था। उन्होंने गांधी-जैसी शहादत पाई। गांधी हिन्दू-मुस्लिम एकता के सपने को पकड़ने गये। काल ने उन पर क्रूर झपट्टा मारा। आज पुनः इतिहास के गुंजान गलियारे में दूसरे हत्यारे की गोलियाँ दनदनाईं। हिन्दू-सिख एकता के लिए तत्पर एक और गांधी को काल उठा ले गया। वे संस्कारशाली महिला थीं। उन्होंने देश-विदेश में सुविचार और सद्भाव फैलाये। शांति और मैत्री की खोज में वे कितने महाद्वीपों के कितने देशों में गई थीं। उनकी स्मृति-सुगंध सदियों तक फैलेगी।

प्रभात शास्त्री : श्रीमती इन्दिरा गांधी का राष्ट्र-प्रेम, उनकी ओजस्विता, उनका निर्भीक व्यक्तित्व और उनकी विलक्षण प्रत्युत्पन्नमति सर्वथा अनूठी व विशिष्ट थी। इन्दिरा जी आजीवन तेजमय, गरिमामय और प्रेरणा की स्रोत थीं।

प्रभाष जोशी : महात्मा गांधी की तरह इन्दिरा गांधी का खून भी हमारे हाथों पर लगा है। दो हत्यारों की गोलियों ने उनके शरीर को छलनी कर दिया। उनके अचानक जाने से अनिश्चितता को घेरकर एक शून्य उभर आया है। इसमें कोई शक नहीं कि जवाहरलाल नेहरू के बाद आजाद भारत की वे सबसे बड़ी नेता थीं। ऐसा क्या है हममें कि हम महान् नेता पैदा करते हैं, उनके जादू में खिचें

उनके पीछे जाते हैं और फिर नफरत का जुनून हम पर चढ़ता है, तो अपने ही हाथों उन्हें शहीद कर देते हैं। हमारा यह सिरफिरापन एक व्यक्ति या कुछ व्यक्तियों में से नफरत की गोलियों की तरह दगता है। निरर्थक हिंसा से कोई नेता मिट नहीं जाता। वह उसे अमर कर देती है।

प्रियंका गांधी वढेरा : अधिकांश लोगों को मेरी दादी इन्दिरा गांधी एक गंभीर और सख्तमिजाज व्यक्ति लगती थीं। मगर वास्तव में वे बेहद स्नेही और ममतामयी थीं। यह मेरा और मेरे भाई (श्री राहुल गांधी) का सौभाग्य था कि हम उनके घर में बड़े हुये। उनके सानिध्य में हमें बहुत अच्छा लगता था- उनके साथ होना बहुत मजेदार होता था। वे जन्मजात शिक्षक थीं, हर चीज में हमारी दिलचस्पी जगातीं और अपने आसपास की दुनियाँ के प्रति हमारे दिमाग, आँख और कान खोलतीं। लॉन में जरा देर ही उनके साथ टहलना अपने आप में एक एडवेंचर और खोज हुआ करती थी। वे हमें नन्हें- से पत्थर में भी उसके चक्र और टेक्सचर देखना, तितली के पंखों के इंद्रधनुष रंगों को सराहना और आसपास में सितारों को पहचानना सिखातीं। उनकी कहानियों और जो खेल हम खेलते थे, उनकी वजह से लंच और डिनर का समय तो हमारे लिए दुनियाँ के इतिहास और सभ्यता को जानने का रोचक सबक होता था। इतिहास और प्रकृति के प्रति जो प्रेम उनके पिता (पंडित जवाहरलाल नेहरू) ने उनमें भरा था, वह मेरे लिए दादी का मुझे दिया अनमोल तोहफा है।

प्रियंका चोपड़ा : इन्दिरा जी साहसिक महिला थीं। राजनीति में शिखर पर पहुँचने के बाद भी उन्होंने हमेशा अपनी छाप छोड़ी। इन्दिरा जी- जैसी सोच-समझ वाले नेता की देश को बहुत आवश्यकता है।

फखरुद्दीन अली अहमद : हिम्मत, दृढ़ता, अंतः शक्ति, समझदारी, मानव की विरासत और भविष्य के प्रति दृष्टि- इन सब में श्रीमती इन्दिरा गांधी

के बराबर आज के समय में कम लोग हैं। इन्दिरा गांधी आधुनिक युग के उन श्रेष्ठ व्यक्तियों में आती हैं, जिनके नेतृत्व में जीवन के सभी क्षेत्रों और देश के समस्त निर्माण- विकास के कार्यक्रमों में प्रगति हुई है। इन्दिरा गांधी महात्मा गांधी और पंडित जवाहरलाल नेहरू की सही अर्थों में उत्तराधिकारी हैं- जिनकी सफलता का रहस्य यह है कि वे निष्ठा, लगन और बलिदान की भावना से कार्य करती हैं। इन्दिरा गांधी नव जाग्रत भारत की अनन्यतम प्रतीक हैं- जिन्होंने लोकतंत्र, समाजवाद और धर्म निरपेक्षता के आदर्श को आत्मसात कर लिया है। इन्दिरा गांधी ने प्रत्येक संकट में एक अग्रणी सुदृढ़तापूर्वक भूमिका अदा की है और उन्होंने ऐसे महान् निर्णय किये हैं, जो देश की प्रगति एवं समृध्दि के पथ पर अग्रसर होने में सहायक हो रहे हैं।

फणीश्वरनाथ रेणु : कलम पकड़ते ही मन में भारत माता की छवि के ऊपर इन्दिरा गांधी की मुस्कराती हुई तस्वीर सुपरइंपोज हो जाती है और सहस्त्र नाम स्तोत्र के ये शब्द गूँजने लगते हैं : 'बज्रिणी समरप्रीता बेगिनी रणपंडिता। सुखदा शुभदा सत्या सभासंक्षोभकारिणी।। जयदा जित्वरा जेत्री जयश्री जयशालिनी। बज्रेश्वरी च जायित्री सर्वद्वंद्वक्षयंकरी।।'

फीदेल कास्त्रो : श्रीमती इन्दिरा गांधी- क्यूबा उनकी मृत्यु को ऐसे मानता है, मानों उसी के यहाँ किसी की मृत्यु हुई हो। यह सिर्फ भारत के लिए ही बहुत बड़ी क्षति नहीं है, बल्कि गुट-निरपेक्ष आंदोलन के लिए भी है- जिसमें उन्होंने महत्त्वपूर्ण योगदान दिया। अपनी संपूर्ण राजनीतिक दूरदर्शिता के साथ उन्होंने गुट-निरपेक्ष आंदोलन के प्रधान का पद सँभाला था। उन सभी अविकसित और विकसित देशों के लिए- विश्व-शांति और समस्त लोगों की स्वतंत्रता के लिए उन्होंने अपना जीवन समर्पित कर दिया।

फ्रांसुवा मित्रों : श्रीमती इन्दिरा गांधी- एक दृढ़ देश-भक्त, एक प्रसिद्ध

प्रधान मंत्री और तीसरे विश्व के अधिकारों की हिमायती। ऐसे शक्तिशाली और विश्वसनीय मित्र को मेरा देश हमेशा याद करता रहेगा। वे हमेशा संस्कृति की ओर ध्यान देती थीं, मित्र के साथ मैत्रीपूर्ण व्यवहार और फ्रांस-भारतीय सहयोग को सुदृढ़ करने के प्रति सचेत रहती थीं।

फ्रैंक एंटोनी : भारत की सफलता और विजय का आधार प्रधान मंत्री श्रीमती इन्दिरा गांधी की व्यावहारिकता और साहस है।

फ्रैंक मोरेस : अंतर्मुखी होने के बावजूद इन्दिरा गांधी व्यवहारिक हैं और हैं- देश, काल तथा लोगों को आँकने में माहिर। निश्चय ही अपने पिता पंडित जवाहरलाल नेहरू का उन पर प्रभाव पड़ा; लेकिन वे नेहरू जी की कार्बन कॉपी नहीं हैं, बल्कि उन्होंने स्वयं का व्यक्तित्व पाया है। एक कूटनीतिज्ञ के नाते उनकी सबसे बड़ी खूबी यह है कि वे आत्म-प्रेरणा से ठोस निर्णय लेती हैं।

बंशीलाल : श्रीमती इन्दिरा गांधी जन-भावनाओं की प्रतीक हैं। इन्दिरा गांधी ही एकमात्र ऐसी नेता हैं, जो देश की एकता को सुदृढ़ रखते हुये उसे प्रगति के पथ पर ले जा सकती हैं। जब कभी इन्दिरा गांधी के सामने कोई चुनौती आई है, वे उसका मुकाबला करने के बाद अधिक शक्तिशाली हुई हैं। इन्दिरा गांधी ने समस्याओं के कठिन समय में देश को कुशल नेतृत्व प्रदान किया है, जिसके फलस्वरूप देश में विकास की गति तेज हुई है और देश ने हर क्षेत्र में उन्नति की है। इन्दिरा गांधी के नेतृत्व में भारत दक्षिण- पूर्व एशिया का महत्त्वपूर्ण राष्ट्र बन गया है।

बदरुद्दीन तैयबजी : समाजवाद, सद्‌भावना, अल्पमतों के हितों की सुरक्षा और धर्मनिरपेक्षता के प्रति इन्दिरा गांधी के हृदय में प्रारंभ से ही गहरी आस्था रही है और ये गुण उनके चरित्र के अभिन्न अंग बन चुके हैं।

बनारसी दास : श्रीमती इन्दिरा गांधी देश की एकता, अखंडता और सर्वधर्म समभाव की एकमात्र प्रतीक थीं।

बबरक करमाल : प्रधान मंत्री श्रीमती इन्दिरा गांधी एक साहसी, बुद्धिमान और प्रगतिशील नेता हैं।

बलराम जाखड़ : श्रीमती इन्दिरा गांधी भारत की ही नहीं, पूरे विश्व के पीड़ित वर्ग की मसीहा थीं। श्रीमती गांधी जीवनपर्यंत सभी तरह के शोषण और दमन के खिलाफ लड़ती रहीं। श्रीमती गांधी भारत के इतिहास में अमर हो गई हैं।

बलरामसिंह यादव : इन्दिरा जी ने देश को एक नई दिशा दी है और उन्होंने दिया है- कठिन-से-कठिन परिस्थितियों में अद्‌भुत साहस, विवेक और सूझ-बूझ का परिचय। इन्दिरा जी के शासन-काल की उपलब्धियाँ उनके साहस की अमर गाथा बन गई है। इन्दिरा जी के शासन-काल में जो घटनाएँ घटी हैं और उनका उन्होंने जिस अदम्य साहस, दृढ़ विश्वास तथा बहादुरी से सामना किया है, उनसे यह सिद्ध हो गया है कि वे महात्मा गांधी और पंडित जवाहरलाल नेहरू के महान् और उच्च आदर्शों को साकार बनाने की क्षमता रखती हैं। महात्मा गांधी के बारे में कहा जाता है कि जनता की नब्ज उनके हाथ में थी और आज यही बात इन्दिरा जी के लिए भी कही जाती है। जन-भावना को समझने की उनमें अद्‌भुत क्षमता है। उनका जीवन क्रांतिमय रहा है। संघर्ष ही उनका जीवन है। संघर्ष में उनका परम तेजस्वी रूप प्रकट हो जाता है। खतरों से भयभीत होना उन्होंने कभी सीखा ही नहीं। जिस काम को वे शुरू कर देती हैं, उसे पूरा करके ही वे छोड़ती हैं। वे हमारे राष्ट्र की प्रतीक हैं और हैं मानवीय गुणों से संपन्न एक आदर्श भारतीय नारी। मानव-अधिकारों को प्राप्त करने में उन्होंने जो प्रयत्न किये हैं, उसकी सर्वत्र सराहना की गई है।

बशीर हुसैन जैदी : इन्दिरा गांधी स्वभाव, विश्वास और विरासत के रूप में धर्मनिरपेक्ष हैं और हैं- संकीर्ण विचारों से पूरी तरह मुक्त। जब कभी अल्प संख्यकों के हित की कोई बात सामने उठी, उन्होंने चट्टान की तरह खड़े होकर परिणामों की चिंता किये बगैर सही कदम उठाया। अल्प संख्यकों, मुसलमानों और समाज के कमजोर वर्गों के हित उनके हाथों में सुरक्षित हैं।

बसप्पा दानप्पा जत्ती : प्रधान मंत्री श्रीमती इन्दिरा गांधी के सामने आंतरिक और बाहरी अनेक चुनौतियाँ आईं, किंतु वे घबराईं नहीं। अपनी दूरदर्शिता और कर्मठता से उन्होंने हर कठिनाई का बड़े साहस के साथ सामना किया। वे महिला जगत् के लिए प्रेरणा हैं। उन्होंने अपने कुशल नेतृत्व से भारत को उन्नति का एक नया परिवेश प्रदान किया है।

बारबरा कार्टलैंड : श्रीमती इन्दिरा गांधी का प्राण था- भारत। उन्होंने उसकी पूजा की, उसे प्यार किया और उसके लिए अपने आपको न्योछावर कर दिया। श्रीमती गांधी को गुजरे हुए कल की नहीं, बल्कि आने वाले कल की फिक्र रहती थी। किसी बात के लिए अफसोस करना उन्हें पसंद नहीं था। उनके चरित्र की यह सबसे खास बात थी।

बालकवि वैरागी : इन्दिरा एकम इन्दिरा, इन्दिरा दूना गांधी, इन्दिरा तिया आँधी, इन्दिरा चौका चमत्कार, इन्दिरा पंचे जय-जयकार, इन्दिरा छक्का बांगला देश, इन्दिरा सत्ता देश-विदेश, इन्दिरा अट्ठा अनुशासन, इन्दिरा नम्मा सब आबाद, इन्दिरा धाम, जिंदाबाद। भारत रत्न-जैसी महानतम और दुर्लभ उपाधि इन्दिरा के लिए छोटी पड़ गई। काव्य के अलंकार अपना अहं भूल गये। उपमाएँ आतंकित हो गईं। बोलती है, तो लगता है कि किसी देहात की देवल पर ग्राम-देवता की आरती में काँसे की थाली बज रही है- पहले ठन··· ठन··· फिर टन··· टन··· टन··· और फिर लगातार झन··· झन··· झाँ··· झाँ··· झाँ···। 'अंतरात्मा' की

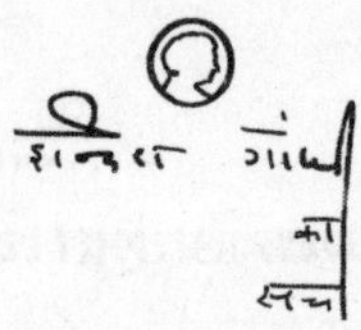

पावन कोख से 'दिव्य आत्मा' का अवतरण! नारी-शक्ति के पुण्य प्रजनन प्रकर्म का निरंतन क्रांतिकारी विनीत विकास! ओंठों पर 'अंतरात्मा' का आलेख और आँखों में 'आत्मा' का अंजन! राजनीति के स्वर्णिम क्षितिज पर अध्यात्म का नूतन सूर्योदय! जीवन के एक विस्मृत मूल्य की पुनः प्राण-प्रतिष्ठा!

बालकृष्ण शर्मा नवीन : 'अपलक' - श्रीमती इन्दिरा गांधी को। इन्दु बेटी, जिस दिन तुम्हारा विवाह हुआ था, उस दिन अनेक जनों ने तुम्हें भेंट-उपहार समर्पित किये थे। मैं निष्कंपन मन मसोस कर रह गया। तुम्हें क्या देता? उसी दिन सोचा था कि अपनी कोई कृति तुम्हें दूँगा। इतने दिन बीत गये। आज वह अवसर आया है। यह 'अपलक' नामक मेरा गीत-संग्रह स्वीकार करो, बेटी। तुम्हारा मंगल-प्रार्थी।

बाल ठाकरे : इन्दिरा गांधी का राष्ट्रीय और अंतर्राष्ट्रीय स्तर पर भारी महत्त्व है।

बालशौरि रेड्डी : श्रीमती इन्दिरा गांधी ने जिस वक्त राष्ट्र के शासन-सूत्र को अपने हाथ में लिया था, उस वक्त हमारा लोकतंत्र खतरे में था और देश की एकता में दरारें पड़ गई थीं। साथ ही देश के बाहरी एवं भीतरी इतने संकट मुँह बाये खड़े थे, जिनसे जूझना वास्तव में कठिन था। पर वे इनसे जरा भी विचलित नहीं हुईं। बड़ी निर्भीकता, सूझ-बूझ और संयम के साथ उन्होंने इनका सामना किया। उन्होंने राजनीतिक, आर्थिक तथा सामाजिक समस्याओं को अपने तरीकों से हल करने का प्रयास किया, जिनसे उन्हें अभूतपूर्व सफलता हाथ लगी।

बाला साहब देवरस : श्रीमती इन्दिरा गांधी की हत्या से सारा देश स्तब्ध और मर्माहत है।

बासु भट्टाचार्य : रोजाना की तरह इन्दिरा जी हर काम अपने ढंग से करती हैं - बाहर लान पर आकर टहलना, बँगले के अहाते में बनी झील के पास घूमना, उसमें तैरती मछलियों को देखना। हर पेड़-पौधे, पक्षियों के साथ उनका गहरा लगाव है और वे हर एक की देख-भाल करती हैं। यही बात उनके आफिस में भी लागू होती है। हर एक का उन्हें पूरा ख्याल रहता है। दिन भर के काम से शारीरिक और मानसिक रूप से थकी होने के बावजूद वे पौत्र-पौत्रियों में आकर घुल-मिल जाती हैं और उनके साथ खेलती हैं। आफिस वाली अति गंभीर प्रधान मंत्री वे नहीं रहतीं- बच्चों को कहानी सुनाने वाली स्नेहशील दादी माँ बन जाती हैं। लगता नहीं कि इस महान् महिला के सिर पर असंख्य समस्याओं और कभी न खत्म होने वाली जिम्मेदारियों का बोझ है। वस्तुतः हम आत्मीयता को केवल भावनात्मक स्तर पर सोचते हैं, विज्ञान के स्तर पर नहीं; लेकिन इन्दिरा जी में यह बात है और खूब है!

बी.आर. चोपड़ा : मुझे आज भी याद है, जब मैंने श्रीमती इन्दिरा गांधी को पहली बार देखा था और वे तारदेव के स्टूडियो में फिल्म वालों को संबोधित कर रही थीं। वे तब प्रधान मंत्री नहीं थीं, लेकिन बंबई इसलिए आईं थीं कि सांप्रदायिक दंगे शुरू हो गये थे। वे हिंदू-मुस्लिम एकता को लेकर बहुत चिंतित थीं और उन्होंने कहा था कि हम फिल्म-माध्यम का इस्तेमाल विभिन्न धर्मों और समुदाय के लोगों में विश्वास और एकता की भावना फैलाने के लिए कर सकते हैं। उन्होंने कहा था कि दंगे हो रहे हैं और मैं इन्हें रोकने के लिए वह सब कुछ करने जा रही हूँ, जो मेरी शक्ति में है। मैं आपसे सहयोग की आशा रखती हूँ। फिल्मोद्योग ने हमेशा उनमें विश्वास किया और उन्हें जब भी जरूरत हुई, उन्हें सहयोग देने के लिए उनके आस-पास जमा हुये।

बी. गोपाल रेड्डी : मैं श्रीमती इन्दिरा गांधी के आश्चर्यजनक विकास को अत्यधिक प्रशंसात्मक दृष्टि से बिल्कुल निकट से देखता रहा हूँ। प्रौढ़ता,

अनुभव और विभागीय कार्यों की आत्म-भावना अर्जित करने के साथ ही उन्होंने युद्ध-स्तर के नेतृत्व एवं षड्यंत्रकारी समस्याओं से निपटने के लिए महान् आत्म-विश्वास प्राप्त किया है। प्रत्येक संकट के समय उन्होंने एक उल्लेखनीय नेतृत्व का प्रदर्शन किया और अपने रूप तथा व्यक्तित्व में वृद्धि की। उन्होंने निर्धन जनता को एक नये प्रकार का जागरण दिया है और संकट के संताप को कम किया है। वे दीन-दुःखी जनता की आशाओं- आकांक्षाओं की प्रतीक बन गई हैं, जो साहस और संकल्प के साथ देश को समृद्धि के मार्ग पर ले जा रही हैं।

बी.जी. गफरोव : भारत की विदेश नीति के सकारात्मक सिद्धांतों को प्रधान मंत्री श्रीमती इन्दिरा गांधी ने दृढ़ता से स्थापित करके उसे विकसित किया है। भारत की नई भूमिका की सूत्रधार इन्दिरा गांधी ने लक्षित किया है कि किसी देश की विदेश-नीति को उसकी गृह- नीति से अलग नहीं किया जा सकता।

बी.पी. मौर्य : श्रीमती इन्दिरा गांधी- जैसे भव्य व्यक्तित्व को पाकर हम भाग्यशाली हैं। विश्व-इतिहास के उथल-पुथल काल में इन्दिरा गांधी ने आश्चर्यजनक विश्वास और कुशलता के साथ देश का नेतृत्व किया है। भारत की राजनीतिक और आर्थिक स्थिरता के लिए हम उनकी बुद्धिमत्ता, विवेक एवं राजनीतिक दूरदर्शिता के प्रति बड़े आभारी हैं।

बी. मलिक : स्वामी विवेकानंद ने कहा था कि यदि बीस विवेकानंद पैदा हों, तभी संपूर्ण विश्व में कोई परिवर्तन हो सकता है। किंतु इसके लिए बीस इन्दिरा गांधी तो दूर, केवल एक इन्दिरा गांधी ही पर्याप्त हैं।

बी. वासव लिंगप्पा : प्रधान मंत्री श्रीमती इन्दिरा गांधी के प्रगतिशील नेतृत्व ने देश के समस्त गरीबों के स्वप्नों को ऊपर उठा दिया है। यह निर्विवाद है कि देश को इन्दिरा गांधी के नेतृत्व की बड़ी जरूरत है।

बेधड़क बनारसी : काम ऐसा कर रही, बेटी जवाहरलाल की। जो विरोधी मात, उनकी हो रही हर चाल की। है लिए नारीत्व-गरिमा, तेज-शक्ति कमाल की। इन्दिरा बिंदी बनी है, आज भारत-भाल की। जो जवाहर ज्योति आभा, दिव्य मोती की ललाम। आज सारा विश्व जिसको, कर रहा झुक-झुक सलाम। बेधड़क उस शक्ति का, अब इन्दिरा गांधी है नाम।

ब्रजेश्वर मदान : श्रीमती इन्दिरा गांधी श्री राजीव गांधी की ही नहीं, हम सबकी माँ थीं। जिन गोलियों से उनका शरीर छलनी हुआ, उसने हम सबके अहसास के सीनों को छलनी किया है और दुनियाँ का कोई भी डाक्टर सदियों तक भारतीय जन-मानस के अहसास से उन गोलियों को नहीं निकाल सकता। हम सब चाहे कहीं भी थे, श्रीमती इन्दिरा गांधी जी के दर्शनों के लिए तीनमूर्ति के बाहर कतारों में खड़े थे या घर में टी.वी. देख रहे थे।

भगवतशरण उपाध्याय : जवाहर की बेटी इन्दिरा प्रियदर्शिनी भारत की पेशवा हुई है। इन्दिरा ने राष्ट्रीय सरकार की बागडोर सँभाली है। लोक सभा और देश के मतदाताओं ने बार-बार अपने मतदान से उसे अपना विश्वास सौंपा है- अपना रहनुमा बनाया है। उत्तर प्रदेश की नारी की जादूगरी चमकी है- उत्तर प्रदेश का तप फला है।

भगवती चरण वर्मा : यह सत्य है कि भारत का नेतृत्व इन्दिरा गांधी के हाथ में आ जाने के बाद रसातल की ओर जाते हुये देश ने नैतिक और चारित्रिक उन्नति की ओर एक नया मोड़ लें लिया। कल्याणकारिणी महाशक्ति की प्रतीक के रूप में हमें इन्दिरा गांधी का नेतृत्व मिला। मानवीय करुणा और दया इन्दिरा गांधी के रूप में अवतरित हुई। इन्दिरा गांधी के द्वारा भारत को स्वावलंबन और स्वाभिमान की नवीन दिशा मिली। शांत, संयत, सात्विक और सक्षम-जैसा व्यक्तित्व दिखा- इन्दिरा गांधी का। यही नहीं, राजनीतिक दूरदर्शिता में तो अभी तक

भारतीय इतिहास में कोई भी व्यक्ति इन्दिरा गांधी के समकक्ष नहीं रखा जा सकता। लोकतांत्रिक समाजवाद पर असीम आस्था रखने वाली इन्दिरा गांधी हमारे देश की नव जाग्रत चेतना की प्रतीक हैं। वीरता और राजनीति का सम्मिश्रण तथा बुद्धि और भावना का संतुलन जो इन्दिरा गांधी में दिखा- वह भारत के इतिहास में ही नहीं, विश्व के इतिहास में भी ढूँढ़ने पर बड़ी मुश्किल से मिलेगा। इन्दिरा गांधी का स्थान विश्व की इनी-गिनी महानतम विभूतियों में आ गया है।

भगीरथ मिश्र : यदि स्वर्ण- किरणों की कांति एवं रजत-रश्मियों की शुभ्रता को रूपायित किया जा सके, तो वह इन्दिरा जी का व्यक्तित्व होगा- जिसमें गति, रूप, तेज, शक्ति एवं संस्कृति समन्वित होकर क्रियाशील हैं। वे कार्य में दुर्गा, व्यवहार में इन्दिरा और वाणी में सरस्वती हैं।

भजनलाल : श्रीमती इन्दिरा गांधी जनता की आशाओं-आकांक्षाओं की प्रतीक हैं। उनमें जनता का पूर्ण आस्था और अटूट विश्वास है। इन्दिरा जी ने संसार में भारत का नाम ऊँचा किया। उनके मुकाबले का संसार में और कोई नेता नहीं था।

भवानी प्रसाद तिवारी : घटनाओं ने इन्दिरा गांधी के संबंध में भवभूति की इस उक्ति को चरितार्थ कर दिया : 'वज्रादपि कठोराणि मृदूनि कुसुमादपि। लोकोत्तराणां चेतांसि को नु विज्ञातुमर्हति।।' जहाँ तक इन्दिरा गांधी का प्रश्न है, वे आगे आने वाली प्रत्येक विकट स्थिति का सामना करती गईं और महाभारत के 'न दैन्यं न पलायनम्' - वाक्य को प्रतिष्ठित करती गईं। संसदीय अभिनंदन में जब इन्दिरा गांधी ने कहा कि हम सभी आज मानवता को प्रणाम करने के लिए उपस्थित हुये हैं, तो महाकवि चंडीदास का गीत जैसे मुखर उठा : 'सबार उपरे मानुष धर्म, ताहार उपरे नाईं।' जब इन्दिरा गांधी बांगला देश गईं, तो शेख मुजीबुर्रहमान का स्वर आकाश-व्यापी हुआ :

'अमादेर सप्त कोटि मानुषेर मा श्रीमती इन्दिरा गांधी।' भारतीय संस्कृति की डोलती- बोलती मूर्ति इन्दिरा गांधी की छबियाँ अत्यंत दर्शनीय बन गईं। राष्ट्र-शक्ति के रूप में उदित इन्दिरा गांधी के जन्म-दिवस पर हमारी संस्कृति की सारी विधाएँ उनका अभिनंदन करें, तो यह सर्वथा समीचीन ही है। शांति-मैत्री-संधि की परिपोषिका, भ्रष्टता के दानवों पर चंडिका, पगधर्षिणी! प्रियदर्शिनी! विविध राष्ट्रों की गुथी मणिमाल, जिसके केंद्र में स्थित मध्यमणि, आकर्षिणी! प्रियदर्शिनी! विश्व की शोषित, दलित, तापित, मनुजता के व्रणों पर शीतरस, मधुवर्षिणी! प्रियदर्शिनी!

भीष्म नारायण सिंह : प्रधान मंत्री श्रीमती इन्दिरा गांधी का पूरा जीवन राजनीति और संस्कृति का सम्मिश्रण है।

भोला पासवान : भारत की शासन-व्यवस्था में जो स्थिरता दीख रही है, उसका श्रेय प्रधान मंत्री श्रीमती इन्दिरा गांधी को है।

मंडन मिश्र : राष्ट्र ने इन्दिरा गांधी में महाकाली, महालक्ष्मी और महासरस्वती का समन्वित स्वरूप देखा है। वस्तुतः इन्दिरा गांधी विजय-श्री की मूर्तिमान स्वरूप हैं।

म.चेन्ना रेड्डी : प्रधान मंत्री- पद पर श्रीमती इन्दिरा गांधी का आसीन रहना भारत के लिए सौभाग्य की बात है। इन्दिरा गांधी ने अपने साहस और दृढ़ता से हमारा मार्ग-निर्देशन करके हमें लक्ष्य की ओर आगे बढ़ने का रास्ता दिखाया है।

मदाम गुसेवा : श्रीमती इन्दिरा गांधी के जीवन में सबसे बड़ी उपलब्धि है- विश्व-शांति में उनका अलभ्य अंशदान।

मधुर शास्त्री : प्रिय के दर्शन-सी, प्रियदर्शिनी। कुलजा मोती की, आत्मजा जवाहर की। कमला के आँगन-कमलिनी सरोवर की। मन में प्रयाग, भागीरथी चिरंतन-सी, अंतेवासिनी, सुशांति के निकेतन की। स्वातंत्र्य युद्ध सेनावाहिनी, प्रियदर्शिनी। शिरोमणि, धरातल-तन के अलंकार की। अधजली मनुजता पर शीत-धुन प्यार की। यमुना तीर बसी मथुरा की, राधा-सी, चरणों में अनवरत दानवता, दासी-सी, अभिनंदित नीति, नीति-नंदिनी, प्रियदर्शिनी। इस विश्व के मंच पर गिरिजा के चरण-सी, अशांति में सत्य-शांति का वातावरण-सी, भौंह की तुला पर तूफान तोलती-सी, विषैले हृदय में मधु-अमृत घोलती-सी, राजनीति के वन में सिंहनी, प्रियदर्शिनी।

मधु लिमये : इन्दिरा गांधी में नैसर्गिक सूझ-बूझ थी। भारतीय परंपरा में जिसे बहुश्रुत कहा जाता है, उस अर्थ में उन्हें भी बहुश्रुत कहा जा सकता है। वे ख्वाबों की दुनियाँ में नहीं रहती थीं। उनके पैर धरातल पर थे।

मनुहरि पाठक : इन्दिरा जी की बड़ी-बड़ी काली आँखों में केंद्रित उनकी पैनी दृष्टि में गहराई है, धीरज है, गंभीरता है और है- आत्म-गौरव। अनकही बात इन्दिरा जी के विशाल नेत्र समझा देते हैं, कहने को कुछ नहीं रहता। सहिष्णुता, अहिंसा और जीवन के प्रति यथार्थ दृष्टिकोण को इन्दिरा जी ने जीवन में मूर्तिमंत उतारा है। इन्दिरा जी में सैनिक-वृत्ति है, जो आज सैनिक से सशक्त सेनापति बन गई हैं। सेनापति बनकर कर्त्तव्य-निर्वाह का इन्दिरा जी का स्वरूप बताता है कि कर्मयोगी के लिए कर्म ही सबसे बड़ी विश्रांति है। वे अठारह घंटे सतत कार्य करती हैं, लेकिन उन्हें कभी थकान महसूस नहीं होती। उनका व्यक्तित्व देश में ही नहीं, विश्व भर में व्याप्त हो गया है।

मनोज कुमार : श्रीमती इन्दिरा गांधी राष्ट्र-माता थीं।

मन्नू भंडारी : प्रधान मंत्री श्रीमती इन्दिरा गांधी ने देश के चरमराते आर्थिक ढाँचे को सँभालने और सुधारने का सूत्रपात किया है।

महादेवी वर्मा : आजादी से पहले की घटना है। मैं इलाहाबाद से लखनऊ रात की ट्रेन से तृतीय श्रेणी में जा रही थी, तभी इन्दु का और मेरा साथ हो गया। मेरे पास जो बिस्तर था, उसे मेरे किसी सहयोगी ने बर्थ पर बिछा दिया था। ट्रेन चली। मैंने सोचा कि इन्दु का बिस्तर लग जाय, तभी मैं लेटूँ; किंतु मुझे उसके पास बिस्तर दिखाई नहीं पड़ा। इन्दु एक चादर बिछाकर लकड़ी के उस तख्ते पर लेट गई। मैं हैरान थी। मैंने पूछा : 'तकिया चाहिये?' इन्दु ने कहा : 'नहीं।' और कुछ ही क्षण में वह नींद के खर्राटे लेने लगी। प्रातः ट्रेन लखनऊ पहुँची। पहुँचने से पहले ही इन्दु अपने आप उठ गई और कुछ ही क्षणों में तैयार हो गई। जवाहरलाल की पुत्री और मोतीलाल की पौत्री का यह हाल उस समय था। यानी शुरू से ही कष्ट उठाने की आदत उसने डाल रखी थी। यह तो भगवत्कृपा ही है कि वर्तमान समय में उसका स्वास्थ्य प्रधान मंत्री के दायित्व और व्यस्तता के भार को धारण कर पा रहा है, अन्यथा उस समय तो वह शरीर से बहुत दुबली और नाजुक लगती थी। मैंने एक बार उससे पूछा था : 'तुम परेशानियों के आने पर क्या करती हो?' उसने उत्तर दिया था : 'जब कोई परेशानी आती है, तो मैं सिर झुकाकर बैठती हूँ और सोचती हूँ कि वह अपने आप निकल जायेगी।'

महावीर अधिकारी : इन्दिरा गांधी ने इतने मोर्चों पर एक साथ उत्तर दिये हैं कि संकल्प और रचना का कोई भी क्षेत्र ऐसा नहीं बचा, जिस पर उनके व्यक्तित्व की अमिट छाप अंकित न हुई हो।

महावीर दास : शांति और सुरक्षा की प्रतीक श्रीमती इन्दिरा गांधी मनुष्यत्व से ऊपर देवत्व की शक्ति प्राप्त कर चुकी हैं। निर्भयता और सफलता का नाम है- इन्दिरा गांधी। निर्भयता अपनाकर जो सफलता इन्दिरा गांधी ने प्राप्त की

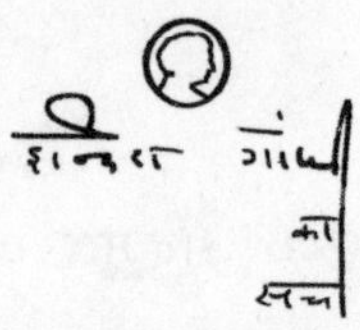

है, वह है- विश्व-इतिहास में अद्वितीय। उन्होंने आत्म-विश्वास के द्वारा बड़े-बड़े राष्ट्रों के कूटनीतिक चक्र-व्यूह को इस प्रकार भेदन कर दिया है कि सब चकित रह गये। उनके आत्म-विश्वास और प्रकाशमय भाषणों से विश्व की जनता पर अमिट छाप पड़ी है। उनके नेतृत्व में भारत की स्वतंत्रता सुरक्षित है।

महावीर प्रसाद पोद्दार : इन्दिरा गांधी की आँधी में बड़े पुराने पेड़ जड़ से उखड़ गये।

महीप सिंह : श्रीमती इन्दिरा गांधी की हत्या उनके अपने सुरक्षा-गार्डों ने की। उसके बाद हुए दंगों में अनेक स्थानों पर पुलिस का खुल्लमखुल्ला समर्थन रहा। क्या यह इस बात का सबूत नहीं है कि हमारा प्रशासनिक ढाँचा पूरी तरह चरमरा गया है, हमारी पुलिस सांप्रदायिक आधार पर बँटती जा रही है और हमारी सेना में भी सांप्रदायिक तनाव के कीटाणु प्रवेश कर गये हैं। क्या हम गृह-युद्ध की ओर तो नहीं बढ़ रहे हैं?

माधव राव सिंधिया : एक घर में जिस तरह से माँ अपने बच्चों की छोटी-से-छोटी बातों के लिए चिंतित रहती हैं, इन्दिरा जी का बिल्कुल वैसा ही व्यवहार युवकों के प्रति रहता था। उन्होंने देश के युवकों को अपने बेटों की तरह माना। एक माँ और बच्चे के रिश्ते को कायम रखा। इन्दिरा जी के व्यक्तित्व की एक और खासियत थी। वे बहुत जल्दी ही व्यक्ति के मन की भावनाओं को भाँप लेती थीं- उसे अच्छी तरह परख लेती थीं। जिन नौजवानों में उन्हें ईमानदारी और सेवा की भावना दिखाई पड़ती, उसे वे तत्काल बढ़ावा देती थीं।

मारग्रेट अल्वा : श्रीमती इन्दिरा गांधी इस देश की औरतों की आकांक्षाओं और सम्मान की प्रतीक थीं। औरतों के लिए, खास तौर से कम उम्र की औरतों के लिए, चाहे वे पार्टी में थीं या बाहर-इन्दिरा जी आशा की एक किरण थीं।

मारग्रेट थैचर : श्रीमती इन्दिरा गांधी के कुशल नेतृत्व में भारत अपनी समस्याओं का मुकाबला दृढ़, संकल्प, साहस और बुद्धिमत्ता से कर रहा है। श्रीमती गांधी महान् राष्ट्र की महान् नेता थीं। वे राष्ट्र की माँ थीं। भारत से ऐसा नेता उठा है, जिसमें अतुलनीय साहस, दूरदृष्टि और मानवता कूट-कूटकर भरी थी। उनका अंत इतना दुःखद होगा, यह तो कभी सोचा न था। मेरा दुःख शब्दों से परे है।

मिगुएल सेरानो : श्रीमती इन्दिरा गांधी असाधारण थीं। उनका सौंदर्य इतना अनुपम था कि समय भी उस पर कोई प्रभाव नहीं डाल सका था।

मिचेल शार्प : प्रधान मंत्री श्रीमती इन्दिरा गांधी ने अपने विचारों से यह सिद्ध कर दिया है कि वे सिर्फ भारत की ही नहीं, वरन् पूरे विश्व की एक महान् नेता हैं।

मीनू मसानी : मैं इन्दिरा गांधी की आलोचना नहीं, केवल उनकी नीतियों की आलोचना करता था। खतरा उठाने का उनका साहस और इच्छा-शक्ति की प्रशंसा करने में मैं कभी पीछे नहीं हटा। इस देश में उनका-जैसा साहस पुरुषों में भी बहुत कम देखने को मिलता है।

मीरा राघानी : अपने पिता पंडित जवाहरलाल नेहरू की तरह इन्दिरा गांधी ने भारत को अधिक-से-अधिक प्रगतिशील बनाना चाहा है। साथ ही उन्होंने अपने पिता के अधूरे कार्यों को पूरा कर भारत को सामाजिक और आर्थिक स्वतंत्रता दिलाने के लिए अपना जीवन समर्पित कर दिया है।

मुलायम सिंह यादव : श्रीमती इन्दिरा गांधी की हत्या से हम सभी स्तब्ध हैं। हम इसकी भर्त्सना करते हैं।

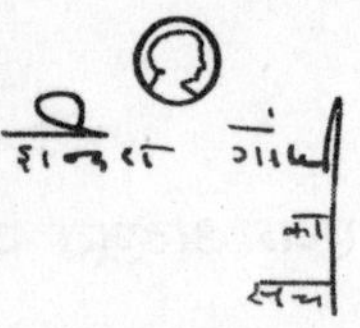

मेनका गांधी : मम्मी (सास- श्रीमती इन्दिरा गांधी) के बिना मैं अनाथ हो गई। मम्मी मुझसे नाराज ही चली गईं। मैंने मम्मी के लिए यह दिन कभी सोचा भी नहीं था। शांति में विश्वास रखने वाले लोगों के इस देश में इस तरह की घटना निंदनीय है।

मेरी स्टोन : इन्दिरा गांधी एक अत्यंत विलक्षण तथा स्वतंत्र व्यक्तित्व वाली महिला हैं और हैं- भारतीयता की भावना से ओतप्रोत।

मेलविले डि मेलो : इन्दिरा जी में सूझ-बूझ, वीर-भावना और शालीनता तो स्पष्टतर है ही, सदैव के समान उनका अदम्य साहस भी वर्तमान है।

मैंजा योना : प्रधान मंत्री श्रीमती इन्दिरा गांधी प्रत्येक दृष्टि से महानतम नेताओं नें से एक हैं।

मैमूना सुल्तान : अपने उत्कृष्ट नेतृत्व में श्रीमती इन्दिरा गांधी ने बड़ी सावधानी और विवेक से अंदरूनी तथा बाहरी खतरों से प्रजातंत्र की रक्षा की है। यही नहीं, उन्होंने सामाजिक और आर्थिक व्यवस्था में आमूल परिवर्तन करने के साथ ही अपने सतत प्रयत्न से प्रजातंत्र के राजनीतिक ढाँचे को अधिक सार्थक बनाकर लोगों में उसके प्रति नई समझ भी पैदा की है।

मोइनुलहक चौधरी : इन्दिरा गांधी हमारे लिए प्रकाश-स्तंभ के समान हैं, जो हमारे भविष्य की दिशा का सतत बोध करा रही हैं।

मो.क. गांधी : इन्दु होनहार है। इन्दु बड़ी तेजस्वी और प्रखर बुद्धि की लड़की है। इन्दु सारे राष्ट्र की लड़की है। उसके रग-रग में त्याग है। वह ऐश्वर्य और आराम की इच्छुक नहीं है। वह ऐश्वर्य चाहती भी नहीं। अपने बाबा

पंडित मोतीलाल नेहरू और अपने पापा पंडित जवाहरलाल नेहरू से उसने अदम्य साहस की कुदरती शिक्षा पाई है। वह अपने पापा के कदमों पर चलने की क्षमता रखने वाली बहादुर लड़की बनेगी। लखनऊ - 30 मार्च, 1936 : चि. इन्दु, कमला के जाने से तुम्हारी जिम्मेदारी कुछ बढ़ जाती है। लेकिन तुम्हारे लिए मुझको कोई चिंता नहीं है। तू ऐसी स्यानी हो गई है कि अपना धर्म अच्छी तरह समझती है। कमला में ऐसे गुण थे, जो सामान्यतया अन्य स्त्रियों में नहीं पाये जाते हैं। मैं ऐसी आशा बाँध बैठा हूँ कि ये सब गुण तुम्हारे में इतनी ही मात्रा में प्रदर्शित होंगे, जैसे कमला में थे। ईश्वर तुम्हें दीर्घायु करे और कमला के गुणों का अनुकरण करने की शक्ति दे। बापू के आशीर्वाद।

मोतीलाल नेहरू : इन्दिरा मासूमियत की साकार मूर्ति है। जवाहर की यह बेटी हजारों बेटों से सवाई होगी।

मोतीलाल वोरा : इन्दिरा जी में सही समय पर सही निर्णय लेने की अद्भुत क्षमता थी। विश्व-एकता, विश्व-शान्ति और विश्व-कल्याण के लिए समर्पित इन्दिरा जी ने मानव को मानव से जोड़ने का जो अभूतपूर्ण कार्य किया है, वह कभी विस्मृत नहीं किया जा सकता। उन्होंने अपनी मातृ-भूमि की स्वतंत्रता, एकता और अखंडता के लिए अपने प्राणों की आहुति दे दी।

मोरारजी देसाई : प्रधान मंत्री श्रीमती इन्दिरा गांधी के नेतृत्व में संपूर्ण राष्ट्र ने एक व्यक्ति की भाँति सक्रिय होकर बांगला देश के मुक्ति-संग्राम में विजय पाई। बहन इन्दिरा ने बड़े साहस का काम कर दिखाया है, जो हम सबकी प्रशंसा की पात्र हैं।

मोहनलाल सुखाड़िया : इन्दिरा जी ने देश की बागडोर सँभालकर उसको कुशल और सक्षम नेतृत्व प्रदान किया है। इन्दिरा जी के आकर्षक व्यक्तित्व

में दृढ़ता और आत्म-विश्वास के साथ-साथ सहयोग और समन्वय की भावना का अद्भुत समावेश है। देश के सम्मुख आई हुई समस्याओं और कठिनाइयों के प्रसंग में इन्दिरा जी ने जिस निपुणता, धैर्य और दृढ़ता का परिचय दिया है, उससे वे जनता में अत्यंत लोकप्रिय हो गई हैं। सामान्य नागरिक की स्थिति में सर्वांगीण सुधार उनकी समाजवादी-नीति का मूलाधार है। लोक-कल्याण की भावना से प्रेरित उनकी नीति प्रत्येक भारतीय के लिए सराहना का विषय है। अपने कृतित्व से उन्होंने नेहरू-परिवार की ख्याति को चार चाँद लगा दिये हैं। जन-कल्याण के लिए वे हमारे राष्ट्र का पूरे जोश-खरोश के साथ नेतृत्व कर रही हैं।

मोहम्मद अली : श्रीमती इन्दिरा गांधी महानतम महिला हैं।

मोहम्मद यूनुस : श्रीमती इन्दिरा गांधी में भरपूर संतुलन और आत्म-विश्वास है, जो कभी धीरज नहीं खोतीं। वे हर काम बड़ी आन-बान-शान से करती हैं। इन्दिरा जी हमें हर तरह की मुसीबतें उठाने से घबराने का नहीं, बल्कि और ताकत के साथ काम करने का हौसला बढ़ाती थीं। देश की सेवा का जो व्रत उन्होंने लिया था, उसे अंतिम साँस तक निभाया था।

मोहम्मद शफी कुरैशी : भारत के जन-साधारण के कल्याण और संपन्नता को ध्यान में रखते हुये श्रीमती इन्दिरा गांधी ने जिस गतिमान नेतृत्व तथा व्यावहारिक आदर्शवाद के साथ सरकार की नीतियों का निर्धारण एवं निर्देशन किया है, वह देश के इतिहास का एक स्वर्णिम अध्याय है।

मोहसिना किदवाई : श्रीमती इन्दिरा गांधी ने जो कुछ भी पिछड़े वर्गों के लोगों और पिछड़े क्षेत्रों के उत्थान के लिए किया है, वह सर्वविदित है। पिछड़े वर्ग का प्रतिनिधित्व करने और पिछड़े क्षेत्रों को अपनाने में हमारी रहनुमा इन्दिरा गांधी के लिए एक आम बात ही नहीं, बल्कि एक दृढ़ संकल्प भी बन गया है।

जबसे इन्दिरा गांधी ने प्रधान मंत्री का पद सँभाला है, तबसे उनके द्वारा पिछड़े क्षेत्रों में हर प्रकार का विकास समुचित ढंग से होता चला आ रहा है। इन्दिरा गांधी की नीतियों से जहाँ देश प्रगति की ओर बढ़ा है, वहीं उसने विदेशों में सम्मान भी प्राप्त किया है। इन्दिरा जी का एक विशेष गुण था कि वे चुस्त रहना ही पसंद करती थीं और लोगों से यही अपेक्षा भी करती थीं।

मौमून अब्दुल गयूम : श्रीमती इन्दिरा गांधी- प्रजातंत्र के सिद्धांतों के प्रति उनकी आस्था और क्षेत्रीय मामलों और गुट-निरपेक्ष आंदोलन के प्रति किया गया उनका योगदान हमेशा बना रहेगा और भावी पीढ़ी के आगे एक उदाहरण प्रस्तुत करेगा।

यशपाल : इन्दिरा गांधी ऐसी नेता थीं, जिन्होंने संस्कारित और परिष्कृत रुचियों को सफलतापूर्वक विकसित किया। उनमें दूसरों को समझने और परखने की अजब क्षमता थी। शायद यही वजह थी कि भिन्न-भिन्न संस्कृतियों, अलग-अलग विचार-धाराओं और रहन-सहन वाले लोग उनको अपने ही कुनबे का सदस्य मानते थे। इन्दिरा जी इस धरा की पुत्री थीं, जिन्हें मानवता और प्रकृति में विद्यमान जीवन के हर रूप, चाहे वनस्पति हो या जीव-जंतु, से प्यार था।

यशपाल कपूर : इन्दिरा जी प्रतिबद्धता की प्रतिमा हैं, जो कटुतम आलोचनाओं और व्यंग्योक्तियों से जरा भी विचलित नहीं होतीं। जिस काम को इन्दिरा जी हाथ में लेती हैं, उसे पूरा करके ही छोड़ती हैं। मुझ-जैसे एक मामूली क्लर्क को इन्दिरा जी ने संसद-सदस्य तक बना दिया। सांसद बनाने के बाद भी मैंने अपने प्रति उनके व्यवहार में कोई फर्क नहीं महसूस किया। तब भी पहले की ही तरह हर रोज सुबह आठ बजे उनके पास चला जाता था। एक बार उन्हें एक प्रोजेक्ट देखने जाना था। मैंने कहा : 'दोनों बच्चों को भी शाम को प्रोजेक्ट

दिखाने ले जाना है।' वे बोलीं : 'दो को नहीं, तीन बच्चों को ले जायेंगे।' उनका तीसरा बच्चा मैं ही था।

यशपाल जैन : महापुरुषों की नियति बड़ी कठोर होती है। ईसा को सूली पर लटकाया गया, सुकरात को विष का प्याला पिलाया गया और गांधी को गोलियों का शिकार बनाया गया। उस श्रृंखला में एक कड़ी और जुड़ गई। इन्दिरा जी कुछ सिरफिरे लोगों का निशाना बन गईं। उन्होंने शान के साथ जीवन जिया, शान के साथ काम किया, शान के साथ राजनीति का संचालन किया और शान के साथ विपक्ष का मुकाबला किया। वस्तुतः उनका कृतित्व जितना प्रभावशाली था, उससे भी अधिक प्रभावशाली उनका व्यक्तित्व था। उनका हँसता हुआ चेहरा सहज ही दूसरों पर जादू कर देता था।

यशवंतराव बलवंतराव चह्वाण : प्रधान मंत्री श्रीमती इन्दिरा गांधी के कुशल, साहसिक और कल्पनाशील नेतृत्व ने हमें संकटों से उबार लिया है। इन्दिरा गांधी का जीवन भारतीय जनता के साथ आत्मसात् हो गया है। जो इन्दिरा गांधी के साथ गुजरता है, वह भारत के साथ गुजरता है और जो भारत के साथ गुजरता है, वह इन्दिरा गांधी के साथ गुजरता है। इन्दिरा गांधी भारत के लिए ही नहीं, संपूर्ण विश्व के लिए अनुकरणीय हैं।

यशवंत सिंह परमार : दृढ़ संकल्प और विचारों को कार्य-रूप में परिणत करने की महती शक्ति की दृष्टि से इन्दिरा जी विश्व-नेताओं में अप्रतिम हैं।

यासर अराफात : श्रीमती इन्दिरा गांधी- वे महान् बहन और महान् नेता थीं। संसार की भलाई के लिए किए गए संघर्षों में उनके द्वारा दिए पूर्ण समर्थन को हम कभी नहीं भूल सकते। मुझे पूर्ण विश्वास है कि उनकी प्रेरणा भारत और

भारतवासियों के साथ हमेशा रहेगी।

यासूहीरो नाकासोने : इन्दिरा गांधी- उनका व्यक्तित्व भव्य और संवेदनशील था।

यू.एन.ढेबर : इन्दिरा जी नेहरू-पीढ़ी की एक ऐसी वास्तविक नेता हैं, जो अपने मस्तिष्क के अनुसार तीव्रतम गति से कार्य करना जानती हैं। देश को प्रजातंत्र की ओर ले जाने के काम में उनका हाथ मजबूत करना और उनकी सफलता की शुभ-कामना करना, अंतिम सेवा है।

येकातेरिना शेवेलेवा : भारत के प्रधान मंत्री के पद पर श्रीमती इन्दिरा गांधी का चुनाव देश की प्रगतिशील शक्तियों की विजय है।

योगेंद्र बाली : बुधवार 31 अक्तूबर, 1984 भारत के इतिहास का सबसे गहरा काला दिन हो गया। ऐसा लगा कि बुद्ध और नानक की धरती पर एक बार फिर गांधी का ही लहू बहा। पाशविकता ने मानवता का खून किया। हिंसा ने अहिंसा को चुनौती दी।

रघुनाथकृष्ण भटनागर : प्रधान मंत्री श्रीमती इन्दिरा गांधी का जीवन अविराम क्रांति की कहानी रहा है। इन्दिरा गांधी चुनौतियों का मुकाबला करने के लिए हमेशा तैयार रहती हैं, जिन्हें अपने आप पर पूरा भरोसा है। वे बहुत व्यावहारिक हैं, जिनकी सफलता का रहस्य है- नम्रता और मर्यादा। उनकी प्रगतिशील नीतियों, सीधे निर्णय, आत्म-विश्वासी दृढ़ निश्चय और आम आदमी के दृष्टिकोण के साथ एकात्मकता ने उन्हें देश की आशा और महत्त्वाकांक्षा का केंद्र-विंदु बना दिया है। नारी होते हुये भी उन्होंने कमाल के साहस का परिचय दिया है।

रघु राय : मैंने कई बार पाया कि इन्दिरा गांधी अन्य बातों से अपना ध्यान हटा लेतीं और लोगों की बातों पर विचार करतीं। जब आवश्यकता होती थी, तो वे परिस्थितियों से बेरहमी से निपटती थीं। उनमें तेजस्विता थी और हमेशा वे लोगों से मिलतीं और विभिन्न कार्यक्रमों में भाग लेती थीं। आमतौर पर फोटोग्राफर की उपस्थिति का उन्हें पता होता था। उनकी तस्वीर खींचना ऐसा था, जैसे - किसी महाविशाल नदी के विभिन्न रूपों को कैमरे में कैद करना।

रघुवीर सहाय : महात्मा गांधी की हत्या और इन्दिरा गांधी की हत्या में बहुत बड़ा अंतर है। महात्मा गांधी के साथ सुरक्षा-व्यवस्था का जमाव नहीं था। उनके साथ विश्वासघात का प्रश्न नहीं था। वे किसी सरकार के मालिक तो नहीं ही थे, कर्मचारी भी नहीं थे। समाज के किसी वर्ग में हिंसा की बात तो दूर, बातचीत द्वारा भी ऐसा समझौता करने की- जिसमें सत्ता का बँटवारा होता हो- शक्ति उनके पास नहीं थी। इन्दिरा गांधी और महात्मा गांधी के मध्य 36 वर्षों में वे सब बातें- जो महात्मा गांधी के पास नहीं थीं- उस व्यक्ति के पास आ गईं, जो राष्ट्र में सबसे महत्त्वपूर्ण व्यक्ति बन गया-बना दिया गया था। उन्हीं में से एक, यानी विश्वासघात उस व्यक्ति की मृत्यु का कारण बना।

रजनीकांत वर्मा : इन्दिरा एक व्यक्ति नहीं, एक दिशा है। इन्दिरा एक नेत्री नहीं, एक सैलाब है। इन्दिरा एक प्रधान मंत्री नहीं, सूरज की प्यारी मीठी किरन है। इन्दिरा एक आंदोलन है, एक उम्मीद है, एक चेतना है और एक हकीकत है। इन्दिरा का मतलब तबदीली है। इन्दिरा का मतलब लोहिया की सप्त क्रांति है। इन्दिरा का मतलब काली दुनियाँ की शक्तिशाली आवाज है।

रजनी पनिकर : जिस गंभीरता, दूरदर्शिता और मानवीय गरिमा से श्रीमती इन्दिरा गांधी भारत की सत्ता सँभाली हुई हैं- प्रत्येक भारतीय के लिए अभिमान का विषय है।

रणवीर सिंह : भारत के महाकाल शिवशंकर की नई शक्ति श्रीमती इन्दिरा गांधी न सिर्फ हमारे देश की, बल्कि वे इस उप महाद्वीप और एशिया की ऐसी आशा हैं- जिनसे बड़ी आशा कोई नहीं है। जिस तरह देश की सफलता और देश के निर्माण के लिए महात्मा गांधी, पंडित जवाहरलाल नेहरू, नेताजी सुभाषचंद्र बोस और सरदार भगत सिंह को हम याद करते हैं, उसी तरह देश को साहस और बहादुरी के साथ समाजवाद के रास्ते पर चलाने के लिए इन्दिरा जी को हम याद करते हैं।

रफीक जकारिया : भारत और दुनियाँ के दबे-कुचले और गरीब लोगों के लिए इन्दिरा गांधी मसीहा थीं। अपने जीवन के अंतिम क्षण तक वे गरीबों के उत्थान के प्रयासों में लगी रहीं। वे भारत के लिए जीती रहीं और भारत के लिए मर गईं, जिस पर शासन के लिए उनका जन्म हुआ था। वे जीते-जी महान् युगद्रष्टा थीं। इसलिए वे मरने के बाद भी अमर हैं।

रत्नशंकर मिश्र : श्रीमती इन्दिरा गांधी की निर्मम और निर्दयतापूर्ण हत्या ने समस्त देश एवं विश्व की आत्मा को झकझोर दिया है।

रत्नाकर पांडेय : राष्ट्र की आशा का केंद्र श्रीमती इन्दिरा गांधी देश की कोटि-कोटि जनता की सामूहिक शक्ति बन गई हैं, जिन्होंने इतिहास का निर्माण किया है। इन्दिरा गांधी के प्रधानमंत्रित्व-काल की कठिनाई की घड़ियों में राष्ट्र में आत्म-विश्वास जागा है।

रवींद घरभरन : श्रीमती इन्दिरा गांधी भारत वसुंधरा की महानतम महिला हैं, जिनका जन्म डूबते हुये भारत की रक्षा करने और उसे भयावह गर्तों से बचाने के लिए हुआ था।

रवींद्रनाथ टैगोर : उत्तरायण, शांतिनिकेतन, बंगाल – 20 अप्रैल, 1935 : प्रिय जवाहरलाल, हमने भरे हुये हृदय से इन्दिरा को बिदा किया। इस स्थान के लिए कितनी उपयोगिता थी- उसकी! मैंने बड़े ही ध्यान से उसे देखा है। तुमने जिस ढंग से उसका लालन-पालन किया है, उसकी मैं सराहना करता हूँ। उसके समस्त शिक्षक एक स्वर से उसकी प्रशंसा करते हैं। मैं जानता हूँ कि छात्रों में वह बहुत ही लोकप्रिय है। मुझे आशा है, परिस्थिति सुधरेगी और वह शीघ्र ही यहाँ लौटकर अपनी पढ़ाई-लिखाई में लग सकेगी। उत्तरायण, शांतिनिकेतन, बंगाल- 9 अक्टूबर, 1935 : प्रिय जवाहरलाल, इन्दिरा को मेरा स्नेह-स्मरण कहना। आशा करता हूँ कि कभी-न-कभी उसे फिर से हमारे आश्रम में आने और उन कुछेक महीनों की स्मृति को नया करने का अवसर मिलेगा, जो उसने यहाँ बिताये थे और हमें सुखी किया था। उत्तरायण, शांतिनेकतन, बंगाल- 21 दिसंबर 1936 : प्रिय जवाहरलाल, इन्दिरा ने अपने पत्र में जिस स्नेह से मेरा उल्लेख किया है, उसने सचमुच मेरे मर्म को स्पर्श किया है। वह बड़ी मनमोहक बालिका है, जो अपने शिक्षकों और सहपाठियों के मन में बड़ी सुखद स्मृति छोड़ गई है। उसमें तुम्हारे चरित्र की दृढ़ता है और है- तुम्हारे विचार भी।

र. शौरिराजन : तीनमूर्ति-भवन में इन्दिरा जी का पार्थिव शरीर सजीव आभा के साथ विराजमान है। देश-विदेश के खास-आम लोग कतार बाँधे आते हैं, श्रद्धांजलि समर्पित करके आगे निकल जाते हैं। नारे बुलंद हैं : 'इन्दिरा गांधी जिंदाबाद…, जब तक सूरज-चाँद रहेगा, इन्दिरा जी का नाम रहेगा…, इन्दिरा गांधी अमर हैं…।' भीड़ का ताँता लगातार बढ़ता जा रहा है। परिवहन-सुविधा के न होने के बावजूद इतने सारे लोग कहाँ से कैसे आये? सुबह से रात तक अविरत पंक्ति- बड़े-बूढ़े, युवक-बालक…! एक अपूरणीय क्षति का अहसास मुझे बहुत अकुला रहा था। उनकी निर्जीव काया की परिक्रमा में कुछ ही क्षण बीते हैं, लेकिन वे दर्द-भरे सिकुड़ते क्षण…! जी हाँ, मुर्दनी चलते-फिरते हम-जैसों की बुझी नजरों में, झुकी गर्दनों में, बोझिल दिलों में, फीके चेहरों पर छा रही थी।

राखी : श्रीमती इन्दिरा गांधी नारी मुक्ति-आंदोलन की जीती-जागती तस्वीर थीं। अंग्रेजी की एक कहावत उन पर सही उतरती है-'शी एक्टेड लाइक ए लेडी एंड थॉट लाइक ए मैन।' अर्थात् नारी की तरह हाव-भाव थी उनकी और विचार पुरुषों-जैसा।

राज कपूर : श्रीमती इन्दिरा गांधी से मैं पहली बार 1956 या 57 में मिला था। यह उन दिनों की बात है, जब मैं 'अब दिल्ली दूर नहीं' बना रहा था। मैं उन्हें कई बार मिला और उन्हें अच्छी तरह जान सका। जो भी उन्हें जानता था, वह उनके धर्म-निरपेक्ष और संयुक्त भारत के सपने को अच्छी तरह समझ सकता था। यह हमारे देश के लिए सबसे बड़ी बदकिस्मती है कि देश के सिपाही ने ही उन्हें मार दिया।

राजनाथ पांडेय : भारत में इस सदी में जितने भी नेता हुये हैं, उनमें महात्मा गांधी के बाद जन-मानस की नाड़ी की जैसी पकड़ श्रीमती इन्दिरा गांधी की है, वैसी अन्य किसी की नहीं। सचाई यही है कि इन्दिरा गांधी बेजोड़ शुद्ध भारतीय राजनीतिज्ञ हैं, जिनकी गंभीरता और गोपनीयता की भारतीय जनता उपासना करती है। कुल मिलाकर एक पहेली होती हुई भी इन्दिरा गांधी जन-मानस में एक बेजोड़ पौ कायम किये हुये हैं।

राजबहादुर : प्रधान मंत्री श्रीमती इन्दिरा गांधी ने स्वयं को शोषित जनता और युवा वर्गों के साथ एकाकार कर दिया है।

राजीव गांधी : भारत की प्रधान मंत्री श्रीमती इन्दिरा गांधी की हत्या हो गई है। इन्दिरा गांधी की हत्या ने राष्ट्र को झकझोर दिया है। वे मेरी ही माँ नहीं, देश भर की माँ थीं। वे सभी को अपने बच्चों-जैसा मानती थीं। जैसे शेरनी अपने बच्चों को पालती है और हर आक्रमण से उनकी रक्षा करती है, वैसे ही

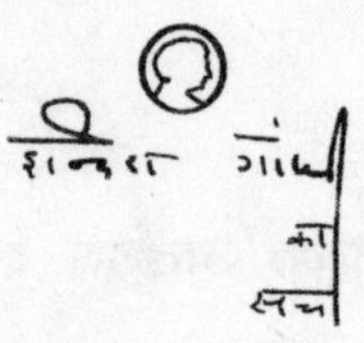

उन्होंने खतरे की परवाह किये बिना भारत के नागरिकों को पाला-पोसा और उनकी रक्षा की। बचपन से उनका एक ही लक्ष्य था-देश की सेवा करना और एक ही प्रबल धुन थी- भारत पर गर्व। वे चाहती थीं कि भारत अपनी कमजोरियों को त्याग ज्ञान और विवेक की राह पर चले और संसार को अपना योगदान दे। वे हर उस चीज के विरुद्ध लड़ीं, जो भारत को कमजोर और जनसाधारण के मस्तिष्क को संकुचित कर रही थी। उन्होंने अपने रक्त की अंतिम बूँद तक इस देश की सेवा की। इन्दिरा गांधी सदा निर्भय रहती थीं। वे साहस की साक्षात् मूर्ति थीं। जैसी वे जीवन-काल में रहीं, वैसी ही मृत्यु के क्षणों में भी। उनका यश और उनका कार्य अमर रहेगा।

राजीव शुक्ल : अगर चौधरी चरण सिंह के हनुमान राजनारायण थे, तो इन्दिरा गांधी के पास भी एक हनुमान थे। ये हनुमान और कोई नहीं, कांग्रेस (इं) के कार्यकारी अध्यक्ष कमलापति त्रिपाठी थे। बात जनता राज के दिनों की है। इन्दिरा गांधी सत्ता से बाहर थीं और काफी परेशान थीं। एक दिन उनसे बिहार के एक पूर्व सांसद मिलने गये। उन्हीं दिनों राजनारायण के चौधरी चरण सिंह का हनुमान बनने की चर्चा काफी जोरों से चल रही थी और चौधरी साहब के प्रधान मंत्री बनने की भी तैयारी हो रही थी। उन पूर्व सांसद महोदय ने इन्दिरा जी से कहा कि आपके पास कोई हनुमान तो है नहीं, आप भला अब दोबारा प्रधान मंत्री कैसे बन सकती हैं। इन्दिरा जी उस समय तो चुप हो गईं, लेकिन बाद में उन्होंने यह बात पंडित कमलापति त्रिपाठी से कही। पंडित जी ने कहा कि आपको कह देना चाहिये था कि मेरे पास एक हनुमान है। इन्दिरा जी ने पूछा कि वह कौन है? कमलापति जी ने कहा कि मैं आपका हनुमान ही तो हूँ। इस पर इन्दिरा जी हँसने लगीं कि पंडित जी कैसी बातें कर रहे हैं! पंडित जी ने कहा कि हनुमान ने भगवान् रामचंद्र का साथ हर मुसीबत में दिया और जब राज-पाट मिला, तो बिना उसकी परवाह किये हनुमानगढ़ी में चले गये-महल में नहीं रहे। उसी तरह मैं आपकी मुसीबत में आपके साथ हूँ। जब कोई कुर्सी की बात आयेगी, तो मुझे

वह नहीं चाहिये। कमलापति जी की बात सुनकर इन्दिरा जी काफी भावुक हो गईं।

राजेंद्र अवस्थी : श्रीमती इन्दिरा गांधी ने भारत की उभरती हुई नई पीढ़ी को एक विश्वास दिया है, जिनकी सफलता का सूत्र है- सीधी और सरल राजनीति। इन्दिरा गांधी ने जो राजनैतिक निर्णय लिए हैं, वे उनकी सूझ-बूझ और पैनी दृष्टि के परिचायक हैं। इन्दिरा गांधी ने आत्म-विश्वास के बल पर संस्कारों को तोड़ा है और भारत की गरीब जनता की महत्त्वाकांक्षाओं को अपना नारा बनाया है। इन्दिरा गांधी ने समय के विवेक को पहचानने की कोशिश की है और एक परिवर्तन की भूमिका को जन्म दिया है। इन्दिरा गांधी ने परिवर्तन के हर रास्ते आसान कर दिये हैं, जिनमें सहसा 'रिस्क' लेने की क्षमता है। इंदिरा गांधी ने पुरानी कहावत 'जो घोड़े पर चढ़ने का साहस करता है, उसी की दौड़ में जीत होती है' को सिद्ध कर दिया है। इन्दिरा गांधी के नेतृत्व में देश को एक मजबूत स्थिति मिली है, उसका विश्वास जागा है और दुनियाँ के अन्य देशों के सामने उसकी स्थिति दृढ़ हुई है।

राजेंद्र कुमारी वाजपेयी : भारत की आत्म-शक्ति की प्रतीक, दुनियाँ की निरीह मानवता की रक्षक, सहृदय नेता, मार्ग-दर्शक, दृढ़ निश्चयी और कीर्ति-स्तंभ प्रधान मंत्री श्रीमती इन्दिरा गांधी का नेतृत्व देश के लिए वरदान है। कथनी और करनी में अंतर न रखना ही इन्दिरा जी की सफलता की कुंजी है। समय पर सही निर्णय लेना और उसे जल्दी कार्यान्वित करना इन्दिरा जी की विशेषता है। इन्दिरा जी में ध्येय की प्रति आस्था है और है- कर्म के प्रति जागरूकता। इन्दिरा जी ने भारत की जनता में आत्म-विश्वास जाग्रत करके मानवता की सेवा की है, जिनकी उपलब्धियों से देश का गौरव बढ़ा है। इन्दिरा जी ने भारत को अंधकार और निराशा के वातावरण से निकालकर प्रकाश और आशा के वातावरण में लाकर खड़ा कर दिया है, जिससे उनका दृढ़ व्यक्तित्त्व उभरकर ऊपर आया है। रत्नों के उत्तम-से-उत्तम रत्न के रूप में इन्दिरा जी भारत को आलोकित कर

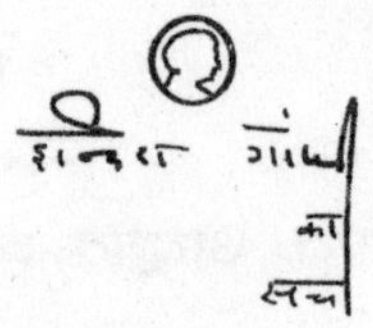

रही हैं। इन्दिरा जी महात्मा गांधी के सपनों को साकार करने में तथा देश से गरीबी और दरिद्रता मिटाने में प्राणपण से जुटी हुई हैं। इन्दिरा जी का प्रत्येक काम करने का तरीका बहुत आत्मीय था। आत्मीयता तो उनके एक-एक व्यवहार से फूटती थी।

राजेंद्र माथुर : 30 जनवरी, 1948 को महात्मा गांधी भारत के बँटवारे के बाद एक पागल आदमी के हाथों मारे गये थे। इस बार इन्दिरा गांधी भारत का एक और बँटवारा रोकने की कोशिश में मारी गईं। पंजाब का जो जहर भारत के शरीर को पिछले दिनों नीला बना रहा था, उसने आखिर श्रीमती इन्दिरा गांधी की जान ले ली। महात्मा गांधी यदि जीवन भर हिन्दू-मुस्लिम एकता की तलाश के बाद मारे गये थे, तो इन्दिरा गांधी ने भारतीय राष्ट्र-राज्य की इमारत को पुख्ता बनाये रखने के लिए अपनी जान दे दी। 70 करोड़ लोगों के इस झगड़े-टंटे से भरे देश को इन्दिरा गांधी ने लगभग 18 वर्ष तक बाँधे रखा। वे खुद 15 साल, 11 महीने प्रधान मंत्री रहीं। लेकिन जब वे प्रधान मंत्री नहीं थीं, तब भी देश उनकी धुरी के इर्द-गिर्द घूमता रहा। विश्व के इतिहास में इन्दिरा गांधी का नाम निश्चय ही बहुत ऊँचाई पर सुर्खियों में लिखा जायेगा।

राजेंद्र यादव : इन्दिरा गांधी में खतरों से खेलने का आत्म-विश्वास था। कोई-न-कोई रास्ता निकाल लेने की उनमें अद्‌भुत क्षमता थी। अपने ही सुरक्षा-गार्डों द्वारा इन्दिरा गांधी की हत्या ने हम सबको स्तब्ध कर दिया और बाद की प्रतिक्रियाएँ देखकर तो सारा मानव-इतिहास जैसे सुन्न हो गया। जूलियस सीजर से लेकर मुगल बादशाहों तक जाने कितने हुए हैं, जिन्हें अपनों ने ही मारने की कोशिश की। गांधी, मार्टिन लूथर किंग, कैनेडी, लियाकत अली खाँ, मुजीब, सादात-सभी की हत्याएँ हुई हैं। मगर सबको मारने वाले घोषित विरोधी थे। उनके पीछे कहीं 'सिद्धान्त' थे, तो कहीं सत्ता की भूख। यह घटना जैसे मानवीय विश्वास और आस्था की हत्या थी।

राजेन नेहरू : इन्दिरा की कर्मठता, लगन, दृढ़ निश्चय और अदम्य साहस सब मिलकर भारत का भाग्य बदल सकते हैं।

राजेश शर्मा : किसे पता है कि देश क्या होता है? अगर हमें देश के बारे में पता होता, तो क्या इन्दिरा गांधी की हत्या की जाती? इन्दिरा गांधी ने इस देश को जाना ही नहीं था, इसे सजाया-सँवारा भी था। इसीलिए वे देश की- इस देश की एकता-अखंडता की प्रतीक हो गई थीं। उन्होंने सारा जीवन देश को बाँधने में बिताया। जैसे आकाश कई रंगो से पूर्णता पाता है, वैसे ही विभिन्न धर्मों-संस्कृतियों के स्वीकार और उनकी भीतरी एकजुटता से ही देश बनता और सुरक्षित रहता है- यह मंत्र उन्होंने देश को दिया और अंत में इस एकजुटता के लिए-इस मंत्र के प्रतिफलन के लिए उन्होंने अपने खून का एक-एक कतरा इस धरती को सौंप दिया। अब देश का आकाश चटका-सा लगता है।

राजेश्वरी शांडिल्य : श्रीमती इन्दिरा गांधी एक महान् महिला थीं। उनमें संकल्प-शक्ति, इच्छा-शक्ति और कार्य-क्षमता का अपूर्व भंडार था। महिलाओं की संपूर्ण विशेषताओं और परंपराओं से प्रभावित होते हुए भी इन्दिरा जी ने जो पुरुषार्थ प्रदर्शित किया, उससे पुरुषों का पुरुषार्थ भी लज्जित हो सकता है।

राबर्ट हॉक : श्रीमती गांधी एक प्रतिभाशाली नेता थीं, जिनके साहस, शक्ति और मार्ग-दर्शन की कमी न सिर्फ भारत के लोगों को, बल्कि समस्त विश्व को बहुत महसूस होगी।

रामऋषि शुक्ल : इन्दिरा जी सत्यं-शिवं- सुंदरम् के आदर्श का पुंजीभूत प्रकाश-पुंज हैं और हैं- भारतीय नारीत्व की अनन्यतम प्रतीक और प्रतिनिधि। प्रधान मंत्री, राष्ट्र की अप्रतिम नेता और मानवता की परित्राता मानवी के रूप में अपने कार्यों से इन्दिरा जी ने निर्विवाद रूप से अपनी योग्यता और कार्य-

क्षमता प्रमाणित कर दी है। देश का जन-मानस एकमत से मान चुका है कि इन्दिरा जी का कोई विकल्प नहीं है। इन्दिरा जी के नेतृत्व में पौराणिक गाथाओं का चमत्कार है। हम सबकी खातिर- अपने प्यारे भारत के खातिर वे शहीद हो गईं। यह विशुद्ध वीरगति है, जो इन्दिरा जी को प्राप्त हुई है-झाँसी की महारानी लक्ष्मीबाई-जैसी वीरगति। भारत की पौराणिक गाथाओं में शक्ति-स्वरूपा और ऊर्जामयी जिस नारी का वर्णन है, उसकी ही युग प्रतिनिधि और प्रस्फूर्ज प्रतीक वस्तुतः इन्दिरा जी थीं।

रामकुमार वर्मा : लक्ष्मीबाई और दुर्गावती की परंपरा में श्रीमती इन्दिरा गांधी ने राष्ट्रीयता को अंतर्राष्ट्रीय स्तर देकर जनता को जनार्दन की वाणी प्रदान की है। इन्दिरा ने अपने कार्यों से भारत रत्न अलंकरण की सार्थकता सिद्ध की है। जय देवि इन्दिरे! मंगल से परिपूर्ण रहे यह नया वर्ष, तुमने समाजवादी विचार से जन-जन को दे दिया हर्ष। यह विजय तुम्हारी है कि 'आत्म-निर्भर' साकार हुआ, इतना विस्तृत है यश- जिसके सम्मुख छोटा संसार हुआ। वह राजनीति की दृष्टि कि जिससे युग-युग की मिट गई भ्रांति, तुमने इस स्वार्थी अर्थ- जगत् में भर दी क्षण में नई क्रांति। जो देश स्वार्थ की नीति लिए थे- न्याय-सत्य का कर विरोध, उनको भारत की इस दुर्गा का शीघ्र हो गया शक्ति-बोध।

रामकृष्ण सिन्हा : प्रधान मंत्री श्रीमती इन्दिरा गांधी विश्व-इतिहास की एक ऐसी बेमिसाल हस्ती हैं, जिन्होंने इतिहास के घटना-क्रम को अपने आदेशों और इशारों पर घटित होने के लिए बाध्य किया है। इन्दिरा जी ने भारत को ही नहीं, विश्व-मानवता को एक नया इतिहास दिया है। विश्व-इतिहास की इस अभूतपूर्व सारथी के सारे करिश्मों का एक ही रहस्य है और वह है- बहादुरी से निर्णय लेना व निश्चय पर अमल करना।

रामचंद्र तिवारी : इन्दिरा जी में आंतरिक नैतिक शक्ति और साहस

कूट-कूटकर भरा हुआ है। वे अपने विचारों के प्रति निष्ठावान हैं और हैं- अडिग आस्था वाली।

रामचंद्र वाल्मीकि : देश को जो गौरव, मान और प्रतिष्ठा इन्दिरा जी ने दिलाई है, वह अभूतपूर्व है। इन्दिरा जी सच्चे अर्थों में जनता की आशा हैं, जिनकी प्रमुख विशेषता है- शत्रुओं के साथ नम्रता और मित्रों पर स्नेह। आज हर गरीब, पिछड़ा और उपेक्षित व्यक्ति यह महसूस करने लगा है कि देश की बागडोर एक ममतामयी नारी के हाथ में है- जो हर एक के दुःख- दर्द को समझती है, सबका ख्याल रखती है और सबके जीवन को सुखी बनाने के लिए जान भी दे देने की तमन्ना रखती है। दया, सहानुभूति, साहस एवं दृढ़ता से ओत-प्रोत यह नारी देवी-स्वरूपा है और है- जन-जन की आशा की किरण। इसी महिमामयी नारी की दृढ़ता, सूझ-बूझ और अपार साहस ने सभी संकटों पर विजय पाई और महाशक्तियों को भी स्वीकार करना पड़ा कि भारत अजेय है, जिसे झुकाया नहीं जा सकता।

रामदुलारी सिन्हा : इन्दिरा जी का अपनत्व, घनिष्ठता और नेतृत्व पाकर मैं हमेशा अभिभूत हुई। आज जब वे नहीं हैं, तो यह सोचकर मन विचलित हो जाता है कि वे हाथ जो मेरे संबल थे, अब कहाँ मिलेंगे!

रामफल : भारत की प्रधान मंत्री श्रीमती इन्दिरा गांधी को संपूर्ण राष्ट्रकुल में अत्यंत प्रतिष्ठित नेता के रूप में देखा जाता है।

राममोहन पाठक : इन्दिरा सिर्फ प्रधान मंत्री या कोई राजनेता नहीं, न जाने कितने अनाम रिश्तों को पहचान देती एक शख्सियत हैं- जो मर नहीं सकतीं। इसलिए जब यह सुना गया कि इन्दिरा मर गयीं, तो न जाने कितनी माताओं ने अपनी बेटी और बहू के शून्य में खो जाने का अहसास भरे मन और

रोती हुई आँखों में समेट लिया- न जाने कितनों की इन्दिरा बहन, रहनुमा, हमसफर और नेता खो गया। यह किसी एक व्यक्ति की सामान्य-सी मौत नहीं, एक बहादुर राष्ट्र-भक्त की शहादत है। इन्दिरा जी के साथ ही एक समूचा युग समाप्त हो गया।

रामलाल : श्रीमती इन्दिरा गांधी देश के जीवट की प्रतीक हैं, जिन्होंने देश में लोकतंत्र की जड़ों को मजबूत किया है।

रामसरन शर्मा : इन्दिरा भावुक हैं, कोमल हैं, करुणामयी हैं और हैं- स्वयं दीप्त भारतीय भाग्याकाश का सूर्य। इन्दिरा में सोच-समझ है, सूझ-बूझ है, कल्पनाशीलता है, लालफीते से चिढ़ है और है- अन्याय को दूर करने की आकांक्षा।

रामसहाय पांडेय : इन्दिरा जी देश की महान् शक्ति हैं और हैं- देश की विचार-धारा की ज्योति-स्तंभ।

रामसेवक श्रीवास्तव : श्रीमती इन्दिरा गांधी का पार्थिव शरीर पंचतत्त्व में विलीन हो गया। उन्हें एक कविता की ये पंक्तियाँ बहुत प्रिय थीं : 'अपनी पंखुड़ियों के खोल में बंद लाखों गुलाब उछलते हैं, मेरी साँस खिला सकती है एक पूरा बगीचा। मेरी हथेलियों में सोया है एक समूचा जंगल।' वह साँस सदा-सदा के लिए टूट गई। वे हथेलियाँ निर्जीव हो गईं। एक महाकाव्य अधूरा रह गया।

रामाश्रय दीक्षित : एक सुसज्जित कक्ष में हस्त-निर्मित दो आकर्षक चित्र टँगे थे। एक महानुभाव पधारे और वहाँ बैठे एक बच्चे से उन्होंने पूछा : 'इन चित्रों का परिचय दो, बेटे।' बालक बोला : 'यह चित्र है- पंडित जवाहरलाल नेहरू का और यह चित्र है- इनकी बेटी इन्दिरा गांधी का।' बालक का बड़ा भाई

बोला : 'नहीं, ये हैं- इन्दिरा गांधी और ये हैं- इनके पिता पंडित जवाहरलाल नेहरू।' आगंतुक महोदय मुस्कराए : 'इतना अंतर ?' वस्तुतः अंतर नहीं असलियत है- यह। बाप के कंधे पर बैठकर बेटी ने दूर तक देखा, समझा और अपना कार्य कर दिखाया। वर्तमान ही नहीं, भविष्य भी कहेगा- यही। सर्व साधारण ने देखा कि देश-हित को दृष्टि में रखकर चतुर्मुखी प्रतिभा- संपन्न इन्दिरा जी मुक्त-कंठ से मुक्त विचार बोल रही हैं- मुक्त गति से चल रही हैं। विश्व के व्यथित एवं व्यथा- मुक्ति के लिए संघर्षरत वर्ग ने इन्दिरा जी को मानवता का प्रतिनिधि माना और घटना - क्रम ने घोषणा की : 'इन्दिरा- एक इतिहास।'

रुद्र प्रताप सिंह : राष्ट्र-माँ स्वर्गीया श्रीमती इन्दिरा गांधी बीसवीं शताब्दी की विश्व की सबसे महान् नेता थीं। उन्होंने विश्व-समुदाय में भारत के मस्तक को बहुत ऊँचा किया है। विश्व एवं मानवता के इतिहास में उनका नाम स्वर्ण-अक्षरों में लिखा जायेगा। उनका कार्य-काल 'इन्दिरा- युग' के नाम से स्मरण किया जायेगा।

रूपनारायण त्रिपाठी : साहस की वह ज्योति-पताका, हम सब हैं जिसके आभारी। हर अँधियारे से टकराई, सूरज की वह राजकुमारी। तन की कोमलता पर खनके, यों इतनी दृढ़ता बरदानी। चढ़ा हुआ ज्यों एक सुमन पर, सौ-सौ तलवारों का पानी। आमार दीदी - तोमार दीदी, इन्दिरा दीदी जिंदाबाद!

रोजा देशपांडे : साम्राज्यवादी - विघटनवादी ताकतों के खिलाफ प्रधान मंत्री श्रीमती इन्दिरा गांधी प्रमुख शक्ति हैं और हैं- बुर्जुआ समुदाय की एकमात्र नेता।

रोनाल्ड रीगन : श्रीमती इन्दिरा गांधी की निर्मम हत्या आतंकवाद का प्रतीक है, जिसमें हम सभी घिरे हैं। प्रधान मंत्री इन्दिरा गांधी की उपलब्धियाँ तथा

स्मृतियाँ मानवता को प्रेरणा देती रहेंगी।

लक्ष्मीकांत वर्मा : इन्दिरा गांधी खतरे के साथ जीना पसंद करती थीं, यानी- अपने विश्वास के साथ जीना चाहती थीं। इन्दिरा जी मूलतः पुरुषार्थ का जीवन जीना चाहती थीं। गांधी की नेकीयता और उनके परमार्थ- भाव को उन्होंने अपनाया था।

लक्ष्मीमल्ल सिंघवी : इन्दिरा जी का आतिथेय अद्वितीय था। वे एक संभ्रांत, शालीन, सस्मित नैसर्गिक आभिजात्य की मूर्तिवान छवि थीं। उनकी मुस्कराहट में एक आत्मीयता थी। उनके व्यक्तित्व में सदैव एक ताजगी रहती थी। कहीं कोई थकान नहीं, कोई शिकन नहीं, राजनीति के उस सोपान में हर संघर्ष ने उनके व्यक्तित्व में उपलब्धि का एक अध्याय जोड़ा। इन्दिरा जी के स्वभाव में एक साहसिक कठोरता भी जुड़ी, किंतु व्यक्तित्व में कटुता नहीं आई। इन्दिरा जी का अभिषेक इतिहास के सुयोग उनके व्यक्तिगत गुण और परिस्थितियों के संयोग ने एक साथ मिलकर किया था।

लक्ष्मी शंकर मिश्र निशंक : जब तक प्रकाश है दीप्त तरंगित गंगा-जल, जब तक जनतंत्र रहेगा जीवित धरती पर। तब तक न भूल पायेगा तुमको अखिल विश्व, तब तक इन्दिरा! तुम्हारा यह बलिदान अमर।।

ललित नारायण मिश्र : श्रीमती इन्दिरा गांधी एक ऐसी नेता हैं, जिनकी दुनियाँ में कोई मिसाल नहीं है। महात्मा गांधी ने जिस आत्मिक - शक्ति के प्रभाव से संपन्नता को समानता तक लाने का स्पप्न देखा था, उसी मोर्चे पर इन्दिरा गांधी लोक-जीवन की संपूर्ण शक्ति के साथ खड़ी हैं। उन्होंने अपने सुदृढ़ और संयत आचरण से हमें चुनौतियों का मुकाबला करने वाली मन : स्थिति दी है। उनके कुशल नेतृत्व के अंतर्गत ही देश महत्त्वपूर्ण उपलब्धियाँ प्राप्त कर सका है।

लल्लन प्रसाद व्यास : 'मेरी जिंदगी एक मुसलसिल सफर है, कि मंजिल पर पहुँचे तो मंजिल बढ़ा दी।' - किसी शायर द्वारा व्यक्त हुआ मानव-जीवन का यह सर्वोच्च मानदंड जितना प्रधान मंत्री श्रीमती इन्दिरा गांधी के लिए सटीक लगता है, उतना शायद ही किसी और के लिए सटीक लगता हो। जिस प्रकार एक के बाद एक सफलताएँ और उपलब्धियाँ इन्दिरा जी ने अपने प्रधानमंत्रित्व- काल के दौरान अर्जित कीं- उनसे निस्संदेह वे भारत ही नहीं, विश्व की एक महानतम विभूति बन गई हैं। भारत के समसामयिक इतिहास में तो शायद ही कोई ऐसी विभूति हो, जिससे इन्दिरा जी की समानता की जा सके। इन्दिरा जी भारत की धरती से उपजी उन विशिष्ट संतानों में हैं, जिन्होंने अपने जीवन में भयंकर आँधी-तूफानों को सफलतापूर्वक स्वीकार किया। यह निर्विवाद सत्य है कि इन्दिरा जी ने देश को नवीन दिशा, प्रेरणा, उत्साह और शक्ति प्रदान की है। इन्दिरा जी के रूप में भारत का नेतृत्व विश्व-रंगमंच पर ऐसा तेजोमय रूप में प्रतिष्ठित है, जिसके सामने कई महाशक्तियों के नेतृत्व भी बौने लगने लगे हैं। इन्दिरा जी की सफलताओं और उपलब्धियों में भारत के भाग्योदय का पूर्वाभास होता है- ऐसा पूर्वाभास, जो सूर्योदय के पूर्व क्षितिज पर फैली लालिमा का स्मरण कराता है।

लाभुबहन मेहता : इन्दिरा जी का हृदय अपने महामानव पिता पंडित जवाहरलाल नेहरू के प्रति प्रेम और भक्ति से पूर्ण था। पिता की प्रत्येक इच्छा के अनुसार वे अपना कर्तव्य भक्त की भावना से अदा करती थीं। पिता के जीवन के प्रति घंटे का वे चिंतापूर्वक ध्यान रखती थीं और एक कुशल परिचारिका की तरह वे उनकी सार-सँभार करती थीं। पिता-पुत्री देश-विदेश की समस्याओं पर परस्पर विचार-विमर्श करते थे और एक-दूसरे को सलाह-सूचना भी देते थे। किसी भी गंभीर मामले की चर्चा में वे पिता-पुत्री न रहकर, समान कार्य-क्षेत्र के साथी बन जाते थे। वे सिर्फ उनकी पुत्री ही नहीं, वरन् मंत्री, सलाहकार और सच्ची आंतरिक मित्र भी थीं- जिनके प्रेम और भक्ति के बल पर पंडित जी अपनी जिंदगी के अंत तक कार्यरत बने रहे।

लालकृष्ण आडवाणी : श्रीमती इन्दिरा गांधी के निधन से एक सदी का अंत हो गया है। घृणित कृत्य की निंदा करने के लिए मेरे पास शब्द ही नहीं हैं। देश ने एक महान् देश-भक्त नेता खो दिया है।

लालबहादुर शास्त्री : श्रीमती इन्दिरा गांधी को रोमन अकादमी के एजादबिल्लादएस्ते- पुरस्कार से सम्मानित करने से यह सिद्ध होता है कि कूटनीति के क्षेत्र में महिलाएँ पुरुषों से आगे हैं।

लिंडन बी. जानसन : श्रीमती इन्दिरा गांधी ने अपने आपको बहुत स्वाभिमानी, उदार और योग्य महिला सिद्ध किया है। वे अपने ढंग की दृढ़ निश्चय करने वाली घोर स्वाधीनचेता शासक भी हैं। जो भारत को जानना चाहता है, उसे उनको जानना चाहिये।

लीला रामकुमार भार्गव : इन्दिरा जी विश्व की महानतम महिला थीं। उनका महत्त्वपूर्ण व्यक्तित्व था। इन्सानियत उनमें कूट-कूटकर भरी हुई थी। उनका जीवन आदर्श रहा है।

लीलावती मुंशी : भारत के प्राचीन ऋषियों ने जो साम-दाम-दंड-भेद बताये थे, उनका इन्दिरा जी ने सफलता के साथ प्रयोग किया।

लोकपति त्रिपाठी : इन्दिरा जी ने अपने कृतित्व से देश का नाम उज्ज्वल किया और देश को नई दिशा-नया जीवन देकर उस मार्ग पर आरूढ़ किया, जिस पर चलकर कृतज्ञ राष्ट्र 'इन्दिरा-युग' का सदैव स्मरण करता रहेगा। इन्दिरा जी ने उस अपार शक्ति, अदम्य साहस और सतर्क दूरदर्शिता का परिचय दिया- जिससे संपूर्ण विश्व आश्चर्यचकित है। इन्दिरा जी ने देश के प्रति पूर्ण प्रतिबद्धता और समर्पण का उदाहरण प्रस्तुत किया। इन्दिरा जी ने गीता के

मूल-मंत्र 'कर्मण्येवाधिकारस्ते मा फलेषु कदाचन' का अनुशीलन किया और वे देश को देश बनाने के महान् कार्य में अबाध गति से आगे बढ़ती गईं।

व. वें. गिरि : उदय होते हुये भारत के भाग्य के प्रमुख उत्तराधिकारी के रूप में श्रीमती इन्दिरा गांधी का कार्य कोई सरल कार्य नहीं है। साहस और दूरदर्शिता से इन्दिरा गांधी भारतीय जनता की आशाओं-आकांक्षाओं की प्रतीक बन गई हैं। इन्दिरा गांधी पर जनता को जितना विश्वास है, उतना विश्वास शायद ही किसी नेता पर हो।

वसंत साठे : श्रीमती इन्दिरा गांधी देश की गौरव हैं। इन्दिरा जी के स्वभाव में एक बात थी कि वे दबाव में झुकती नहीं थीं।

वाई.वी.चंद्रचूड : श्रीमती इन्दिरा गांधी संकट की घड़ियों में साहस की तस्वीर थीं।

वायलेट अलवा : राष्ट्र की प्रौढ़ता और विज्ञता ने श्रीमती इन्दिरा गांधी में अपार विश्वास प्रकट किया है।

वाल्मीकि चौधरी : राष्ट्रीय भावना, राष्ट्र भाषा और भारतीय संस्कृति में अमिट विश्वास रखने वाली श्रीमती इन्दिरा गांधी को जिन लोगों ने देखा होगा, जो उनके निकट संपर्क में आये होंगे, जिस किसी ने उनसे बातें की होंगी तथा जो उनसे मिले होंगे- उन सभी ने उनके बारे में यही धारणा बनाई होगी कि वे नेताओं में महान् राजनेता हैं और हैं- राजनेताओं में महामाता। इन्दिरा जी ने जो लोकप्रियता, नेतृत्व की शक्ति और गौरव प्राप्त किया, वह अद्‌भुत और चमत्कारी है। इन्दिरा जी में आदर्श, नम्रता और मानव-सेवा की उत्कट वृत्ति के दर्शन होते हैं। उनमें जाति, धर्म और संप्रदाय की नेता होने की संपूर्ण क्षमता और

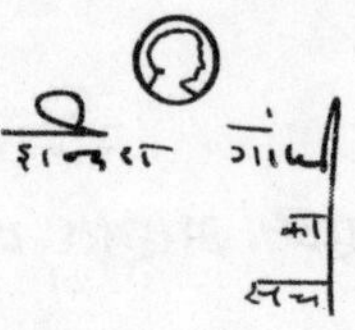

प्रतिभा मौजूद है।

वी.एन.गाडगिल : स्वर्गीय प्रधान मंत्री इन्दिरा गांधी के नेतृत्व में चौमुखी विकास हुआ। श्रीमती गांधी ने अनाज, उद्योग एवं विज्ञान के क्षेत्र में विश्व में भारत को महान् स्थान दिलाया। निर्गुट आंदोलन को आगे बढ़ाने में उनका महान् योगदान रहा।

विजय अमृतराज : प्रधान मंत्री श्रीमती इन्दिरा गांधी की हत्या से विश्व में रिक्तता आ गई है। वे हमारे समय की एक सर्वाधिक गतिशील नेता थीं।

विजय मर्चेंट : श्रीमती इन्दिरा गांधी ऐसी नेता थीं, जो भारत के समस्त समुदायों में सद्भाव और सहयोग की भावना बनाये रख सकीं और उन पर नियंत्रण भी रखा।

विजया लक्ष्मी पंडित : इन्दिरा का अभ्युदय केवल उसकी योग्यता और उसके द्वारा किये हुये कार्यों का परिणाम है। इन्दिरा केवल अपने काम और अपनी योग्यता के बल पर ऊपर उठी है। वास्तव में इन्दिरा ने अनेक वर्षों से बराबर कठिन परिश्रम किया है और वह आज जिस पद पर पहुँची है, उसकी वह सर्वथा अधिकारी है। इन्दिरा एक प्रभावशाली राजनीतिज्ञ है, जिसके अंदर एक योग्य राजनीतिज्ञ के सभी गुण मौजूद हैं। इन्दिरा के प्रति जनता के मन में बहुत स्नेह है।

विजयेंद्र स्नातक : भारत के राजनीतिक क्षितिज पर एक ही नक्षत्र अपनी तेज, दीप्ति, कांति और शक्ति से आलोकित हो रहा है, जिसको कहते हैं- इन्दिरा प्रियदर्शिनी। इन्दिरा का नेतृत्व इस देश के लिए शक्ति का नेतृत्व है। इन्दिरा के कुशल नेतृत्व की भारत ही नहीं, विश्व के बड़े-बड़े राष्ट्र भी सराहना कर रहे

हैं। इन्दिरा की प्रशासनिक कुशलता, परिस्थितियों को समझने की दूरदर्शिता और महान्-से-महान् दायित्व को वहन करने की क्षमता से समस्त संसार चकित है। भारतीय नारी का ऐसा तेजस्वी रूप शताब्दियों के बाद देखने में आया है। मानवीय मूल्यों की रक्षा के लिए उठ खड़ी होने वाली यह भारतीय नारी विश्व की सबसे महान् नारी ही नहीं, न्याय, नीति और स्वातंत्र्य की सजीव प्रतिमूर्ति ही समझी जायेगी।

विट्ठलभाई पटेल : श्रीमती इन्दिरा गांधी के नेतृत्व में भारत को अंतर्राष्ट्रीय जगत् में प्रतिष्ठा प्राप्त हुई है।

विद्याचरण शुक्ल : युद्ध और शांति के क्षेत्रों में प्रधान मंत्री श्रीमती इन्दिरा गांधी ने नेतृत्व की अद्‌भुत विशिष्टताओं को प्रदर्शित किया है। दलितों के हितों की उत्कट रक्षिका के रूप में उन्होंने ऐसे प्रगतिशील आर्थिक कदम उठाये हैं, जिनके द्वारा करोड़ों पीड़ितों की संपन्नता के लिए एक महान् पथ प्रशस्त हो गया है। खेलों और श्रीमती इन्दिरा गांधी के बीच गहरा भावनात्मक संबंध था। साहसिक अभियानों, खेलों और खिलाड़ियों के कल्याण में श्रीमती गांधी की गहरी दिलचस्पी होती थी।

विनोद भारद्वाज : चार्ली चैप्लिन-सरीखे महान् अभिनेता और फिल्मकार ने अपनी आत्म-कथा में इन्दिरा गांधी को सुंदर बताया है। इन्दिरा गांधी का व्यक्तित्व चित्रकारों को भी आकर्षित करता रहा है।

विनोबा : इन्दिरा भारत की संस्कृति का आदर करती है। 'सुखदुःखे समे कृत्वा लाभालाभौ जयाजयौ'- ऐसा गीता का आधार लेकर वह बोली है। अंतर्राष्ट्रीय क्षेत्र में वह बहुत ही कुशलतापूर्वक अच्छा काम कर रही है। उसकी विदेश-नीति सशक्त रही है।

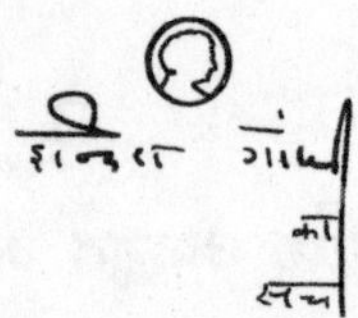

विमला पाटिल : श्रीमती इन्दिरा गांधी का व्यक्तित्व प्रभावशाली व विशाल था। इतिहास गवाह है कि किसी भी महिला के हाथ में इतनी शक्ति कभी नहीं थी, जितनी कि उनके पास थी। उनके देशवासियों ने उनसे बहुत प्यार किया। दृढ़ इच्छा-शक्ति, फुरतीली और क्रोधी स्वभाव वाली इन्दिरा ने उस समय भारत को सँभाला, जबकि प्रमुख सत्ताएँ भी उस महाविध्वंस से घबरा रही थीं, जिसका सामना मानव कर रहा था। उनके बिना भारत फिर से वैसा नहीं हो सकता है।

विमला मेहता : देश की निर्धन, पीड़ित और शोषित जनता के लिए श्रीमती इन्दिरा गांधी प्रबल आशा-दीप हैं। वे इस विशाल देश की नौका को बड़े-बड़े झंझावातों के बीच से सफलतापूर्वक खेती हुई निरंतर विकास की ओर ले जा रही हैं।

वि.मा. कुलकर्णी : सुनहले सपने, कुशाग्र बुद्धि, सीधे-सरल विचार, हिम्मत, जीवट के कार्य आदि जाने कितने मानवीय पहलू हैं- जो प्रधान मंत्री श्रीमती इन्दिरा गांधी का नाम लेने पर आँखों के समक्ष उपस्थित हो जाते हैं। इन्दिरा गांधी में एक सुयोग्य शासनाध्यक्ष के सभी गुण विद्यमान हैं, जिनमें सही निर्णय लेने की पूरी क्षमता है। इन्दिरा गांधी एक निर्भय महिला हैं, जो हर परिस्थिति का मुकाबला साहस से करते हुये देश का कुशल नेतृत्व कर रही हैं। इन्दिरा गांधी विश्व के उन राष्ट्रनायकों में से एक हैं, जिन्हें जनता से असीम स्नेह और प्यार मिला है तथा जो जनता में बेहद लोकप्रिय हैं। वे स्थिति पर ठीक उसी प्रकार काबू पाती हैं, जिस प्रकार बाज झपटकर पक्षी को दबोच लेता है। वे किसी भी विषय को उसकी तह तक जाकर समझने की चेष्टा करती हैं, जिनसे किसी बात को छिपाया नहीं जा सकता । वे आवरण को भेदकर उसके अंदर छिपी हुई सही वस्तुस्थिति को भाँप लेती हैं।

विलियम ह्वाइट : श्रीमती इन्दिरा गांधी भारत की उदारवादी और

व्यावहारिक नेता रही हैं।

विश्वंभरनाथ पांडेय : 'भारतवाणी' - इन्दिरा गांधी अभिनंदन-ग्रंथ की चारों- पहली और दूसरी अंग्रेजी, तीसरी हिंदी और चौथी उर्दू- जिल्दें श्रीमती इन्दिरा गांधी को समर्पित करते हुये हम सम्मान का अनुभव कर रहे हैं। राष्ट्र के जीवन की महत्त्वपूर्ण बेला में इन्दिरा गांधी ने जिस साहसी, तेजस्वी और बुद्धिमत्तापूर्ण नेतृत्व का परिचय दिया और भारत की जनता ने उनके प्रति जिस अगाध प्रेम और सम्मान का प्रदर्शन किया, यह अभिनंदन-ग्रंथ उसी का एक विनम्र प्रतीक है। इन्दिरा गांधी ने महात्मा गांधी और अपने पिता पंडित जवाहरलाल नेहरू के पदचिह्नों का अनुसरण किया। गरीबी और शोषण के विरुद्ध वे देश की जनता का नेतृत्व कर रही हैं। हमारी जनता के लिए तो वे आशा की प्रतीक बन गई हैं।

विश्वनाथ प्रताप सिंह : प्रधान मंत्री श्रीमती इन्दिरा गांधी राष्ट्रीय एकता, समता, सहिष्णुता और सद्भाव की जीवंत प्रतीक हैं। इन्दिरा गांधी राष्ट्रीय एकता की ऐसी सशक्त धुरी हैं, जिनसे देश के कोने-कोने के हर तबके के लोग जुड़े हैं। इन्दिरा गांधी भारतीय राजनीति की उपग्रह हैं, जिनकी वाणी जन-जन की वाणी है। इन्दिरा गांधी ने देश को एक नई दिशा दी है और विश्व-राजनीति में भारत का गौरव बढ़ाया है। इन्दिरा गांधी ने सूर्य के सदृश हमारा मार्ग प्रकाशित किया है और उनके प्रकाश-पुंज के प्रकाश में हम आगे बढ़ रहे हैं। इन्दिरा एक नाम नहीं, एक सिद्धांत है-जिसने देश को विश्व की अग्रणी कतार में जाकर खड़ा कर दिया है। वे देश की पौरुष, चंडी, चंदन और उम्मीद थीं। उन्होंने वर्तमान को तोड़कर भविष्य बनाया और भविष्य के गर्भ से इतिहास रचा। जहाँ इतिहास उनके आड़े आया, दुनियाँ ने इतिहास को उनके सामने घुटने टेके भी देखा। इन्दिरा जी की लगी गोलियाँ पूरे देश को लगी हैं, जिसकी वे प्रतिमूर्ति थीं।

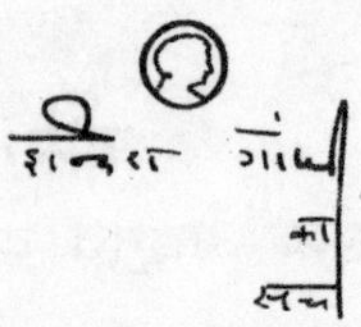

विश्वमित्र शर्मा : इन्दिरा गांधी - विश्व की पहली महिला प्रधान मंत्री। यूँ तो कुछ अन्य छोटे-छोटे देशों में प्रधान मंत्री का पद महिलाओं ने सँभाला है, परन्तु भारत-जैसे विशाल और विभिन्न संस्कृतियों, भाषाओं तथा रीति-रिवाजों वाले देश का प्रधान मंत्री बनना एक चुनौती भरा काम था। इन्दिरा जी लगभग बीस वर्षों तक भारत की प्रधान मंत्री रहीं। इन्दिरा जी अपने विश्वास पर इतनी दृढ़ थीं कि उन्हें डिगाना असंभव था। इसी दृढ़ धारणा और विश्वास के कारण उन्होंने अनेक समस्याओं के हल ढूँढ़ने के यत्न किये और अधिकांश भारतीय जनता में लोकप्रियता प्राप्त की।

विष्णुकांत मालवीय : श्रीमती इन्दिरा गांधी एक विश्वविख्यात महिला-रत्न थीं। देश के हित को सर्वोपरि मानते हुए उन्होंने निःस्वार्थ भाव से देश और देशवासियों के लिए अपने कर्त्तव्य का पालन किया और विश्व के महानतम राजनेता के रूप में मान्यता पाई।

वी.एस.नायपॉल : श्रीमती इन्दिरा गांधी ने भारत को स्थिरता प्रदान की थी और उसकी केंद्रीयता को शक्ति दी थी। उनके बिना ये नहीं रह जातीं। अपने पिता का अनुसरण करते हुये श्रीमती गांधी ने जो स्थायित्व पैदा किया, उससे भारत की प्रगति हुई।

वी.के.आर.वी. राव : श्रीमती इन्दिरा गांधी का ध्येय देश को एक ऐसी स्थायी और गतिशील सरकार प्रदान करना है, जो प्रगति की दिशा में देश को तेजी से आगे ले जा सके।

वी.दिमाशित्स : अपनी आर्थिक उपलब्धियों और जवाहरलाल नेहरू द्वारा शुरू की गई गुटनिरपेक्ष नीतियों पर चलकर आज दुनियाँ में भारत एक बड़ी ताकत बन गया है। स्वर्गीया इन्दिरा गांधी अपने पिता की ही नीतियों पर चलती थीं।

वीरेंद्र कुमार जैन : खबर कर दो जमाने में, कि दिल्ली के राजसिंहासन पर, राज करती है आजकल, भगवान् परमहंस की माँ, हजार-हजार हाथों वाली। वह हिरण्य के पास में बंदी हिरण्यगर्भ को, मुक्त करने आई है...। वह अपनी कोटि-कोटि चिर अनाथ, भूखी-नंगी, बेमकान संतानों को, अपनी विश्वंभरा गोद में उठाकर, उन्हें अपनी स्वाधीनता, सत्ता और संपदा का, अधीश्वर बनाने आई है...।

वीरेंद्र मिश्र : ऋतु सुगंधों की सहज मिलती नहीं सबको, यह व्यथा की कथा वोगन वेलिया मत रो, हँसेगी प्रियदर्शिनी तू प्रार्थना कर तो, द्वार पर है सातरंगी अल्पना, पूर्ण होगी हर अधूरी कल्पना। भोर की धरती भले ही हो बहुत घायल और काला हो न अपनी धूप का आँचल।

वीरेंद्र सिंह : 30 जनवरी, 1948 को जिन गोलियों ने मोहनदास करमचंद गांधी के पार्थिव अस्तित्व को छिन्न-भिन्न कर दिया था, वे घृणा की बारूद और मदांधता के सीसे से बनी हुई थीं और 31 अक्टूबर, 1984 को जिन गोलियों ने इन्दिरा गांधी के शरीर को छलनी कर निष्प्राण बना दिया, वे भी घृणा की बारूद और मदांधता के शीशे से बनी हुई थीं। श्रीमती गांधी के व्यक्तित्व में कुछ ऐसा अनोखा था, जो कश्मीर से कन्याकुमारी तक इस देश के लाखों लोगों का प्यार, प्रशंसा और गर्वयुक्त सम्मान प्राप्त करता था।

वीरेंद्र स्वरूप : श्रीमती इन्दिरा गांधी का जो रूप उभरकर आया है, वह सतत् राजनीतिक ढाँचे में ढला हुआ है। उनका यह विकास सीधा-सपाट न होकर, विभिन्न कठिनाइयों से परिमार्जित होता हुआ आया है। प्रजातांत्रिक नेता के रूप में सफलता उनकी उपलब्धि है। वे सहज ही जनता में निहित तथ्यों को पढ़ लेती हैं और अपनी मौलिकता से उन्हें सँवारकर प्रस्तुत कर देती हैं।

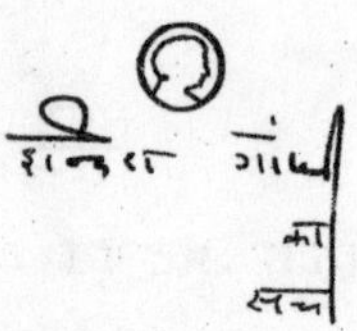

वृंदावनलाल वर्मा : जिस प्रकार 1857 के प्रथम स्वतंत्रता-संग्राम में झाँसी की वीरांगना महारानी लक्ष्मीबाई ने बागडोर सँभाली और अपने त्याग-बलिदान से इतिहास में अमर नाम छोड़ा, उसी प्रकार आज देश के नव निर्माण में पूज्य बापू और नेहरू जी के आदर्शों की रक्षार्थ श्रीमती इन्दिरा गांधी के कंधों पर जो बोझ आया है- उसे निभाने में वे पूर्णतः सक्षम एवं सफल हों, भगवान् से यही प्रार्थना है।

वेल्स हैंगेल : इन्दिरा की सुंदरता निजी और सार्वभौमिक है, हालांकि अपने इस वैशिष्ट्य का बोध उन्हें स्वयं नहीं है।

व्यथित हृदय : भारतीय इतिहास के पृष्ठों में साहस, शक्ति और धैर्य के अनेक सजीव दृष्टांत मिलते हैं, पर उनमें इन्दिरा जी के साहस, शक्ति और धैर्य की अपनी एक अलग विशेषता है। झकोरों में सदा मुस्कराते रहना, विरोधियों के आवर्त्तों में भी अपने पथ पर साहसपूर्ण ढंग से चलना और दारुण-से-दारुण परिस्थिति पर विजय प्राप्त करना-इन्दिरा जी के महान् व्यक्तित्व की विशेषताएँ हैं। इन्दिरा जी ने अपने साहस, अपनी शक्ति और निर्भीकता से इस छिपी हुई रहस्यमयी सार्थकता को सिद्ध कर दिया है : 'के बोले माँ, तुमि अबले।' इन्दिरा जी ने अपने साहस, अपनी शक्ति, सूझ-बूझ और राजनीतिक कुशलता से संसार में विशिष्ट स्थान बना लिया है। अपनी प्रतिभा, योग्यता और क्षमता से ही इन्दिरा जी विश्व की सर्वश्रेष्ठ नारी के रूप में समादृत की जाती हैं। संसार में जितने भी राजनीतिक नेता अथवा राजनयिक महापुरुष हैं, उनमें किसी को भी उतनी सुख्याति नहीं प्राप्त हो सकी है- जितनी कि सुख्याति इन्दिरा जी को प्राप्त हुई है। देश-विदेश के प्रश्नों को लेकर बार-बार जितने झकोरे और क्रूर आवर्त्तन इन्दिरा जी के जीवन में उठे हैं, उतने किसी भी राजनीतिक नेता अथवा राजनयिक महापुरुष के जीवन में नहीं उठे हैं। यह इन्दिरा जी की अदम्य शक्ति और साहस है कि वे सभी झकोरों और क्रूर आवर्त्तों को अपने पैरों के नीचे दबाती हुई बड़ी

निर्भीकता के साथ अपनी राह पर आगे बढ़ती जा रही हैं।

ब्रजलाल वर्मा : भारत में महात्मा गांधी ने जिन मूल्यों के लिए यावज्जीवन संघर्ष किया और अपना जीवन अर्पित कर दिया, उन्हीं मूल्यों के लिए श्रीमती इन्दिरा गांधी हर खतरे का आलिंगन करते हुये निरंतन समस्याओं से जूझ रही हैं। इन्दिरा गांधी के अविचल संकल्पों के आगे बेचारे विकल्पों ने सर झुकाकर विदा होने की अनुमति चाही है।

शंकर दयाल शर्मा : लोकतांत्रिक समाजवाद की कुशल शिल्पी श्रीमती इन्दिरा गांधी एक ऐसे समाज का स्वप्न देखती आ रही हैं, जिसमें उपेक्षित वर्गों को सामाजिक और आर्थिक न्याय मिल सके, समाज के प्रत्येक प्राणी को आगे बढ़ने के लिए समान अवसर प्राप्त हो सके, गरीबी मिट सके और विषमताएँ समाप्त हो सकें। भारत के करोड़ों गरीबों को पूर्णतया समर्पित इन्दिरा गांधी ने समाजवाद के आदर्श को भारतीय नागरिकों के स्वभाव के अनुकूल ढालने तथा समाज में व्याप्त सामाजिक और आर्थिक असमानताएँ - विषमताएँ दूर करने के लिए समतावादी समाज- रचना की गहरी नींव डाली और उस पर पायदार समाजवादी ढाँचा खड़ा करने के लिए ऐसे कार्यक्रमों को सामने रखा, जिनके क्रियान्वयन से उपेक्षित और पिछड़े हुये वर्गों के लोगों को सामाजिक और आर्थिक न्याय दिलाया जा सके। महात्मा गांधी और पंडित जवाहरलाल नेहरू के भविष्य के भारत की कल्पना को व्यावहारिक रूप देने में इन्दिरा गांधी ने अद्वितीय सफलता प्राप्त की है। पंडित जवाहरलाल नेहरू ने राष्ट्र को अपनी जो विरासत सौंपी है, उसकी रक्षा करने के साथ-ही-साथ उनके स्वप्न को साकार करने के लिए आज राष्ट्र 'इन्दिरा-युग' में प्रविष्ट होकर प्राणपण से लोकतांत्रिक समाजवाद की दिशा में जन-आकांक्षाओं के अनुरूप इन्दिरा गांधी के नेतृत्व में आगे बढ़ रहा है। यदि भारत एक सूत्र में बँधा है और विश्व के देशों में सिर उठाकर अपने भविष्य के प्रति आश्वस्त दिखाई देता है, तो उसका एकमात्र कारण है- इन्दिरा गांधी का

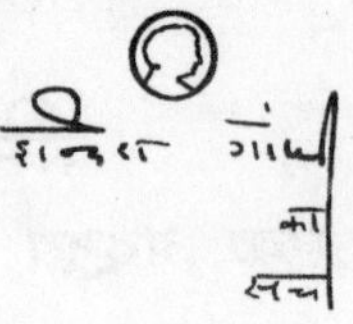

नेतृत्व। इन्दिरा गांधी के सफल नेतृत्व का सबसे उल्लेखनीय गुण है- समय पर सही कदम उठाना।

शंकर दयाल सिंह : सैकड़ों वर्षों बाद वह समय आया है, जब इन्दिरा जी के नेतृत्व में भारत ने नया इतिहास गढ़ा। संघर्षों, विषम परिस्थितियों, कोलाहलों, झंझावातों और तूफानों के बीच से इन्दिरा जी ने देश को निकालकर अपने रास्ते को निर्धारित किया। इन्दिरा जी के अतिरिक्त विश्व में शायद ही किसी नेता को इतने झंझावातों का सामना करना पड़ा हो। आज दुनियाँ के सशक्त नेताओं की पंक्ति में इन्दिरा जी का नाम आता है। भारत की प्रतिष्ठा को इन्दिरा जी ने जिस मंजिल तक पहुँचाया है, वह अतीत में भारत को शायद ही कभी प्राप्त हुआ हो। देश की जनता ने इन्दिरा जी को जो प्यार और सम्मान दिया है, वह भी दुर्लभ है। अपने व्यक्तित्व की आभा से इन्दिरा जी ने इतिहास को मोड़ दिया है और इसीलिये यह कहना कठिन है कि आज इतिहास उनके साथ चल रहा है या वे इतिहास के साथ चल रही हैं। इन्दिरा जी के व्यक्तित्व की यह विशेषता रही है कि जब-जब वे संकटों से घिरी हैं, तब-तब उन्होंने अपनी दूरदर्शिता के बल पर उसे और भी परिष्कृत रूप में सामने लाकर रखा है। इन्दिरा जी का ही व्यक्तित्व ऐसा है, जो हर प्रकार की चुभन को बरदाश्त कर लेता है- आस्कर बाइल्ड की उस बुलबुल के समान, जिसने अपना रक्त श्वेत गुलाब को किसी की खुशी के लिए लाल बनाने के लिए दे दिया था। जिन परिस्थितियों में आसमान टूट जाये और जमीन खिसक जाये, उन परिस्थितियों में भी इन्दिरा जी धीरज नहीं खोतीं और न उनके मुँह पर खेलती स्मित हास्य-रेखा ही विगलित हो पाती है- जीवन की करुणा को अभेद्य चेतना से वे धो देती हैं; वैसे ही, जैसे कमल पंक से ऊपर उठकर अपने आपको निर्लिप्त बना लेता है। बांगला देश की मुक्ति के बाद लिखी गई महाकवि रामधारी सिंह दिनकर की चार पंक्तियाँ मुझे रह-रहकर याद आती हैं : 'माँ बहुत दिनों बाद, तुमने विजय का मुकुट पहना है। बेटे तो तुमने बड़े-बड़े पैदा किये थे, लेकिन यह मुकुट एक बेटी का दिया गहना है।' 'माँ'

अर्थात् 'भारत माँ' और 'बेटी' अर्थात् 'प्रधान मंत्री श्रीमती इन्दिरा गांधी।' कितना सटीक और सही विश्लेषण है- इन्दिरा जी के व्यक्तित्व का! इन्दिरा जी हर दृष्टि से एक बहादुर महिला और नेता थीं। निर्भयता उनके व्यक्तित्व में कूट-कूटकर भरी हुई थी तथा दृढ़-संकल्प भी ऐसा कि जिस बात को ठान लेती थीं, उसको करके ही रहती थीं। यह कहना भी गलत नहीं होगा कि वे शांति की नहीं, संघर्ष की भी नेता थीं।

शंभूनाथ चतुर्वेदी : भारतीय साहित्य, संस्कृति और कला की दीपशिखा के रूप में श्रीमती इन्दिरा गांधी अपनी आलोक-किरणों को केवल भारत ही में नहीं, अपितु संपूर्ण विश्व में विकीर्ण कर रही हैं। इन्दिरा जी महाशक्ति के रूप में उभरी हैं। उनका व्यक्तित्व हैः 'वज्रादपि कठोरानि, मृदूनि कुसुमादपि।' वे अपने संकल्पों की अभिपूर्ति में सुदृढ़ शिला हैं। देश की जनता के लिए उनका अंतस् प्रसूनों से भी अधिक मसृण और सुकुमार है। समाजवा ी प्रासाद के निर्माण में वे एक कर्त्तव्यनिष्ठ शिल्पी हैं और हैं- देश की अवाम को सुख-सुविधा देने वाली भागीरथी। उनका व्यक्तित्व और कृतित्व हमें लक्ष्मीबाई की याद दिलाता है, 'जोन आफ आर्क' की सुधियाँ ताजा करता है और सबसे ऊपर जयशंकर प्रसाद के जीवन-काव्य 'कामायनी' की श्रद्धा की स्मृति दिला देता है। आस्था का दीप उनकी हथेली पर रखा है, विपत्तियों के झंझावात उनसे भयभीत हैं और वे मानव की उँगली पकड़कर उसे आनंद लोक की ओर ले जा रही हैं। इच्छा, ज्ञान और क्रिया के बल पर वे समाजवादी मंजिल की ओर निरंतर बढ़ती जा रही हैं। राष्ट्रीय और अंतर्राष्ट्रीय क्षितिज में प्रगति का उड़ा गुब्बारा, सृष्टि के तपनशील उर से शीतलता का फूटा फव्वारा। अशांति की पनडुब्बी से टकराई शांति और शील की शार्क, कहर ढहाने वाले हिम-शृंगों ने फिर देखी 'जोन आफ आर्क'। भ्रांति दिशा-भ्रम में पड़ी- रो उठी अशांति, नित श्री नव आनन पर भभक उठी लोक-क्रांति। गुलामी जिसकी चेरी है-जननी है देश-भक्ति, जो विश्व-वंदित है-इन्दिरा की है महाशक्ति।

शचीरानी गुर्टू : स्निग्ध चाँदनी के समान शांत-मधुर व्यक्तित्व, अंतर की गहराइयों में डूबी-सी निःस्पृह मुस्कान और भीतरी संवेदना दर्शाने वाली स्वच्छ दर्पण-सी सजग, आस्थावान एवं कुशाग्र बुद्धि इन्दिरा भारत के कर्मठ यौवन की प्रतीक हैं। इन्दिरा न केवल भारत, वरन् विश्व राजनीति के रंगमंच पर एक जीवित केंद्र-विंदु हैं। आजादी का पौधा विशाल वृक्ष के रूप में लहलहा उठे, इसके लिए स्वयं सरस्वती इन्दिरा के रूप में भारत-वसुंधरा पर अवतीर्ण हुई हैं। इन्दिरा में नवीनता का आवेग है, तूफानी हवा का मतवालापन है और है- रूप-रस-गंध से भरपूर प्राणों की ऊष्मा। वे नया मार्ग बनाती हुई दृढ़ कदमों से आगे बढ़ी हैं। अपने मधुरिम व्यक्तित्व से भारत के नये खून में उन्होने नित्य नये उत्साह का संचार किया है। उनके बहुमुखी पहलू हैं, जो विभिन्न परिस्थितियों में विकसित हुये हैं।

शमीम अहमद शमीम : वजीरेआजम श्रीमती इन्दिरा गांधी की कयादत ने सिर्फ तारीख ही नहीं बनाई, बल्कि एक नया जुग्राफिया भी बनाया है। वजीरेआजम ने बड़े-बड़े कारनामे अंजाम दिये हैं।

शरद पवार : श्रीमती इन्दिरा गांधी का निधन देश के लिए ही नहीं, बल्कि समूची निर्गुट दुनियाँ के लिये अपूर्णीय क्षति है।

शरदेंदु : इन्दिरा जी भारत के साथ एकाकार हो चुकी थीं। उनके बिना भारत को और भारत के बिना उनकी कल्पना असंभव थी।

शरीफ फारूक : श्रीमती इन्दिरा गांधी भारतीय एकता की प्रतीक हैं और हैं-भारतीय गौरव की निशान।

शहनाज हुसैन : पहली नवम्बर को तीनमूर्ति-भवन में मैं एक ऐसे महामानवी को अपना श्रद्धा-सुमन अर्पित करने जा रही थी, जिसके निधन ने

सारे विश्व को झकझोर कर रख दिया था। हतप्रभ, स्तब्ध, निर्जीव मेरा मन बर्बर घटना एवं आघात से बैठा जा रहा था-मस्तिष्क फटा जा रहा था। मैं समझ नहीं पा रही थी कि जो उनसे प्यार और उनकी आराधना करते थे, उनके बिना रहने का साहस कैसे सँजो पायेंगे! मेरे सामने मसीहा का पार्थिव शरीर पड़ा था। शोकाकुल वातावरण, अश्रुपूरित आँखें, अगरबत्ती की सुगंध, गुलाब की बिखरी पंखुड़ियाँ, मंत्रोच्चार और मौत का सन्नाटा। मैं आँसू से धूमिल निगाहों से उस महिला को श्रृद्धांजलि दे रही थी, जिसकी मैंने आजीवन पूजा की थी। तीनमूर्ति-भवन मृत्यु की चादर ओढ़े था।

शार्दूल विक्रम गुप्त : इन्दिरा जी को उनके पिता पंडित नेहरू इन्दिरा प्रियदर्शिनी कहते थे। प्रियदर्शिनी का अर्थ होता है, जो देखने में प्यारी लगे या जिसे देखना प्रिय लगे। यह बात इन्दिरा जी के व्यक्तित्व के साथ जीवन के अंतिम क्षणों तक जुड़ी रही। इन्दिरा जी की जिंदगी हमेशा घटना-संकुल बनी रही और जिन्दगी के हर मोड़ पर उन्होंने मर्द की-सी दृढ़ता का परिचय दिया। उनकी यादों की याद से एक सचाई उभरती है और वह सचाई हैं- इन्दिरा जी सचमुच फौलाद की बनी थीं।

शिवकुमार कौशिक : विश्व के सभी दिवंगत नेताओं के पुत्र-पुत्रियों में केवल इन्दिरा जी ही ऐसी हैं-जिन्होने उत्तराधिकार में मिली महत्त्वपूर्ण थातियों को न केवल सार्थक किया है, वरन् उन्हें नया आयाम भी दिया है।

शिवप्रसाद सिंह : इन्दिरा सचमुच एक चमत्कार का नाम है। इन्दिरा की सबसे बड़ी शक्ति थी कि वे नारी थीं, बल्कि नारी-जाति में भी अमूल्य रत्न थीं। जन्म के समय साढ़े चार पौंड वजन वाली इन्दिरा सचमुच में हिमालय थीं।

शिवमंगलसिंह सुमन : 'मिट्टी की बारात' - भारत की मूर्तिमान विजय-श्री श्रीमती इन्दिरा गांधी को। इन्दिरा जी को मैं भारत के इतिहास के संदर्भ

में झाँसी की रानी के पश्चात् सबसे वर्चस्वशील नारी मानता हूँ। इन्दिरा जी का जीवन है-उत्सर्ग और तपोनिष्ठ। इन्दिरा नाम है राष्ट्र-चेतना के, है प्रलयंकर कल्पों का, इन्दिरा नाम है नये राष्ट्र के, अप्रतिहत संकल्पों का, जो कीर्तिमान बन गई, राष्ट्र के शौर्यों-औदार्यों की, इन्दिरा हिंद की शान-आन आर्यों की।

शिवसागर मिश्र : आत्म-विश्वास, निर्भीकता और सत्य-संकल्प की साकार-सजीव प्रतिमा श्रीमती इन्दिरा गांधी अपने सहज स्वभाव से ही साहसी हैं। कहा जा सकता है कि इन्दिरा गांधी जाग्रत जन-मानस और युग-चेतना की साकार, सजीव और सार्थक प्रतिमा हैं। देखते-देखते इन्दिरा गांधी का नाम काल के निस्सीम पटल पर प्रज्वलित प्रकाश-पुंज के रूप में अंकित हो गया है। अपूर्व, अनुपमेय और अद्भुत व्यक्तित्व है-इन्दिरा गांधी का । स्वाधीनता के पूर्व जन-मानस की सच्ची अनुभूति थे-महात्मा गांधी और स्वाधीनता के बाद जन-मानस की साकार अनुभूति हैं-इन्दिरा गांधी । इन्दिरा गांधी के व्यक्तित्व में अपने पितामह पंडित मोतीलाल नेहरू की एकांतिक गरिमा, महात्मा गांधी की निर्भीकता, कवींद्र-रवींद्र की मानवीयता और अपने पिता पंडित जवाहरलाल नेहरू की उदारता एकाकार हो उठी है। शक्ति और साहस इन्दिरा गांधी की अपनी विशेषता है, जिनके आलोक से वे जाज्वल्यमान हैं। जैसे वाक्य और अर्थ संपृक्त होते हैं, वैसे इन्दिरा गांधी संपृक्त हैं-शक्ति और साहस से।

शिवसागर रामगुलाम : प्रधान मंत्री श्रीमती इन्दिरा गांधी विश्व की एक महान् साहसी महिला हैं, जिन्हें विश्व के सभी लोकतांत्रिक देशों के लोगों की श्रद्धा प्राप्त है। इसके अतिरिक्त इन्दिरा गांधी महान् संग्राम की नेता हैं, वह महान् संग्राम है-गरीबी के खिलाफ।

शिवानी : अपने अस्त-व्यस्त, ध्वस्त और आहट चित्र को संयत कर अपने जीवन के कठोरतम वज्रपात से जिस सहजता के साथ श्रीमती इन्दिरा गांधी

ने अपने को समायोजित कर दिखाया है, उसकी महत्ता का लोहा उनके प्रबल-से-प्रबल आलोचकों को भी मानना ही पड़ेगा। शक्तिस्वरूपा महिमामयी इन्दिरा गांधी का यह अनासक्त विवेकशील व्यवहार उन्हें निश्चय ही सामान्य मानवी से बहुत ऊपर उठा गया है। अपने अविचलित धैर्य से इन्दिरा गांधी भारत की प्रत्येक नारी को बहुत कुछ सिखा गईं।

शिवेंद्र नारायण : प्रधान मंत्री श्रीमती इन्दिरा गांधी भारत के राजनीतिक क्षितिज पर नवशक्ति की संदेशवाहिका बनकर अवतीर्ण हुई हैं। प्रशासन-कार्य के जिस गरिमा या ओज की आवश्यकता होती है, वह उन्हें पितृ-परंपरा से सहज ही प्राप्त है। किंतु विशेषता इस बात में है कि इन्दिरा गांधी ने केवल पितृ-परंपरा का पालन ही नहीं किया, अपितु यथाप्राप्त परंपरा को एक नवीन रूप देकर उसे मौलिक रीति से विकसित भी किया। इन्दिरा गांधी ने अपने सिद्धांतों में महात्मा गांधी की विचार-धारा का समावेश किया और कार्य-पद्धति में पंडित जवाहरलाल नेहरू की भावना को प्रतिष्ठित किया। किंतु अपने स्वीकृत सिद्धांतों को व्यवहार के धरातल पर लाने में उन्होंने अप्रतिम प्रतिभा का प्रदर्शन किया। राजनीतिक दृष्टिकोण से देखा जाय, तो यह स्पष्ट प्रतीत होगा कि इन्दिरा गांधी ने ऐसे-ऐसे अद्‌भुत कार्य किये हैं-जो भारत के इतिहास में अक्षय स्वर्णिम पृष्ठ बन गये हैं। इन्दिरा गांधी में निस्संदेह कुछ ऐसे अलौकिक गुण हैं, जिनके प्रभाव से वे संपूर्ण विश्व की सर्वश्रेष्ठ महिला के रूप में स्वीकृत हुई हैं। निश्चय ही इन्दिरा गांधी राष्ट्र की एक ऐसी शक्ति हैं, जिसे भारतीय जनता दुर्गा अथवा चंडी के रूप में स्मरण करती है।

शीला कौल : इन्दिरा जी की नृशंस हत्या से हम सब शोक-विह्वल हैं। उन्होंने हमारे राजनैतिक जीवन में जिस नेतृत्व का निर्माण किया, उससे हमारे देश की गरिमा बढ़ी है। राष्ट्र की आखंडता, एकता, धर्म-निरपेक्षता एवं विश्व-शांति उनके निष्ठापूर्ण आदर्श रहे हैं।

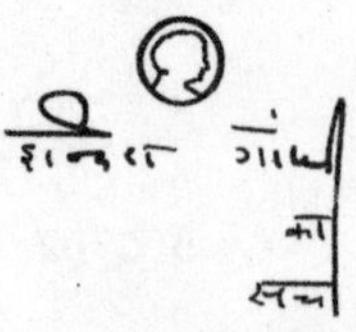

शीला झुनझुनवाला : रोज सुबह इन्दिरा जी अपनी कोठी के लंबे खुले मैदान में जनता से क्रमवार मिलती हैं और उसकी बातें ध्यानपूर्वक सुनती हैं। यह क्रम चलतां रहता है-प्रति दिन किसी मंदिर के पवित्र कार्यक्रम की तरह।

शेख अब्दुल्ला : इन्दिरा जी भारत की निर्विवाद नेता हैं। उन्होंने जाने कितने तूफानों का सामना किया है। उनमें गजब का साहस है। उनके नेतृत्व में देश ने आर्थिक क्षेत्र में जो प्रगति की है, उससे इन्कार नहीं किया जा सकता।

शेख मुजीबुर्रहमान : प्रधान मंत्री श्रीमती इन्दिरा गांधी भारत की ही नेता नहीं हैं, बल्कि समूची मानव-जाति की भी नेता हैं। वे साहसी और विचित्र महिला हैं और हैं-शक्तिस्वरूपिणी दुर्गा।

शेर सिंह : श्रीमती इन्दिरा गांधी भारत के उन नेताओं में से एक हैं, जिन्होंने देश की शासन-व्यवस्था को स्थायित्व प्रदान किया है और अपने कर्म-कौशल से भारत का नाम समूचे विश्व में ऊँचा किया है। विश्व की राजनीति में इन्दिरा गांधी ने अपना महत्त्वपूर्ण स्थान बना लिया है। भारत के राजनीतिक क्षितिज पर इन्दिरा गांधी का उदय एक युगांतरकारी घटना है। इन्दिरा गांधी जिस विस्तृत भित्ति पर नये भारत का निर्माण कर रही हैं, वह एक दृढ़ आधार-शिला पर स्थित है।

शैलेश मटियानी : इन्दिरा गांधी की हत्या की प्रतिक्रिया में जो काली आँधी इस देश के कई भागों में विनाश-लीला करती रही, वह छोटी नहीं है। उसने संसार के इस सबसे बड़े लोकतंत्र को फिलहाल भूगोल के स्तर पर विखंडित नहीं भी किया है, तो इसकी अंतड़ियों को संघातकता की हद तक ध्वस्त जरूर कर दिया है। इन्दिरा गांधी की हत्या इस महादेश के लिये एक भयावह अपशकुन के रूप में प्रकट हुई है।

श्यामनंदन किशोर : श्रीमती इन्दिरा गांधी ने अपनी दूरदर्शिता, बहुमुखी प्रतिभा, कठिन मेहनत, शोषितों-उपेक्षितों के प्रति सक्रिय करुणा, मनुष्यता के प्रति सच्ची निष्ठा और विश्वोदय के लिए दृढ़ आस्था के कारण संपूर्ण विश्व के राजनेताओं और समाज-सुधारकों में अपना गौरवमय स्थान बना लिया है। इन्दिरा गांधी ने अपने अथक परिश्रम से देश को नव निर्माण की ठोस भूमि पर प्रतिष्ठित किया है और स्वतंत्रता को वास्तविक अर्थों में चरितार्थ होने की शक्ति दी है। इन्दिरा गांधी ने राष्ट्रीय ऐक्य को बढ़ाकर देश की आर्थिक और सामाजिक स्थितियों को सुदृढ़ बनाया है। दुःख-दर्द और शोषण से पिसने वाले मनुष्यों के प्रति उनमें अगाध ममता है और वे उन्हें सुखी-संपन्न बना देने वाली महाशक्ति हैं। हमारा सौभाग्य है कि हमारी पीढ़ी को उनका सबल नेतृत्व मिल रहा है।

श्यामा चरण शुक्ल : श्रीमती इन्दिरा गांधी ने जनता के हितों के लिए सदा संघर्ष किया है। समाज के पिछड़े वर्गों से तो उन्होंने तादात्म्य स्थापित कर लिया है। प्रजातंत्र और लोक-जीवन को सुदृढ़ बनाने में उनका योगदान अद्वितीय और अविस्मरणीय है। निस्संदेह वे अपने साहसिक क्रांतिकारी कार्यों से भारतीय राजनीति में एक महाशक्ति के रूप में प्रकट हुई हैं।

श्रीकांत वर्मा : प्रधान मंत्री श्रीमती इन्दिरा गांधी संसार की अकेली राजनेता हैं-जिन्होंने इतिहास के इस रहस्य को समझा है कि नैतिक, राजनैतिक और सामाजिक तीन अलग-अलग मोर्चे नहीं हैं, बल्कि महान् राष्ट्र बनाने के लिए तीनों ही मोर्चों पर एक साथ लड़ना और कामयाब होना होता है। इन्दिरा गांधी उस भारतीय प्रतिभा की प्रतीक बन गई हैं, जो अपने विकास और प्रवाह के लिए दिशाएँ ढूँढ़ रही हैं। इन्दिरा गांधी ने विचार को कर्म में परिणत कर भारतीय जीवन में व्याप्त जड़ता को एकबारगी तोड़ दिया है। इन्दिरा गांधी की बात धुंध को तोड़कर समग्र जनता तक उसी तरह पहुँचती है, जिस तरह कि अति सरलीकरण से अपने को मुक्त करती हुई बुद्धिजीवियों के साथ अपना तादात्म्य कायम करती है। इन्दिरा

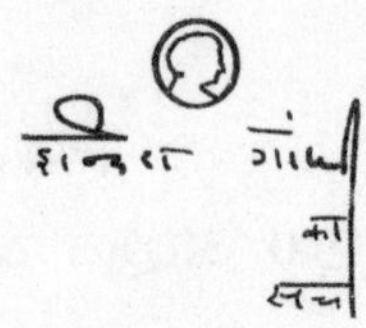

गांधी में कठोर परिश्रम करने की अपूर्व क्षमता है। इन्दिरा गांधी के व्यक्तित्व की सबसे बड़ी विशेषता यह है कि वे अनेक स्तरों पर जीवन जीती हैं और देशवासियों की समस्याओं को दो टूक समझती हैं। इन्दिरा गांधी का व्यक्तित्व बहुआयामी था। इन्दिरा जी का व्यक्तित्व आधुनिक था। मगर यह दिखावे की आधुनिकता या पश्चिमोन्मुख आधुनिकता नहीं थी। अपनी राष्ट्रीय परंपराओं से वे कभी विमुख नहीं हुईं। यह कहना अधिक सही होगा कि वे परंपरा और आधुनिकता का मिलन-स्थल थीं। 31 अक्टूबर, 1984 को इन्दिरा गांधी को नहीं, भारतीयता को गोलियों से छलनी कर दिया गया।

श्रीदत्त रामफल : श्रीमती इन्दिरा गांधी में दया, साहस, क्षमा, दृढ़ निश्चय और विनम्रता के गुणों का अद्‌भुत समन्वय था।

श्रीनाथ सिंह : इन्दिरा जी शांत, दृढ़ और अजेय नेता के समान खड़ी हैं। वे देश को समाजवाद की ओर ले जाने के लिए कटिबद्ध हैं। उनके नेतृत्व में भारत राष्ट्रीय जीवन के प्रत्येक क्षेत्र में तेजी से अग्रसर हो रहा है। धन्य इन्दिरे भव्य भवानी, भारतीय हृदयों की रानी, दिया असंभव को संभव कर, तेरा जय-जयकार करें हम।

श्रीनारायण चतुर्वेदी : इस बात का पूरा श्रेय श्रीमती इन्दिरा गांधी को है कि भारत ऐसा पिछड़ा और धनहीन देश परमाणु बम बनाने में सफल हुआ है। इसके लिए इन्दिरा गांधी की जितनी प्रशंसा की जाय, कम है।

श्रीपति मिश्र : शैशव काल से ही इन्दिरा जी भारतीय जन-मानस के दर्शन और चिंतन का विषय रही हैं। आंतरिक और वाह्य दोनों मोर्चों की समस्याओं के समाधान के लिए इन्दिरा जी ने साहसपूर्ण राष्ट्र-हितकारी कदम उठाये हैं। इन्दिरा जी के उदय ने देश-विदेश के जन-मानस को उद्‌भासित कर दिया है।

श्रीप्रकाश : श्रीमती इन्दिरा गांधी दूसरों की अपेक्षा, अपने पिता पंडित जवाहरलाल नेहरू के विचारों और कार्यों से अधिक अवगत हैं। ऐसी दशा में उनके द्वारा नेहरू जी के आदर्शों का पालन अधिक संभव है।

श्रीलाल शुक्ल : 'इन्दिरा ही इंडिया है- इंडिया ही इन्दिरा है' के नारे को राजनीतिक अलंकार-शास्त्र की उपज मानते हुए भी इन्दिरा को हमेशा मैं ऐसे दुर्लभ गुणों का समुच्चय मानता रहा हूँ, जो भारत के किसी भी समकालीन नेता में एक साथ नहीं मिलते। इन्हीं गुणों से इतने वर्षों तक वे भारत की नियंता रहीं, उसकी प्रतीक बनकर राजनीतिक रंगमंच पर वे बराबर पहली कतार में मौजूद रहीं- ऐसी कतार, जो अकेले उन्हीं से बनी थी। राजनीतिक आपाधापी में 'प्रभु'-शब्द की मध्यकालीन अवधारणा के बावजूद, वे सही अर्थों में राष्ट्र की प्रभु थीं।

संजय गांधी : मेरी माँ श्रीमती इन्दिरा गांधी ने देश की गरीब और उपेक्षित जनता को उसका वाजिब हक दिलाने के लिए क्रांतिकारी कदम उठाये हैं, जिनसे आशा की नई किरण फूटी है। वे एक जनप्रिय नेता हैं, इसमें दो राय नहीं है।

संत प्रसाद टंडन : श्रीमती इन्दिरा गांधी के व्यक्तित्व के निर्माण में उनके दादा पंडित मोतीलाल नेहरू, पिता पंडित जवाहरलाल नेहरू व माता श्रीमती कमला नेहरू का योगदान था। धार्मिकता व निडरता का गुण उन्होंने दादी श्रीमती स्वरूपरानी नेहरू से पाया। श्रीमती गांधी सही मायने में वैष्णव थीं और महात्मा गांधी की इस भजन की पंक्ति की प्रतीक थीं- 'वैष्णव जन तो तेने कहिए, जे पीड पराई जाणे रे।'

सत सोनी : पंडित जवाहरलाल नेहरू की बहादुर बेटी श्रीमती इन्दिरा गांधी स्पष्ट वक्ता हैं, जिन्होंने जब भी जो महसूस किया-साफ-साफ कह दिया। इन्दिरा गांधी की सफलता का कारण है-नेहरू जी की तरह दृढ़ता। यह कहना

गलत न होगा कि इस संदर्भ में वे नेहरू जी से दो कदम आगे हैं। सफल राजनीतिज्ञ की पैनी दृष्टि उनकी अपनी है, लेकिन उस दृष्टि को पुख्ता किया है-नेहरू जी के साथ बिताये समय ने।

सत्यकेतु विद्यालंकार : 'पुत्रादिच्छेत् पराजयम्'-उक्ति के अनुसार स्वर्गीय पंडित जवाहरलाल नेहरू की आत्मा यह देखकर कितनी प्रसन्न होगी कि उनकी सुपुत्री श्रीमती इन्दिरा गांधी ने वह कर दिखाया है, जो शायद नेहरू जी का स्वप्न ही रहा होगा।

सत्यदेव शर्मा : पंडित मोतीलाल नेहरू की दृढ़ता, व्यावहारिकता, सूझ-बूझ तथा अदम्य साहस और पंडित जवाहरलाल नेहरू की आदर्शवादिता, अंतर्राष्ट्रीयता तथा सर्वतोमुखी व्यापक दृष्टिकोण-जैसे महान् गुणों का समन्वय इन्दिरा जी के व्यक्तित्व में है।

सत्यनारायण सिन्हा : भगवान् अवश्य इन्दिरा जी के द्वारा कोई विशेष कार्य कराना चाहता है, तभी दैवी प्रेरणा के रूप में उनका उदय हुआ है; अन्यथा मानसिक और शारीरिक शक्तियों के जिस असाधारण तेज का समन्वय उनमें हुआ है, वह शानदार न होता।

सत्यव्रत शास्त्री : नेत्री जनानां हृदयस्य जेत्री, भेत्री रिपूणामपि दुर्मदानाम्। सकलभुवनमध्ये कीर्तितस्पृह्यकीर्तिर्निजगुणगण-शोभाप्रोल्लसच्चारुरूपा। दिवसकर इवोग्रं स्वं प्रताप दधानां, दिशि-दिशि विशदयतां सेंदिरा स्वामभिख्याम्। जो जनता की नेता, हृदयों को जीतने वाली, अदम्य शत्रुओं का भेदन करने वाली, सौम्य आकृति वाली हैं, सकल जगत् में जिसकी कमनीय कीर्ति का संकीर्तन हो रहा है और जिसका कमनीय रूप अपने गुणों की आभा से सुशोभित हो रहा है-सूर्य की तरह अपने उग्र प्रताप को धारण करने वाली वह इन्दिरा प्रत्येक दिशा में

अपनी ख्याति का विस्तार करे।

सत्येंद्र कुमार गुप्त : इन्दिरा जी की तरह विराट व्यक्तित्व इने-गिने ही होते हैं। इन्दिरा जी वैध अनुकूल आचरण द्वारा साहस के साथ राष्ट्र के प्रधान मंत्री-पद को सुशोभित कर रही हैं। भारत का सौभाग्य है कि देश में इन्दिरा जी के रूप में ऐसी शक्ति मौजूद है, जो देशवासियों के पथ-प्रदर्शन के साथ ही उनके भाग्य का भी निर्माण कर रही है।

समर गुहा : प्रधान मंत्री श्रीमती इन्दिरा गांधी भारतीय जनता के दृढ़ संकल्प का प्रतिनिधित्व करती हैं।

सरनामसिंह शर्मा : उच्च कक्षीय राजनीतिज्ञ श्रीमती इन्दिरा गांधी विश्व की उन गिनी-चुनी महिलाओं में से हैं, जिन्होंने विश्व-राजनीति के इतिहास के निर्माण में अपना विशेष योग दिया है और जिनके पद-प्रक्षेपों ने विश्व के महान् राजनीतिज्ञों को परीक्षण के लिए विवश कर दिया है। इन्दिरा गांधी के व्यक्तित्व के विकास की भूमिकाएँ उनसे परिचित व्यक्ति को विस्मित किये बिना नहीं रह सकतीं। इन्दिरा गांधी का व्यक्तित्व अपना है, जिनमें चिंतन की ऊष्मा है और दबने का नाम नहीं है। आधुनिक कवियों में पंडित सूर्यकांत त्रिपाठी निराला को दुर्दम का रूप कहा जाता है, मैं राजनीति के क्षेत्र में इन्दिरा गांधी को दुर्दम मानता हूँ। साम, दाम, दंड और भेद-सभी नीतियों के उपयोग में इन्दिरा गांधी कुशल हैं। इन्दिरा गांधी में वे सभी मानवीय गुण हैं, जिनकी अभिव्यक्ति देश-काल की उपयुक्त भूमि पर ही होती है। इन्दिरा गांधी की वाणी में प्रखरता के साथ संतुलन है। 'न दैन्यं न पलायनं'- उक्ति का इन्दिरा गांधी की वाणी समर्थन कर रही है।

सरला मिश्र : इन्दिरा जी हमेशा यही चाहती रहीं कि सामाजिक, राजनीतिक और वैज्ञानिक सभी क्षेत्रों में महिलाओं को आगे आना चाहिये। उनके

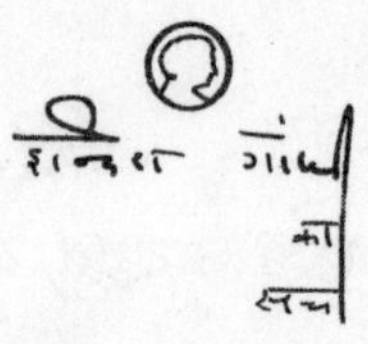

हर भाषण में महिलाओं के लिए एक विशेष प्रोत्साहन-भरा पुट रहता था। उनकी मुस्कान और उनका चुंबकीय व्यक्तित्व हमेशा ही लोगों के लिए आकर्षण का केंद्र था। यही कारण था कि इन्दिरा जी के दर्शन के लिए हजारों की संख्या में महिलाओं का हुजूम उमड़ पड़ता था।

सरला शुक्ल : मैंने तो जीवन में दो ही व्यक्तियों को अपना आदर्श माना है- एक राम और दूसरी श्रीमती इन्दिरा गांधी। दोनों के जीवन में भी मैं अद्भुत समानता पाती हूँ-बड़े उद्देश्यों और लोक-कल्याण के लिए अपने जीवन का बलिदान। श्रीमती गांधी का स्वाभिमान, उनकी निर्भयता और उनका आत्म-विश्वास-ये सब बातें ऐसी थीं, जिनके कारण वे भारतीय नारी का आदर्श बन गई थीं। उनके निधन से जो क्षति हुई है, वह पूरी नहीं की जा सकती है।

स.राधाकृष्णन् : देश के सर्वाधिक विषम समय में श्रीमती इन्दिरा गांधी ने अपने दायित्वों का जिस निष्ठा, तत्परता और कुशलता से संचालन किया है, वह उनकी प्रशासनिक क्षमता का प्रतीक है। इन्दिरा गांधी नई पीढ़ी का नेतृत्व करने वाली लोकप्रिय नेत्री हैं, जिनका व्यक्तित्व और जिनकी प्रतिष्ठा स्वयं अर्जित है। इन्दिरा गांधी दुनियाँ भर के प्रधान मंत्रियों में सबसे बढ़कर सुंदर हैं।

सरोजिनी नायडू : भारत की नई आत्मा इन्दु अटलांटा- जैसी हैं-क्षिप्रचरणा, नयनों में उषा का आलोक लिए।

सरोजिनी महिषी : श्रीमती इन्दिरा गांधी एक साहसी वीर महिला, शक्तिस्वरूपिणी दुर्गा, भारत-कल्याणी और भारतीय निर्धनों की भावी आशा हैं, जो भारतीय महिलाओं का प्रतिनिधित्व करने के लिए प्रकट हुईं हैं। इन्दिरा गांधी में समस्त आदर्शवादी भारतीय महिलाओं की आत्मा जाग उठी है, जिनका व्यक्तित्व अनेक मानवीय गुणों का सम्मिलित आगार है। इन्दिरा गांधी ने विश्व में क्रांति की

महान् पुत्री के रूप में अपने आपको प्रस्तुत किया है, जिन्हें सारा विश्व सम्मान की दृष्टि से देख रहा है।

सलमान रश्दी : यह बात कोई महत्त्व नहीं रखती कि हम इन्दिरा गांधी के जोशीले समर्थक थे या कट्टर विरोधी, उनकी हत्या ने हम सबको कमजोर किया है। वह भारत की कल्पना पर ही गहरा और डरावना दाग छोड़ गई है। यह कबूल करना ही होगा कि श्रीमती गांधी की हत्या हम सबकी लज्जा है।

साबिर नियाजी : भारत की यह खुशकिस्मती है कि उसे प्रधान मंत्री श्रीमती इन्दिरा गांधी का कुशल नेतृत्व प्राप्त हुआ। इन्दिरा गांधी ने अपने नेतृत्व में न केवल जनता के हितों की रक्षा की, वरन् समाज के दुश्मन-तत्त्वों और फासिस्ट-शक्तियों से भी लोहा लिया। उनकी प्रगतिशील नीतियों ने चिउँटी की गति से घूमते प्रगति-चक्र को ऐसी गति प्रदान की, जो हर देश और समाज की उन्नति और विकास के लिए आवश्यक है। यह इन्दिरा गांधी की प्रतिभा और तीव्र विवेक है कि उन्होंने देश की अर्थ-व्यवस्था की गिरती हुई दीवारों के निर्माण का साहस किया तथा बिगड़ी हुई आर्थिक दशा को सुधारा। ये वो आवाज है जिसमें सच्चाई है। ये सदा अपने जीवन की शहनाई है। चाहिये सुख तो मेहनत करो साथियो। आओ, इन्दिरा की वाणी सुनों साथियो।

सिद्धार्थ शंकर राय : श्रीमती इन्दिरा गांधी लोकतंत्र की प्रेमी हैं, जो लोगों के विचारों का सम्मान करती हैं। इन्दिरा गांधी ने अपने साहसपूर्ण फैसलों से देश को आंतरिक और बाहरी खतरों से बचाया।

सिद्धेश्वर प्रसाद : प्रधान मंत्री श्रीमती इन्दिरा गांधी की महान् उपलब्धि यह है कि उन्होंने संपूर्ण राष्ट्र को एक नया सपना, एक नया आत्म-विश्वास और एक नया संकल्प दिया है। इतिहास में इन्दिरा गांधी का नाम

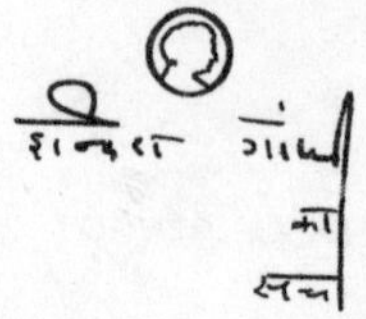

भारत की आर्थिक क्रांति की प्रेरणा और अग्रदूत के रूप में लिखा जायेगा।

सिरिमाओ भंडारनायके : श्रीमती इन्दिरा गांधी ने अपने निर्णयों में राजनीतिक व्यूह-रचना की दुर्लभ कुशलता प्रदर्शित की है। श्रीलंका ने ऐसे मित्र को खो दिया है, जिसकी सचाई पर कभी संदेह नहीं किया जा सकता था। वे इस देश की प्रभुसत्ता और क्षेत्रीय अखंडता का उतना ही सम्मान करती थीं, जितना कि अपने देश की। यह मेरे लिए सौभाग्य की बात है कि मैं उनके साथ आपसी विश्वास और सौहार्द के आधार पर बातचीत करने में सफल हो सकी।

सी.आर.एटली : श्रीमती इन्दिरा गांधी बहुत अच्छी महिला हैं।

सी.पी.भाँबरी : इन्दिरा एक महान् नेता थीं, जिन्होंने देश के सामने खड़े किसी भी आंतरिक और बाहरी संकट का सामना करने में अपार साहस का परिचय दिया। इन्दिरा गांधी के व्यक्तित्व और नेतृत्व का सबसे अहम पहलू था कि उन्होंने शीतयुद्ध के दौर में अंतर्राष्ट्रीय संबंधों की बेहद खतरनाक जटिलताओं में भी राष्ट्रीय हितों की रक्षा में हर बड़ी चुनौती का एक अवसर के रूप में सामना किया।

सी.राजेश्वर राव : यदि सफलता को महानता की कसौटी माना जाय, तो श्रीमती इन्दिरा गांधी समकालीन इतिहास की महानतम महिला हैं। इन्दिरा गांधी इतिहास के दौर में समय की पुकार बनकर प्रस्तुत हुई हैं, जिनका दृष्टिकोण मौलिक रूप से स्पष्ट और प्रखर है। इन्दिरा गांधी साहस में क्रामवेल, प्रशासनिक कुशलता में मोजेज और कूटनीति में चाणक्य प्रमाणित हुई हैं। इंदिरा गांधी को एक ऐसे सजग और सतर्क व्यक्ति की संज्ञा दी जा सकती है, जो सतत सक्रिय रहता है। एक के बाद एक पद प्राप्त करते जाने में इन्दिरा गांधी ने अद्भुत कौशल और क्षमता का परिचय दिया है। इन्दिरा गांधी चतुर और निपुण हैं, जो कठिन परिस्थितियों को पार करना जानती हैं। इन्दिरा गांधी ने अनुपम योग्यता से अपनी

शक्ति जुटाई हैं। इन्दिरा गांधी के मृदु मुस्कान के पीछे हिमालय-जैसा आत्म-विश्वास है, दृढ़ संकल्प है और है-अटल आस्थाएँ।

सुंदरलाल : इन्दिरा जी के रूप में देश का संगठन हुआ है, जो इतिहास का एक अद्वितीय अध्याय है।

सुकुल बनर्जी : श्रीमती इन्दिरा गांधी ने समय-समय पर सही कदम उठाकर देश को गौरवान्वित किया है। इन्दिरा गांधी पर जनता का अटूट विश्वास है।

सुधाकर पांडेय : इन्दिरा गांधी की जय! जय इसलिये कि उन्होंने अपने कृतित्व से केवल अपना ही नहीं, सारे देश का मान विश्व-इतिहास में उठाया है और स्वतंत्र बांगला देश की स्थापना में अप्रतिम औ र निश्चल योगदानकर मानव-मुक्ति के अनुष्ठान को ऐसी दिशा दी है-जो मुक्ति-यज्ञ में विश्व-मानव की प्रेरणा का सदा श्रद्धावंदित भास्वर प्रतीक रहेगा। इन्दिरा गांधी की जय! जय इसलिये की वे आत्मा की पुकार सुनकर उस पर चलनेवाली ऐसी महिमामयी युग-नेता हैं, जिन्होंने देश के इतिहास को नया रंग दे परंपरा के उज्ज्वल पक्ष का प्रयोगकर वर्तमान को सँवारा है और मंगलमय भविष्य की संरचना भारत भाग्य विधाता के रूप में कर रही हैं। वे कोटि-कोटि भारतवासियों के स्वप्न भी हैं और सत्य भी तथा वर्तमान भी हैं और भविष्य भी। इन्दिरा गांधी की जय! जय इसलिये कि उन्होंने विषमता की पीड़ा से त्रस्त, विकल, निरुपाय, बिखरे हुये कोटि-कोटि मानवों को एकसूत्र में आबद्धकर उनकी समन्वित शक्ति का बोध करा उन्हें विजय का मंत्र दे ऐसा संवलित किया है कि वे आशा और विश्वास के दीप्त चेतना की मूर्ति बन गये हैं तथा प्रगति के नये पक्ष का सृजन उनके महान् नेतृत्व में कर रहे हैं। इन्दिरा गांधी की जय! जय इसलिये कि उन्होंने भारत की मनीषा की मूल चिंतन-धारा को नाना मदों में अभेद देखने की दृष्टि को युगानुरूप नई प्रभा दी

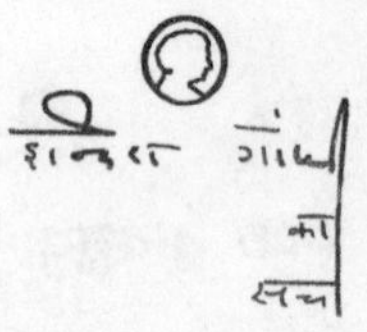

है। वे दृष्टि भी हैं और दृष्टिदाता भी। इन्दिरा गांधी की जय! जय इसलिये कि वे प्रगति का मूलाधार निर्भर जन-सेवा को समझती हैं। सेना पर उनकी अपार आस्था है और इसी के बल पर देश आगे बढ़ रहा है। इन्दिरा गांधी की जय! जय इसलिये कि वे देश की शक्ति जनता की एकता और त्याग को मानती हैं। वे त्यागमूर्ति हैं। वे प्रगति की प्रतिमूर्ति हैं। इन्दिरा गांधी की जय! जय इसलिये कि वे देश की स्वतंत्रता की पूर्णता तब मानती हैं, जब आर्थिक स्वतंत्रता का उससे संयोग हो। वे उसके लिए प्राण-पण से सचेष्ट पूर्ण मुक्तिस्वरूपा हैं। इन्दिरा गांधी की जय! जय इसलिये कि वे अभाव, पीड़ा और प्रताड़ना के उन्मूलन के लिए मनसा-वाचा-कर्मणा सजग संघर्षमयी शक्ति हैं। उनके जीवन का देश के जीवन से इतना तादात्म्य हो गया है कि इन दोनों को पृथक् करके देखना कठिन है। अचूक निर्णायक बुद्धि के बल पर अपने प्रधानमंत्रित्व के कार्य-काल में भारत गणराज्य के हर महत्त्वपूर्ण निर्णय पर उन्होंने अपनी अमिट छाप छोड़ी है। प्रधान मंत्री के रूप में उनकी प्रगतिशीलता और सफलता का मुख्य आधार उनकी यही बेमिसाल निजता एवं व्यावहारिकता है। इन्दिरा गांधी की जय! जय इसलिए कि वे केवल अपने राष्ट्र का ही कल्याण नहीं चाहतीं, वरन् अपने पड़ोसियों का भी कल्याण चाहती हैं और इसके लिए वे सतत यत्नशील रहती हैं। वे स्नेह और सद्भाव की मूर्ति हैं। इन्दिरा गांधी की जय! जय इसलिए कि वे प्रत्येक समस्या का समाधान-संधान करती हैं और उससे प्रगति के रथ को आगे बढ़ाती हैं। वे राष्ट्र की रथ भी हैं और सारथी भी। उनका व्यक्तित्व बड़े प्रोज्ज्वल रूप में उभरकर विश्व के सामने आया है और दिनानुदिन अधिकाधिक दमकता जा रहा है। इन्दिरा गांधी की जय! जय इसलिए कि वे कालजयी शक्तिस्वरूपा सर्वकल्पाकांक्षिणी मंगलमूर्ति हैं। इन्दिरा गांधी की जय! जय हो! जय हो! जय हो!

सुनील दत्त : श्रीमती इन्दिरा गांधी की हत्या ने हमें सचेत कर दिया है। उनकी हत्या देश के लिए गहरा धब्बा है। समूचा देश उस महान् आत्मा के चले जाने से दुःखी है।

सुनील शास्त्री : बाबू जी (श्री लालबहादुर शास्त्री) उस समय रेल मंत्री थे और इलाहाबाद- क्षेत्र का दौरा कर रहे थे। उसी समय अचानक उन्हें दिल का दौरा पड़ गया और उन्हें वहीं इलाहाबाद के अस्पताल में भर्ती करा दिया गया। इसकी सूचना प्रधान मंत्री - भवन में प्राप्त हुई और पूज्य पंडित नेहरू जी ने स्वयं इन्दिरा जी को हम लोगों के आवास मोतीलाल नेहरू प्लेस पर बाबू जी की अस्वस्थता की सूचना देने के लिए भेजा था। इन्दिरा जी बहुत सबेरे-सबेरे हमारे घर आई थीं। मेरी अम्माँ तो दौरे के समय बाबू जी के साथ ही थीं। बस घर में हम अन्य भाई-बहन मौजूद थे, जिनमें से कुछ तो बहुत ही छोटे थे। इन्दिरा जी से यह संवाद सुनकर हम लोगों के तो होश ही फाख्ता हो गये। समझ नहीं पा रहे थे कि हम क्या करें। मेरी दोनों बड़ी बहनें कुसुम दीदी और सुमन दीदी तो सिसक-सिसक कर रोने लगीं और हम बच्चों के भी आँसू झरने लगे। इन्दिरा जी ने हम लोगों को ढाढ़स बँधाकर चुप कराया और वहीं से प्रधान मंत्री - भवन फोन करके नेहरू जी से कुछ परामर्श किया तथा हमें सूचित किया कि इसी समय एक विशेष वायुयान की व्यवस्था हो गई है तथा हम सब लोग इलाहाबाद जाने के लिए तैयार हो जाएँ। इस प्रकार हम लोग बाबू जी के पास इलाहाबाद पहुँच सके। यह था- उनका एक वात्सल्य-रूप! यह इस बात का एक उदाहरण है कि कैसे वे दूसरों का ध्यान रखती थीं!

सुमित्रा कुमारी सिन्हा : इन्दिरा गांधी केवल मुस्कान थीं। बज्र-सी कठोरता में और आँधी-तूफानों में भी वे केवल ज्योतिपूर्ण मुस्कान थीं। शांतिदूत-पुत्री प्रियदर्शिनी, शांतिनिकेतन की वन शिष्या। आज शांति-वन में सोती हो, मानवता की निधि तुम दिव्या।। धरती पर जो शांति-वृक्ष को, रोपा तुमने - किया पल्लवित। जब न नीर मिल सका प्यार का, रुधिर धार दे किया सुसिंचित।। कोटि-कोटि जन भावांजलि दे, शांति-वृक्ष को पनपायेंगे। तुमको हम विश्वास दिलाते, यह बलिदान न विसरायेंगे।।

सुमित्रानंदन पंत : स्वतंत्रता मिलने के बाद प्रथम बार प्रधान मंत्री श्रीमती इन्दिरा गांधी के गरिमामय ओजस्वी व्यक्तित्व से समस्त देश में एक नवीन मानवीय एकता, जीवन, शौर्य, बौद्धिक स्फूर्ति और नव चेतना का आलोक उदय हो सका है। उन्होंने बांगला देश के मुक्ति-संग्राम में गीता के आदर्श को चरितार्थ कर पाकिस्तान की बर्बर नृशंसता की पृष्ठभूमि में हिंसा के भयंकर मुख को नये आदर्श के सौंदर्य एवं नये सत्य के प्रकाश से मंडित कर दिया है। उनके अजेय साहस, बुद्धिमता, कूटनीतिज्ञता, दूरदर्शिता और दृढ़ संकल्प-शक्ति ने उनके नारी-सुलभ व्यक्तित्व को नये पौरुष से महिमान्वित कर भारत को तप, त्याग तथा वसुधैव कुटुंबकम् के आदर्श को नवीन अर्थ एवं नवीन वास्तविकता प्रदान कर दी है। उनकी अद्भुत क्षमता तथाकथित भिन्न धर्मा समझे जाने वाले दो राष्ट्रों के सिद्धांत में बँटे लोगों को फिर से एकता के अटूट सुनहरे पाश में बाँध सकी है और शुभ विजय-श्री से शोभित उनके मस्तक ने भारत के मस्तक को आज संसार के सम्मुख हिमालय से भी ऊँचा उठा दिया है।

सुरेंद्रनाथ घोष : श्रीमती इन्दिरा गांधी अपने पिता पंडित जवाहरलाल नेहरू की मशाल को उठाये हुये आगे बढ़ती ही जा रही हैं।

सूर्य कुमार वेदालंकार : वर्तमान समय में कर्मयोग की साधना करने वाले व्यक्तियों में श्रीमती इन्दिरा गांधी ने अपना शीर्ष स्थान बना लिया है। इन्दिरा गांधी ने विश्व के वरेण्य कर्मयोगियों की परंपरा को आगे बढ़ाया है। अपने कर्म-कौशल से इन्दिरा गांधी विश्व के राजनैतिक क्षितिज पर चंद्र और सूर्य की तरह जगमगा उठी हैं, जिनकी सफलता की जड़ में उनके जीवन की कठोर साधना है। इन्दिरा गांधी अपने गुणों से समाज के दलित और शोषित वर्गों की आशाओं-आकांक्षाओं की प्रतीक हैं, जिनके प्रेरणाप्रद चमत्कारिक नेतृत्व की सफलता की एक ही कुंजी है-सूक्ष्म दृष्टि से विचारपूर्वक सही निर्णय करना और उसे कार्यान्वित करने के लिए दृढ़ता के साथ जुट जाना। इन्दिरा गांधी स्वयं भारत

बन गई हैं-जो निंदा-प्रशंसा, लाभ-हानि, जीवन-मरण आदि की चिंता न कर सुविचारित मार्ग पर धीरता के साथ आगे बढ़ती जा रही हैं।

सैयद मीर कासिम : सियासत की दुनियाँ में इन्दिरा गांधी जी की शख्सियत बेजोड़ है। इन्दिरा जी ने जिस हिम्मत, धीरज और सूझ-बूझ का परिचय दिया है, उसका कोई जवाब नहीं।

सोनिया गांधी : 31 अक्टूबर का दिन बेहद व्यस्तता का था और इसका अंत घर पर सरकारी दावत में होना था। सुबह जब प्रियंका ने रोज की तरह स्कूल जाते समय मेरी सास श्रीमती इन्दिरा गांधी को चूमा, तो उन्होंने कसकर उसे गले लगाया। उन्होंने राहुल को बुलाया और याद दिलाया कि उन्होंने उसे पहले क्या कहा था। जब वे तैयार हो रही थीं, तो मैं उनके ड्रेसिंग रूम में गई। हमने शाम के मीनू के बारे में मुख्तसर-सी बात की। जब देखा कि उन्हें देरी हो रही है, तो हमने तय किया कि दावत के इंतजाम को अंतिम रूप लंच के समय देंगे। मैंने नहाना शुरू कर दिया था। मुझे दीवाली के पटाखे-जैसी आवाज सुनाई दी, लेकिन कुछ अजीब तरह की। मैंने बच्चों की धाय को बुलाकर कहा कि देखे क्या मामला है। मैंने उसकी चीख सुनी। मैं तत्काल समझ गई कि कुछ खौफनाक हो गया है। मैं बाहर दौड़ी। मेरी सास एम्बेसडर-कार की पिछली सीट पर बेजान पड़ी थीं। मैं उनके पास घुटनों के बल बैठ गई। अस्पताल तक की यात्रा एक दुःस्वप्न की तरह थी। भारी ट्रैफिक में कार चींटी की तरह खिसक रही थी। मन में तरह-तरह के विचार आ रहे थे-क्या ये केवल बेहोश हैं? क्या इनको किसी तरह बचाया जा सकता है? राजीव कहाँ होंगे? बच्चे कहाँ होंगे? जो कुछ बुरा होना था, हो चुका है। अशुभ विचार को झुठलाने में मैं लगी थी। व्यवस्था की अपूर्णता का परदाफाश हो चुका था। एक प्रधान मंत्री की अपने ही घर में हत्या हो गई और मामूली आपातकालीन सुविधाएँ तक नहीं थीं। श्रीमती इन्दिरा गांधी का बीसवीं सदी के इतिहास में विशेष स्थान है। उन्होंने प्रधान मंत्री के रूप में 16 वर्ष तक भारत के भाग्य का निर्माण किया। उनके

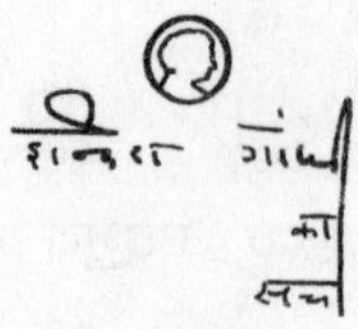

व्यक्तित्व का एक उल्लेखनीय गुण यह था कि गरीबों के प्रति उनके मन में विशेष प्रेम था। गरीबों, शोषितों तथा समाज के पिछड़े वर्गों के कल्याण को लेकर वे बहुत चिंतित थीं और उनके कल्याण के लिए उन्होंने बहुत काम किया। मानव-मूल्यों में श्रीमती इन्दिरा गांधी की बहुत आस्था थी और मानवता के खिलाफ जहाँ कहीं आवाज उठाई जाती थी, वे उसकी मदद के लिए तत्पर रहती थीं। उनमें अभूतपूर्व प्रतिभा, तार्किक दृष्टि और लोगों की समस्याओं की गहरी समझ थी। इतना ही नहीं, उनमें प्रकृति और कलाओं के प्रति गहरी संवेदनशीलता भी थी। अपनी अनगिनत उपलब्धियों और इतिहास में स्थान रखने के बावजूद, इन्दिरा गांधी एकता-प्रिय थीं। सामाजिक एकता के लिए श्रीमती इन्दिरा गांधी जीवन भर समर्पित रहीं और इसी के लिए उन्होंने अपना जीवन भी बलिदान कर दिया।

सोलोमन लक्ष्मण : श्रीमती इन्दिरा गांधी अंतर्राष्ट्रीय राजनीतिज्ञ के रूप में नेतृत्व के गुणों से युक्त हैं, जिन्होंने अपनी कुशलता और उदार व्यक्तित्व की छाप विश्व पर अंकित कर दी है।

सोहनलाल द्विवेदी : महिषासुर मर्दिनी खड़ी, खर अस्त्र-शस्त्र हैं कर में। मानव को दे अभयदान, वरदान लिए अंतर में! दानव पड़ा पराजित पदतल, रक्त स्रवित अभिमानी। गूँज उठी धरती-अंबर से, जय इन्दिरा भवानी! आज बनी भुज कोटि धारिणी, जन-गण की कल्याणी! गूँज उठी धरती-अंबर से, जय इन्दिरा भवानी!

स्टीफेनो मेनो : श्रीमती इन्दिरा गांधी जानती थीं कि उनके जीवन का अंत बहुत दुःखद तरीके से होगा। लेकिन उन्होंने राजनीति त्यागने की कभी सोची भी नहीं। क्योंकि वे जानती थीं कि भारत की जनता को उनकी जरूरत है। मुझे उनका बच्चों के प्रति अथाह प्रेम याद है। बच्चे उन्हें प्यार से ज्ञानी दादी कहते थे। अपने व्यस्त कार्यक्रम के बावजूद वे बच्चों के साथ खेलने का समय निकाल

लेती थीं।

हजारी प्रसाद द्विवेदी : इन्दिरा को उनके छुटपन से जानता हूँ-तेजस्विनी, मधुरभाषिणी, दृढ़ निश्चयी और अपराजेय! विद्युत् शिखा इन्दिरा! भारत की युग-युग से संचित सुप्त तपस्या की मूर्तिमती ज्योति इन्दिरा! इन्दिरा झुकना और रुकना नहीं जानती-आपाद मस्तक तेजोमयी! भारत के इतिहास में इन्दिरा महाशक्ति के रूप में उदित हुईं, सामूहिक मंगलेच्छा की मूर्ति के रूप में-उद्धत विश्रृंखलता पर कशाघात के रूप में! इन्दिरा ने एक सच्चे नेता के अनुरूप ही कार्य किया है। उन्होंने जनता को रचनात्मक आर्थिक कार्यक्रमों की ओर मोड़ दिया है।

हरकिशन सिंह सुरजीत : श्रीमती इन्दिरा गांधी दुनियाँ भर में कौमी मुक्ति संघर्ष को समर्थन देती थीं। वे साम्राज्यवादी ताकतों के खिलाफ थीं। इसलिए साम्राज्यवादी ताकतें यह नहीं चाहती थीं कि भारत में स्थिरता आये। ये ताकतें चाहती थीं कि भारत को बाहर से घेर लिया जाये और अंदर से भी ऐसे हालात पैदा कर दिये जायँ, ताकि यहाँ अस्थिरता बनी रहे।

हरदेव जोशी : प्रधान मंत्री श्रीमती इन्दिरा गांधी संसार की एक महान् जनतंत्रवादी नेता हैं, जिनका नेतृत्व विश्व-शांति के लिए अनिवार्य है। इन्दिरा गांधी का कुशल नेतृत्व देश में प्रजातंत्र को स्थायित्व प्रदान कर रहा है।

हरवंशलाल शर्मा : भारतीय समाजवादी संस्कृति की दिव्य ज्योति श्रीमती इन्दिरा गांधी के प्रधानमंत्रित्व-कार्यकाल में ऐसी घटनाएँ घटी हैं, जो विश्व के इतिहास में बेजोड़ हैं। इन्दिरा जी महामानव के रूप में आदर्शों की प्रतिष्ठा के लिए जूझ रही हैं। वे प्रजातंत्र की विजय वैजयंती को विश्व में ऊँचा करने लिए कृतसंकल्प हैं। उनमें अनंत आत्मिक शक्ति है।

हरिकृष्ण अवस्थी : अपने अडिग संकल्प और अदम्य साहस से इन्दिरा गांधी जी ने जन-जीवन को नूतन प्रेरणा दी है, नई उमंग दी है, अभिनव आशा दी है और दी है- नवीन आकांक्षा।

हरिदत्त शर्मा : इन्दिरा जी कलात्मक रुचि से संपन्न एक महान् महिला हैं, जो यथार्थवादी के रूप में प्रसिद्ध हैं। यह एक तथ्य है कि भारतीय इतिहास में इन्दिरा जी-जैसा बड़ा नारी-चरित्र अप्राप्य है। सच तो यह है कि ऐतिहासिक पुरुष चरितावली को भी इन्दिरा जी ने चुनौती दी है। हमारे देश की राजनीति में इन्दिरा जी अप्रतिम स्थान लिए हुये हैं। श्रीमंत वर्ग में ही नहीं, सर्वहारा वर्ग में भी कोई ऐसा नेता नहीं है-जो इन्दिरा जी के स्थान को ले सके। 'वीरभोग्या वसुंधरा'-उक्ति इन्दिरा जी के बारे में चरितार्थ हो रही है। नई आशाओं की सूत्रधार, भारतीय जन-मानस की प्रतीक और मानवता की त्राता इन्दिरा जी में गजब का आत्म-विश्वास है। निस्संदेह इन्दिरा जी ने अपने कोमल हाथों द्वारा अपने दृढ़ संकल्पों की स्याही से इस महादेश से बड़ा कड़ा इतिहास लिखा है। इन्दिरा जी ने अपने नेतृत्व को जमा लिया है और संसार के राजनयिक जगत् में उनकी साख है। उनमे जहाँ फूलों-सी भावना और करुणा का राग है, वहाँ वज्र-जैसा संकल्प और कर्म की शक्ति भी है-जो ठान लिया, सो ठान लिया।

हरिनारायणानंद स्वामी : श्रीमती इन्दिरा गांधी देश की एकमात्र ऐसी नेता हैं, जिनका जनता बड़ा सम्मान करती है। इन्दिरा गांधी एक साधु हैं, जो वैसा ही जीवन बिता रही हैं-जैसा कि साधुओं का हुआ करता है। इन्दिरा गांधी का जीवन हम सबसे अधिक त्यागपूर्ण है। भारत ने इन्दिरा गांधी के नेतृत्व में उल्लेखनीय प्रगति की है।

हरिभाऊ उपाध्याय : इन्दिरा जी में 'जोन आफ आर्क' के दर्शन हो रहे हैं।

हरिवंश राय बच्चन : यह शेर इन्दिरा जी पर ठीक बैठता हैः 'उसकी बेटी ने उठा रखी है दुनियाँ सिर पर, ये तो अच्छा हुआ अंगूर के बेटा न हुआ।'

हरिशंकर शर्मा : श्रीमती इन्दिरा गांधी राजनीतिक दूरदर्शिता, शासन-कुशलता, नैतिक साहस, न्यायप्रियता और कर्तव्यनिष्ठा की साक्षात् प्रतिमा हैं। देश की आंतरिक और अंतर्राष्ट्रीय समस्याओं को सुलझाने में उन्होंने अपूर्व बुद्धिमत्ता और साहस का परिचय दिया है। उनके कुशल नेतृत्व में भारत की अंतर्राष्ट्रीय क्षेत्र में आज जितनी प्रतिष्ठा है, उतनी प्रतिष्ठा पहले कभी नहीं थी।

हरींद्रनाथ चट्टोपाध्याय : श्रीमती इन्दिरा गांधी एक सितारे की तरह भारतीय क्षितिज पर जगमगा रही हैं। इन्दिरा गांधी में नेतृत्व की जन्मजात प्रतिभा है।

हर्षदेव मालवीय : दिव्य नेता श्रीमती इन्दिरा गांधी निर्भीक हैं, तेजस्विनी हैं और हैं-बड़ी दयावान। सहृदयता उनका जन्मजात गुण है। वे दबाई नहीं जा सकतीं। चुनौतियों को स्वीकार करना उनका स्वभाव है। तूफानों से भिड़ने में उनको आंनद आता है। उनके महान् नेतृत्व में एक नये समाज को रचने में भारत संलग्न है।

हेनरी किसिंजर : प्रधान मंत्री इन्दिरा गांधी को हमेशा मैं बहुत सम्मान से याद करता हूँ। उन्होंने अपने देश को सुगठित किया और लक्ष्य-प्राप्ति की प्रेरणा दी। उन्होंने सदा शांति का समर्थन किया और प्रगति के लिए प्रयत्नशील रहीं। वे एक दुर्जेय महिला थीं।

हेमवतीनंदन बहुगुणा : श्रीमती इन्दिरा गांधी भारतीय स्वाधीनता संघर्ष के पालने में पली हैं, जिन्हें संघर्ष से प्रेम है। जब कोई संघर्ष इन्दिरा गांधी पर थोप

दिया जाता है, तो उनका परम ओजस्वी रूप सामने आ जाता है। इन्दिरा गांधी खतरों से भयभीत नहीं होतीं, अपितु संकटों को गले लगाती हैं-नये और कठिन मार्गों का स्वागत करती हैं। निरंतर खतरे खोजने और उनके बीच रास्ता बनाने की अदम्य आकांक्षा इन्दिरा गांधी में कूट-कूटकर भरी हुई है। साहस में इन्दिरा गांधी अप्रतिम हैं और हैं-निर्णयात्मकता में तलवार की धार से भी प्रखर। सहस्त्रों वर्षों की परंपरा के बीच इस देश के सांस्कृतिक, सामाजिक और विश्वासगत विकास का उत्तरदायित्व जिन शक्तियों ने अपने ऊपर लिया था, इन्दिरा गांधी उनकी अनन्यतम प्रतीक हैं। धर्मांधता, आर्थिक शोषण, सामाजिक असंगति, मध्ययुगीन बर्बरता और यथास्थितिवाद को भारत जो चुनौती दे रहा है, इन्दिरा गांधी उसकी मूर्त-रूप हैं। इन्दिरा गांधी युग-प्रवर्तक हैं, नये जागरण का बिगुल हैं और एक नई कहानी हैं-जिसे भारत सदियों तक याद रखेगा।

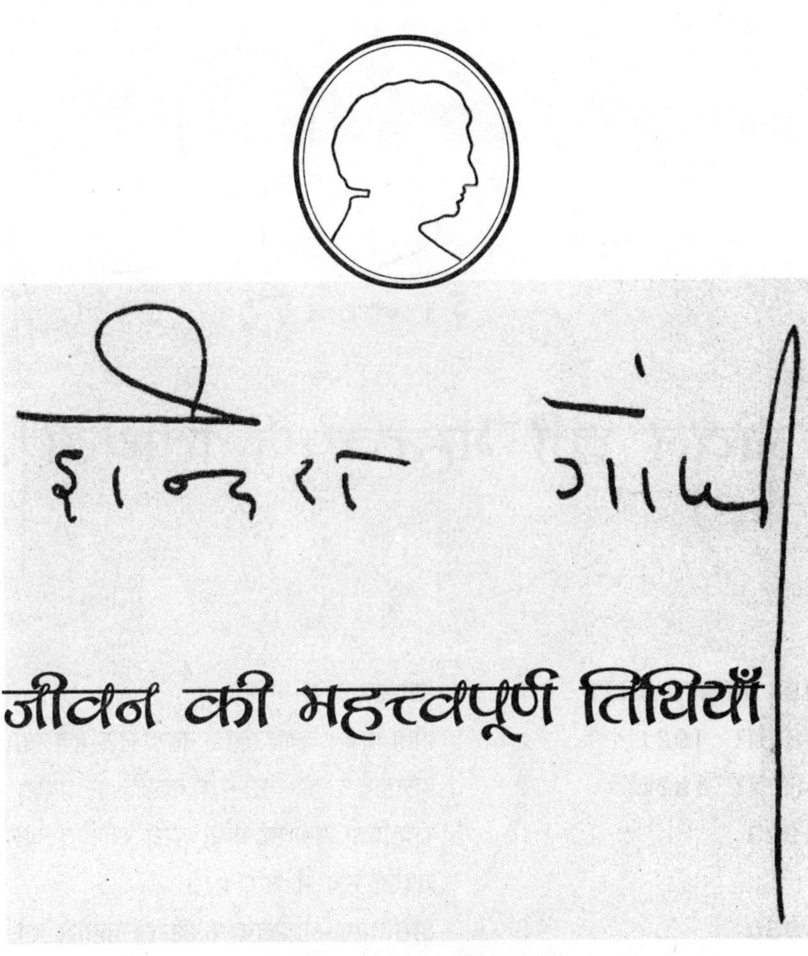

इन्दिरा गांधी का संक्षिप्त जीवन–वृत्त ।

जीवन की महत्त्वपूर्ण तिथियाँ

19 नवम्बर, 1917	:	इलाहाबाद में जन्म ।
दिसम्बर 1921	:	पिता पंडित जवाहरलाल नेहरू जेल भेजे गये।
दिसम्बर 1927	:	इलाहाबाद के सेंट मेरी कान्वेंट में प्रवेश।
1928	:	राष्ट्रपिता महात्मा गांधी द्वारा स्थापित बाल चरखा संघ में भागीदारी।
1930	:	असहयोग-आंदोलन के दौरान कांग्रेस को बच्चों की तरफ से मदद के लिये वानर-सेना का गठन।
जनवरी 1931	:	माँ श्रीमती कमला नेहरू गिरफ्तार।
2 फरवरी, 1931	:	लखनऊ में दादा पंडित मोतीलाल नेहरू का निधन।
मई 1931	:	पुणे के प्युपिल्स ओन स्कूल में दाखिला।

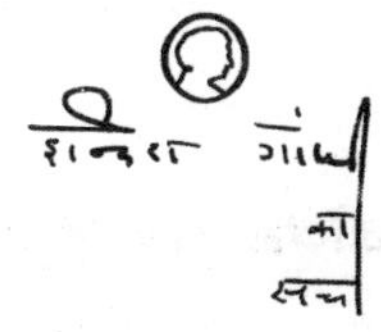

अप्रैल 1934	:	हाई स्कूल पास।
13 अप्रैल, 1935	:	माँ के साथ यूरोप।
28 फरवरी, 1936	:	माँ का निधन।
1936	:	भारतीय राष्ट्रीय कांग्रेस में शामिल।
1938	:	आक्सफोर्ड में दाखिला।
मार्च 1939	:	इलाज के लिये स्विट्जरलैन्ड।
26 मार्च, 1942	:	श्री फीरोज गांधी से विवाह।
8 अगस्त, 1942	:	मुम्बई के अखिल भारतीय कांग्रेस कमेटी के सम्मेलन में शरीक।
10 सितम्बर, 1942	:	इलाहाबाद में गिरफ्तारी।
13 मई, 1943	:	जेल से बाहर।
20 अगस्त, 1944	:	श्री राजीव गांधी का जन्म।
14 दिसम्बर, 1946	:	श्री संजय गांधी का जन्म।
मई 1947	:	गांधी जी के साथ राहत कार्य में हिस्सेदारी।
29 जनवरी, 1948	:	गांधी जी से आखिरी भेंट।
1953	:	पहली रूस-यात्रा।
फरवरी 1955	:	कांग्रेस कार्य-समिति की सदस्य निर्वाचित।
19 सितम्बर, 1955	:	कांग्रेस की केन्द्रीय चुनाव समिति की सदस्य निर्वाचित।
22 सितम्बर, 1956	:	नेहरू जी के स्थान पर केन्द्रीय संसदीय बोर्ड की सदस्य निर्वाचित।
2 फरवरी, 1959	:	भारतीय राष्ट्रीय कांग्रेस की अध्यक्ष निर्वाचित।
31 जुलाई, 1959	:	केरल के चुनाव में बामपंथियों के हराने के लिये गठबंधन बनाने में महत्त्वपूर्ण भूमिका।
जनवरी 1960	:	बंगलूर में कांग्रेस अधिवेशन। श्रीमती गांधी की जगह श्री संजीव रेड्डी अध्यक्ष।

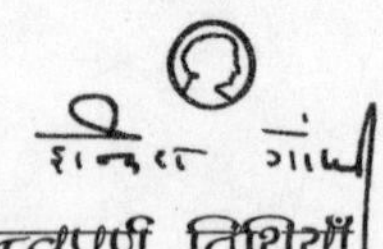

8 सितम्बर, 1960	:	पति का निधन।
27 मई, 1964	:	पिता का निधन।
2 जुलाई, 1964	:	श्री लालबहादुर शास्त्री-सरकार में सूचना व प्रसारण मंत्री की नियुक्ति।
जुलाई 1964	:	लंदन में राष्ट्रमंडल राष्ट्राध्यक्षों के सम्मेलन में शरीक।
20 अगस्त, 1964	:	निर्विरोध राज्यसभा सदस्य निर्वाचित।
जनवरी 1965	:	भाषा को लेकर मद्रास के दंगाग्रस्त क्षेत्रों का दौरा।
23 नवम्बर, 1965	:	कूटनीति में उल्लेखनीय योगदान के लिये इटली के इसाबेला द एस्ते पुरस्कार से सम्मानित।
11 जनवरी, 1966	:	श्री लालबहादुर शास्त्री का निधन।
19 जनवरी, 1966	:	श्री मोरारजी देसाई को हराकर संसदीय कांग्रेस दल की नेता निर्वाचित।
24 जनवरी, 1966	:	प्रधान मंत्री - पद की शपथ।
24 अक्टूबर, 1966	:	दिल्ली में त्रिपक्षीय बैठक के लिये टीटो और नासिर से मुलाकात।
8 फरवरी, 1967	:	भुवनेश्वर (उड़ीसा) की चुनाव सभा में हमले से घायल।
15 फरवरी, 1967	:	कांग्रेस की विजय। लोकसभा को 520 में से 289 सीटें मिलीं।
23 फरवरी, 1967	:	रायबरेली में संसदीय क्षेत्र से लोकसभा सदस्य निर्वाचित।
12 मार्च, 1967	:	पुनः कांग्रेस संसदीय दल की नेता निर्वाचित।
13 मार्च, 1967	:	दूसरी बार प्रधान मंत्री-पद की शपथ।
14 अक्टूबर, 1968	:	संयुक्त राष्ट्र के खुले सम्मेलन में भाषण।

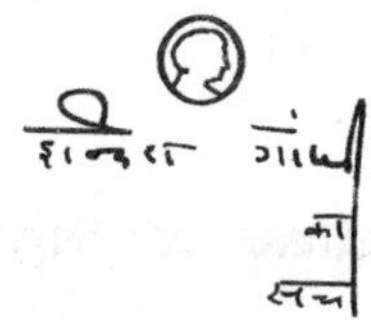

13 जनवरी, 1969	:	मंत्रिमंडल में फेरबदल।
19 जुलाई, 1969	:	देश के 14 बड़े बैंकों का राष्ट्रीयकरण। कांग्रेस अध्यक्ष ने प्रधान मंत्री समेत कई को कारण बताओ नोटिस दिया।
23 जुलाई, 1969	:	संविधान में संशोधन करके प्रिवीपर्स-प्रथा समाप्त।
19 अगस्त, 1969	:	श्री वी.वी. गिरि राष्ट्रपति निर्वाचित, जिसके लिये श्रीमती इन्दिरा गांधी ने पार्टी-प्रत्याशी श्री संजीव रेड्डी का विरोध करके कांग्रेसियों से 'अंतरात्मा की आवाज' पर मतदान की अपील की थी।
12 नवम्बर, 1969	:	कांग्रेस कार्य-समिति द्वारा पार्टी की सदस्यता से निष्कासित।
1 दिसम्बर, 1969	:	श्रीमती इन्दिरा गांधी वाले कांग्रेस-गुट के अध्यक्ष श्री जगजीवन राम बने। अब तक कांग्रेस सत्तारूढ़ थी। अब कांग्रेस 'ज' बनी।
10 जनवरी, 1970	:	तारापुर में भारत का प्रथम परमाणु बिजली घर राष्ट्र को समर्पित।
28 फरवरी, 1970	:	वित्त मंत्री की हैसियत से पहली बार संसद में बजट प्रस्तुत।
17 मार्च, 1970	:	सर्वसम्मति से संसदीय कांग्रेस-दल की नेता।
26 जून, 1970	:	मंत्रिमंडल में फेरबदल करके गृह मंत्रालय अपने हाथ में लिया।
8—9 सितम्बर, 1970	:	संयुक्त राष्ट्र संगठन के रजत जयंती-समारोह में भाषण।

25 जनवरी, 1971	:	नए राज्य हिमांचल प्रदेश का उद्घाटन।
1 मार्च, 1971	:	पाँचवाँ आम चुनाव।
14 मार्च, 1971	:	कांग्रेस (ज) को भारी बहुमत से 518 में से 350 सीटें।
18 मार्च, 1971	:	श्रीमती गांधी के नेतृत्व में नया केन्द्रीय मंत्रिमंडल।
9 अगस्त, 1971	:	सोवियत संघ के साथ 20 साल के लिये शांति, मित्रता और सहयोग समझौते पर हस्ताक्षर।
3 दिसम्बर, 1971	:	हवाई ठिकानों पर पाकिस्तान के एकाएक हमले के बाद देश में आपातकाल की घोषणा।
4 दिसम्बर, 1971	:	पाकिस्तान ने भारत के खिलाफ युद्ध की घोषणा की। मुक्तिवाहिनी की मदद के लिये भारतीय सेना पूर्वी पाकिस्तान में घुसी।
6 दिसम्बर, 1971	:	बांगला देश को मान्यता देने की लोकसभा में घोषणा।
18 दिसम्बर, 1971	:	राष्ट्रपति श्री वी.वी. गिरी द्वारा श्रीमती इन्दिरा गांधी देश के सबसे बड़े अलंकरण 'भारत रत्न' से सम्मानित।
18 मार्च, 1972	:	ढाका में भारत और बांगला देश के प्रधान मंत्रियों ने शांति और सुरक्षा का समझौता किया।
3 जुलाई, 1972	:	श्रीमती इन्दिरा गांधी और श्री जुल्फिकार अली भुट्टो ने शिमला समझौते पर दस्तखत किये।
5 फरवरी, 1973	:	एफ.ए.ओ.-पदक से सम्मानित।
26 अप्रैल, 1975	:	सिक्किम भारत के 22वें प्रदेश के रूप में शामिल।

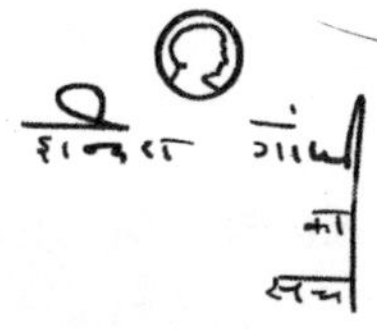

28 अप्रैल, 1975	:	राष्ट्रमंडल प्रधान मंत्रियों के सम्मेलन पर जमैका में।
12 जून, 1975	:	इलाहाबाद हाई कोर्ट द्वारा उनके रायबरेली से 1971 के लोकसभा के लिये चुने जाने को अवैध ठहराया।
24 जून, 1975	:	सुप्रीम कोर्ट की अवकाश पीठ ने इलाहाबाद हाई कोर्ट के फैसले पर स्थगन आदेश किया।
25 जून, 1975	:	राष्ट्रीय आपात काल की घोषणा।
10 अक्टूबर, 1975	:	केंद्रीय मंत्रिमंडल में फेरबदल।
7 नवम्बर, 1975	:	सुप्रीम कोर्ट ने उनके चुनाव को वैध ठहराया।
21 मार्च, 1977	:	लोकसभा चुनाव में रायबरेली-क्षेत्र से जनता-पार्टी प्रत्याशी श्री राजनारायण के हाथों पराजित।
22 मार्च, 1977	:	अंतरिम राष्ट्रपति बी.डी. जत्ती को इस्तीफा दे दिया।
जनवरी 1978	:	कांग्रेस में एक और विभाजन के बाद पार्टी की अध्यक्ष। कर्नाटक और आंध्र विधान सभा चुनाव में कांग्रेस को विजय दिलाई।
13 मार्च, 1978	:	शाह-आयोग ने संसद को अंतरिम प्रतिवेदन दिया।
8 नवम्बर, 1978	:	चिकमंगलूर से लोकसभा चुनाव जीतीं।
21 नवम्बर, 1978	:	विशेषाधिकार हनन के कारण लोकसभा की सदस्यता से वंचित। एक दिन के लिये तिहाड़ जेल में बंदी।
26 दिसम्बर, 1978	:	विशेषाधिकार समिति की सलाह पर फिर गिरफ्तार।

26 दिसम्बर, 1978	:	तिहाड़ जेल से रिहा।
28 जुलाई, 1979	:	श्री चरण सिंह प्रधान मंत्री घोषित।
20 अगस्त, 1979	:	कांग्रेस (इ) ने श्री चरण सिंह सरकार का समर्थन वापस लिया। श्री चरण सिंह का इस्तीफा।
22 अगस्त, 1979	:	लोकसभा भंग।
7 जनवरी, 1980	:	श्रीमती गांधी की रायबरेली और मेदक में भारी मतों से जीत। श्री संजय गांधी भी जीते।
14 जनवरी, 1980	:	चौथी बार प्रधान मंत्री - पद की शपथ।
18 जनवरी, 1980	:	असम-आंदोलन में हिंसा। सेना बुलाई गई।
22 जनवरी, 1980	:	हरियाणा में मुख्य मंत्री श्री भजन लाल दल छोड़कर 37 विधायकों के साथ कांग्रेस में शामिल।
13 अप्रैल, 1980	:	गौहाटी में असम के छात्रों से वार्ता। विदेशियों के बारे में उनकी पेशकश रद्द।
14 अप्रैल, 1980	:	संसद-भवन में श्रीमती गांधी की हत्या का प्रयास। चाकू फेंकने वाला पकड़ा गया।
1 जून, 1980	:	उत्तर प्रदेश, मध्य प्रदेश, गुजरात, राजस्थान, पंजाब, महाराष्ट्र और उड़ीसा के विधानसभा-चुनावों में कांग्रेस की जीत। तमिलनाडु में अन्नाद्रमुक विजयी।
15 जून, 1980	:	केन्द्रीय मंत्रिमंडल का विस्तार।
23 जून, 1980	:	विमान-दुर्घटना में श्री संजय गांधी की मौत।
12 जुलाई, 1980	:	राज्यसभा में कांग्रेस को स्पष्ट बहुमत।
12 अगस्त, 1980	:	इलाहाबाद हाई कोर्ट में श्रीमती इंदिरा गांधी के खिलाफ चुनाव याचिका रद्द।

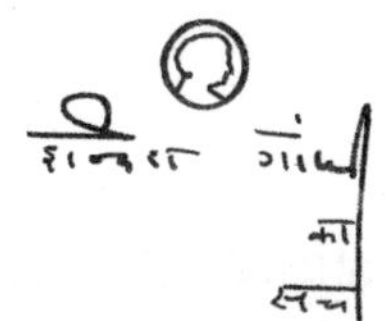

17 अप्रैल, 1981	:	एयर इंडिया के उस विमान में तोड़-फोड़ का प्रयास, जिस पर श्रीमती गांधी 5 मई को विदेश-यात्रा पर जाने वाली थीं।
9 अगस्त, 1981	:	अफ्रीका-यात्रा।
26 नवम्बर, 1981	:	अकाली नेताओं से मुलाकात। अकालियों ने संयम बरतने का आश्वासन दिया।
15 जुलाई, 1982	:	ज्ञानी जैल सिंह राष्ट्रपति निर्वाचित।
3 सितम्बर, 1982	:	केन्द्रीय मंत्रिपरिषद में व्यापक फेरबदल।
9 सितम्बर, 1982	:	श्री शेख अब्दुल्ला के निधन पर श्रीनगर गईं।
22 अक्टूबर, 1982	:	अकालियों से सीधी बातचीत के लिए विशेष दूत श्री स्वर्ण सिंह को अकाली नेताओं से मिलने भेजना।
30 अक्टूबर, 1982	:	पाकिस्तान के राष्ट्र' ति जनरल जिया को पत्र लिखा कि विदेश में इलाज कराने के लिए श्री जुल्फिकार अली भुट्टो को रिहा कर दें।
1 नवम्बर, 1982	:	जनरल जिया से नई दिल्ली में मुलाकात।
29 जनवरी, 1983	:	श्री बी.बी. रेड्डी और श्री विश्वनाथ प्रताप सिंह को केन्द्रीय मंत्रिमंडल में लिया। श्री केदार पाण्डेय को हटाया और श्री बूटा सिंह को कैबिनेट-स्तर प्रदान किया।
11 फरवरी, 1983	:	मंत्रिपरिषद में फेरबदल।
7 मार्च, 1983	:	सातवाँ गुट निरपेक्ष शिखर सम्मेलन शुरू। क्यूबा के फिदेल कास्त्रों के बाद श्रीमती गांधी गुट निरपेक्ष आंदोलन की अध्यक्ष बनीं।
25 मार्च, 1983	:	अंतर्राष्ट्रीय ओलम्पिक समिति के अध्यक्ष श्री जे.ए. समरांश ने ओलम्पिक स्वर्ण-पदक

		से अलंकृत किया।
27 सितम्बर, 1983	:	राष्ट्र मंडल देशों के शासनाध्यक्षों का सम्मेलन इन्दिरा जी की अध्यक्षता में शुरू।
6 अक्टूबर, 1983	:	पंजाब में राष्ट्रपति-शासन।
29 दिसम्बर, 1983	:	कोलकाता में कांग्रेस का 77वाँ सम्मेलन।
9–12 दिसम्बर, 1983	:	नई दिल्ली में गुटनिरपेक्ष देशों का संचार सम्मेलन (नामीडिया) इन्दिरा जी की अध्यक्षता में शुरू।
15 मार्च, 1984	:	पंजाब में राष्ट्रपति शासन 6 माह के लिए और बढ़ा।
3 जून, 1984	:	अकाली दल ने इन्दिरा जी की यह अपील ठुकराई कि वे असहयोग-आंदोलन वापस लें।
5 जून, 1984	:	स्वर्ण-मंदिर में सेना का प्रवेश।
2 जुलाई, 1984	:	जम्मू-कश्मीर में फारुक अब्दुल्ला सरकार बर्खास्त।
10 जुलाई, 1984	:	पंजाब-समस्या पर श्वेत-पत्र जारी।
19 जुलाई, 1984	:	केन्द्रीय मंत्रिमंडल में फेरबदल।
31 अक्टूबर, 1984	:	प्रधान मंत्री श्रीमती इन्दिरा गांधी की हत्या।